KB039020

호리병 속의 일본

이 도서의 국립중앙도서관 출판시도서목록(CIP)은 서지정보유통지원시스템 홈페이지(http://seoji.nl.go.kr)와 국가
자료공동목록시스템(http://www.nl.go.kr/kolisnet)에서 이용하실 수 있습니다.(CIP제어번호: CIP2013023750)

호리병 속의 일본

| 국중호 지음 |

머리말

　필자가 한국에서 대학원 박사과정을 거의 마치고 일본 히토쓰바시(一橋)대학에서 유학생활을 시작한 것이 1992년 4월 3일이다. 도쿄도(東京都) 구니타치시(國立市)에 있는 동 대학에 도착한 날, 대학로에는 가로수 벚꽃이 흐드러지게 피어 있었다. 1980년대 말 거품경제로 한창 부풀어 오른 여흥이 남아 있던 때였다. 일본은 거품이 꺼지고 난 1990년대와 2000년대를 '잃어버린 20년'이라 부르며 한탄한다. 돌이켜보면 1990년대 이후 경기를 회복시킨다며 공공지출을 천정부지로 늘렸지만 나랏빚만 늘어나고 경제는 좋아지지 않았으니 남 탓을 할 수도 없다. 저출산 고령화에 따른 사회보장비 지출 증대로 2010년대 이후도 늘어나는 나랏빚에 신음할 것이기에 앞으로도 그리 장밋빛은 아니다.

　2013년 들어 '일본을 되찾는다'라는 표어를 내걸고 아베 신조(安倍晋三) 정권이 아베노믹스(대담한 금융완화 정책, 기동적인 재정정책, 성장전략을 주요 내용으로 하는 아베 정권의 경제정책)로 국민들의 기대를 부풀렸지만, '언제의 일본'을 되찾겠다는 건지 참으로 애매하다. 바로 이 애매함에 막연한 기대를 걸고 안도감을 느끼며 '거대한 무책임'으로 점철되어온 것이 일본 역사다. 마루야마 마사오(丸山眞男)의 『일본의 사상』이라는 책에서는 메이지(明治)유신 이후 일본의 통치방식을, 몸통은 하나인데 머리는 여러 개인 '다두일신(多頭一身)'의 괴물에 비유하고 있다. 책임주체가 명확하지 않기에 나타나게 되는 '거대한 무책임' 체제를 질책하기 위함이었다.

필자가 일본에 살면서 받은 가장 큰 충격은 2011년 3월 11일에 발생한 동일본 대재해였다. 지진, 해일(쓰나미), 원자력발전소 방사능 누출사고 등으로 인한 피해규모는 상상을 초월할 정도로 엄청났다. 필자는 도쿄포럼(기업경영인, 언론인, 관계, 학계의 지인들과 함께하는 공부 및 친목모임) 회원들과 아키타시(秋田市)의 다카시미즈(高淸水) 술 공장 견학 중에 3·11을 경험했다. 아키타는 진원지인 태평양 쪽과는 반대편인 동해 쪽에 위치해 있었는데도 정전이 되었고, 하루 반 동안 아키타에 갇혀 있다가 공장에서 마련해준 전세버스로 도쿄로 돌아올 수 있었다.

일본에서 3·11 동일본 대재해 복구가 한창일 때 미국은 9·11 동시다발 테러의 주범으로 지목되던 오사마 빈라덴을 찾아내 살해하고 '정의가 이루어졌다'며 환호했다. 이는 모순덩어리 정의였다. 이슬람의 알카에다 세력은 지하드(聖戰: 성전)에 집착한 편견으로 뭉쳐 있었고, '빈라덴 사냥극'의 무대 뒤에는 미국 강성기독교의 아집에 찬 독선이 가득했다. 양쪽의 책임을 심판하는 신이 있다면, '편견과 독선'이라는 인간의 어리석음을 그 책임요인으로 지목했을 것이다. 또 비슷한 시기에 그리스는 나라

살림이 거덜 났다. '공짜라면 양잿물도 마신다'라고 한 경구가 말하듯 빌릴 수 있다고 해서 많이 빌려 펑펑 써댄 어리석음 때문이었다. 그로 인해 그리스 젊은이들의 반수가 실업자 신세가 되었었다. 어리석음을 뛰어 넘는 해답은 '내 탓이오' 하는 겸허함과 상대를 위하는 '이타심'임을 알면서도, 어떻게든 살아남아야 하는 생존경쟁인지라 이기심이 앞서게 된다.

3·11 동일본 대재해의 참상에서 보인 '거대한 무책임', 알카에다의 테러와 미국의 테러 응징에서 보인 '편견과 독선', 그리스의 재정파탄에서 보는 빚더미에 눌린 '신음소리' 등을 접하며 한동안 상념에 잠겼다. 사람한테 가장 중요한 것은 무엇인가. 무엇을 위한 경제성장인가. 잘살아보자고 영위하는 시장경제가 아닌가. 경쟁에 뒤처져서는 안 된다는 강박관념에 그저 앞으로만 내달리고 있는 것은 아닌지 모르겠다.

요코하마시립(橫濱市立)대학에서는 일본 대학생들, 게이오(慶應義塾)대학에서는 다양한 국가의 학생들을 대상으로 시장경제가 좋다는 경제학을 가르치는 입장이지만, 속에서 우러나오는 자괴감을 감출 수 없었다. 자본주의에서 힘을 과시하는 경제학은 정작 중요한 인간 내면의 행복 증진이나 상대적 박탈감 해소에는 아무런 답도 제시하지 못한다. 너무도 미약한 학문이 경제학이다.

3·11 동일본 대재해 이후 몇몇 신문에 칼럼을 써왔다. 칼럼을 그만둔 뒤에는 그동안의 자괴감과 사회고발을 섞어 나름의 생각을 발신해야겠다는 마음에 단행본 작업에 착수했다. 그 작업은 참으로 많은 시간과 기력을 요하는 작업이었다. 부끄럽고 외람되지만 이 책의 원고는 한 글자

한 글자 종이에 써보고 또 고치고 하면서 한 땀 한 땀 엮어가는 느낌으로 썼다. 일필 일필에 혼을 담아 화선지에 그림을 그려 가는 듯한 심정이었다. 종이에 쓴 글을 이리저리 훑어보고 지웠다가 또 쓰고, 컴퓨터에 입력하고, 인쇄하여 다시 고치고 하면서 원고를 완성해갔다. 아날로그와 디지털을 왔다갔다하는 작업이었다.

붓을 들어 몰입하여 그린 그림의 각 부분을 되돌아보면, 이쪽 그렸을 때는 이런 마음, 저쪽 그렸을 때는 저런 심정이었음이 되살아난다. 이 책의 원고를 대하면 한 단어, 한 문장에 보이지 않는 나의 연필자국, 지우개 똥이 되살아난다. 말과 글이 넘치는 시대이지만 필자가 내뱉은 말이나 글이 읽는 분들의 소중한 시간에 누가 되지 않았으면 좋겠다. 역량이 부족하고 생각하다 지쳐 개중에 떨떠름한 곳이 남아 있더라도 독자제현의 아량을 청한다. 일본에서 지내고 있는 필자의 입장도 있기에 일본과 관련한 주제가 많지만, 일본에서 한국, 미국, 유럽, 중동도 바라보면서 느낀 주제들이라 여기며 함께 생각해보는 계기가 되었으면 하는 바람이다.

각 장에서 운을 떼는 칼럼의 상당 부분은 그동안 ≪중앙일보≫, ≪한국경제신문≫, ≪서울신문≫, 일본에서 활동하는 한국인 연구자포럼 등에 발표한 원고를 기반으로 하고 있다. 이 책을 집필하면서 많은 부분을 첨삭·교정했기에 참고문헌에는 일일이 밝히지 않았다. 칼럼 독자, 신문사, 동료·선후배 교수 등으로부터 받은 격려의 말씀은 필자에게 큰 힘이 되었다. 이 자리를 빌려 감사드린다. 특히 이 책의 주제와 관련하여 중앙대학교 오성균 교수 및 일본 교린(杏林)대학 정영숙 교수와 나눈 얘기는 필자의 생각을 가다듬을 계기가 되었다. 또 일본에서는 무토 마코토(武藤誠) 가나가와(神奈川) 국제교류재단 상무이사, 지인인 스즈키 나가시게(鈴木長成) 씨가 원고를 읽고 조언을 해주었다.

명장이 명품가방을 만들어내듯 도서출판 한울은 많은 명품 책을 상재(上梓)해왔다. 직원들의 손끝에 정성을 담아가며 좋은 책을 선보이고 있을 뿐만 아니라, 좋은 원고가 좋은 책을 만든다는 신념으로 일하고 있다는 인상이다. 아름다운 마음으로 임하는 도서출판 한울에 감사드린다. 특히 김종수 사장님, 김현대 팀장님께서 많이 도와주셨음에 감사의 뜻을 표하고 싶다. 이 책이 독자 여러분들에게도 호흡이 맞는 원고였으면 좋겠다. 마지막으로, 떠올리면 고개가 숙여지는 문창옥 어머니, 국응완 아버지, 그리고 옆에서 열심히 도와준 아내 이미영에게 이 책을 선사하고 싶다.

2013년 10월

Blue light Yokohama,

달빛 푸른 요코하마에서

국중호 씀

차례

1

아날로그와 디지털

【칼럼】 디지털의 궁극은 아날로그

디지털 세계의 확장은 가히 혁명적이다. 디지털 기기의 걸작은 스마트폰이다. 손바닥 위의 게딱지만한 기계로 전화, 메일, 영화·음악 감상, TV 시청, 길 찾기, 스케줄 관리, 게임, 사전 찾기, 검색, 인터넷 등 할 수 있는 기능은 거의 만능에 가깝다. 젊은이들의 필수품이고 중고령 세대는 따라가기 벅차다. 손톱만한 집적회로(IC칩) 하나를 어중간한 인간의 기억용량이 당해낼 수 없게 되었다.

디지털 만능기기를 가까이 접하는 시대는 상대적 박탈감에 빠지기 십상이다. 디지털 기기가 제공하는 다양한 기능이나 방대한 정보량을 섭렵하지 못하면 무언가 뒤떨어져 있다는 불안에 짓눌리기 때문이다. 공교롭게도 이 만능의 스마트폰을 애용하는 젊은이들의 실업률이 가장 높다. 청년 실업률은 전체 평균실업률의 2~3배에 달한다(예컨대 2012년 일본은 2배, 한국은 2.5배). 디지털 기기가 대신해주는 일의 영역이 많아질수록 젊은 층이 선호하는 디지털 관련 일자리 잡기는 더욱 어려워진다. 엄청난 천재가 아니고서야 비집고 들어갈 데가 없을 것 같다는 착각, 또 일등이 아니면 살아남을 수 없다는 강박관념에 빠지게 하니 말이다.

숱한 정보를 갖고 있는 디지털 기기의 달인이라 하여 그가 과연 행복한가 하는 것은 다른 차원의 문제다. 행복의 척도는 어떤 마음가짐으로 사느냐에 달려 있기 때문이다. 디지털 기기의 달인인 어느 젊은이는 상대적 우월감 속에서 스마트 기기로 멋진 음악과 영화를 감상하며 행복을 느낄 수 있다. 그와는 달리 디지털 세계를 모르고 따뜻한 손길로 손주들의 배를 쓰다듬는 우리네 할머니, 할아버지에게는 달관된 차원의 따스한 행복이 있다.

아날로그 기술은 오랜 기술축적이 뒷받침되어 그 진가를 발휘한다. 아날로그 속성의 사업 분야는 여전히 일본기업이 세계 곳곳에서 강점을 보인다. '계속은 힘이다'를 믿으며 오랜 성상의 경험과 섬세한 감각으로 '암묵지(暗默知)'를 통해 기술배양에 힘써왔기 때문이다. 암묵지라 함은 말로는 설명하기 어려운 경험적 지식이나 신체동작에 배어 있는 지식을 말한다[노나카 이쿠지로(野中郁次郎), 『지식창조의 경영』]. 축적기술을 중요하게 여기는 일본기업이니만큼 앞으로도 아날로그 산업에선 두각을 나타낼 것이다.

2011년 3·11 동일본 대재해로 정전이 되자 가장 먼저 타격을 입은 것은 최첨단 디지털 기기였다. 스마트폰은 먹통이 되었고 디지털 센서로 작동하던 자동문은 열리지 않았다. 대신에 전기를 일절 사용하지 않고 재래식 방법으로 담가온 술독의 술은 건재했다. 할아버지 세대에서 아버지 세대로 또 그다음 아들 세대로 몇 백 년을 이어온 술 담그기 전통비법은 다시 손자 세대로 이어지고 있다. 일본에는 각 지역마다 유명한 전통술이나 공예품, 정밀기계 등의 산업이 포진하고 있다. 이들 분야는 장기간의 기술축적이 있어야 하기에 하루아침에 따라잡을 수 있는 분야가 아니다.

디지털에서는 0(끊어짐)과 1(이어짐) 두 개의 신호를 한 묶음(다발)으로 한 이진법이 그 기초를 이룬다. 이진수의 한 자릿수를 1비트(bit)라 하고, 일정 자릿수의 비트를 한 다발로 묶은 것을 바이트(byte: 통상 8비트 = 1바이트)라 한다. 일상에 존재하는 기호나 문자를 바이트에 대응시켜 전기신호로 바꾸어 나타내는 것이 디지털 세계다. 디지털에서는 끊어졌다 이어졌다 하는 단속성(斷續性)을 반도체(전기를 끊어지게도 하고 통하게도 하는 물체) 기술을 이용하여 표현한다. 반도체 기술의 눈부신 발전과 함께 기호나 문자의 디지털 표현도 비약적으로 넓어져 왔다.

혁명적 발전을 이루는 디지털 분야는 큰 돈뭉치를 가져올 수 있지만 '모 아니면 도'와 같은 특성이 있어 불안정하다. 눈부시게 발전하는 디지털 기술응용으로 히트 상품을 내어 거금을 거머쥐게 하면서도 양극화 사회를 만들기 쉽다. 디지털 산업은 고용창출이 많지 않을 뿐더러 소수의 성공한 사람에게 부(富)가 집중되기 때문이다. 정부가 부자들의 재산을 세금으로 떼어내지 않는 한 부의 쏠림 현상은 심화된다. '쓰리고에 피박'으로 한방의 일확천금을 선호하는 사회라면 상대적 박탈감의 만연은 감수해야 한다. 그래도 한국에는 '뭉턱 모은 돈으로 한턱내는' 문화가 있다.

한턱내지 않고 그냥 모른 체하면 '쩨쩨하다'는 평판을 듣고, 이웃사촌이 될 수 없다. '모 아니면 도'의 디지털 산업 세계가 '이웃사촌'이라는 아날로그 세계로 이어질 수 있는 곳이 한국이다. 두려운 것은 디지털 신봉자가 '내가 독차지'하는 데서 그냥 끝나고, 한턱내지 못하는 구두쇠로 계속 남을 때이다. 톡톡 튀는 디지털 세계와 어기적대며 이어지는 아날로그 세상과의 공존을 갈구해본다. 단속의 디지털과 연속의 아날로그와의 융합이다.

엄밀히 말하면 단속의 디지털은 연속의 매끄러운 동그라미를 그릴 수 없다. 손으로 그저 종이에 그은 매끄러운 아날로그 동그라미에 미치지 못하는 게 디지털 동그라미다. 선명하게 보이는 디지털 화질에 감탄하지만 화면의 화소(畵素) 수를 아무리 늘려도 매끄러운 연속의 아날로그가 될 수는 없다. 화소 수가 늘어난다 함은 모눈종이의 사각형 눈금이 작아지고 모눈의 개수가 많아짐을 뜻한다. 디지털 화면에서는 이 모눈을 채워 곡선을 그리기에 지그재그의 직선 흔적이 남게 된다. 연속의 매끄러운 진짜 곡선이 아닌 지그재그의 유사(類似) 곡선

그림 1 디지털과 아날로그

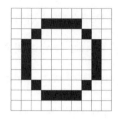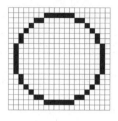

주: 디지털 화면에 원을 그린다 해도 본래의 곡선인 원을 그리는 것이 아닌 유사 곡선이다. 디지털이 발달하여 화소 수가 많아진다 함은 모눈의 눈금이 촘촘해짐을 뜻한다.

주: 디지털의 궁극은 아날로그다. 연필로 그저 종이에 그은 연속의 아날로그 곡선은 편안하고 온화하다.

이 디지털 곡선이다(〈그림 1〉).

디지털이 추구하는 곡선의 저편에 아날로그 곡선이 있다. 이렇게 보면 디지털의 궁극은 아날로그다. 고사리 손으로 그린 동그라미는 부드럽고 평안하다.

아날로그와 디지털의 변화 속도: 자연수적 변화와 2의 제곱수적 변화

직면하는 환경에 따라 각 사회의 사고방식이나 대응 방법은 다르기 마련이다. 아날로그와 디지털의 사고방식에 기초한 사회가 상황 변화에 어떻게 대응하는가에 대해 두 가지 간단한 아라비아 숫자의 수열을 이용하여 그 차이를 나타내보자. 하나는 '자연수적 변화'이고 다른 하나는 '2의 제곱수적 변화'(1부터 시작하여 직전의 숫자를 두 배하여 이루어지는 수열)이다.

자연수적(또는 산술급수적)인 변화는 1, 2, 3, 4, 5, 6, 7, ……과 같이 하나씩 쌓아가는 변화이다. 이에 비해 2의 제곱수적(기하급수적)인 변화는 1, 2, 4, 8, 16, 32, 64, …… (또는 $2^0, 2^1, 2^2, 2^3, 2^4, 2^5, 2^6$, ……)와 같이 훌쩍훌쩍 건너뛰는 변화이다. 하나씩 쌓아가는 것을 중요시하는 일본은 자연수적인 변화로 나아가려는 사회라 할 수 있다. 이에 비해 '빨리 빨리'가 상징하듯 한국은 속도를 중요시하는 2의 제곱수적인 변화로 나아가려는 사회이다.

자연수적인 변화는 바로 앞 숫자(상황)에다 하나씩 하나씩 차분히 더해가는(축적해가는) 문화, 즉 한발 한발 앞으로 전진해가는 아날로그적 속성을 지닌다. 엄밀히 말하면 아라비아 숫자가 아날로그가 될 수는 없다. 원래 0부터 9까지의 아라비아 숫자 자체가 디지털(digital)에서의 숫자(digit)를 의미하기 때문이다. 여기서는 연속적으로 변화하는 속성을 편의적으로 나타내기 위해 자연수의 수열을 사용하는 데 지나지 않는다. (또 예컨대 1.8과 같이 자연수가 아닌 유리수도 있으니 자연수는 연속이 아니지만 축차적으로 변화하는 것을 '연속처럼' 유추하여 나타내고 있다.)

자연수적 변화는 속도 면에서 보면 2의 제곱수로 늘려나가는 기하급수적인 변화에 비해 내딛는 보폭이 훨씬 느리다. 반면에 기하급수적 변화의 속성을 갖는 사회는 2의 제곱수로 건너뛰며 비약적인 속도로 나아가는 디지털적 속성을 갖는다. 주의해야 할 것은, 산술급수적 변화와 기하급수적 변화를 놓고 어느 쪽이 좋다 나쁘다 하는 판단은 할 수 없다는 점이다. 아니, 좋다 나쁘다를 판단하려는 시도 자체가 바람직하지 않다.

변화에 대한 적응방식은 그 사회의 가치판단에 따라 달라지기 때문이다. 다만 각각의 특징 차이가 있을 뿐이다. 쌍방에 어떤 특징 차이가 있는지를 인식하여 서로 간에 깊이 있는 이해를 더해가는 것이 중요하다.

2의 제곱수적인 변화에 나타나는 특징은, 숫자의 전개속도(적응속도)는 빠르지만 그 전개(변환)과정에서 많은 숫자들이 빠져 있다는 점이다. 자연수적 변화(아날로그식 적응 사회)의 입장에서 2의 제곱수적 변화(디지털식 적응 사회)의 전개과정을 보면 그 '빠른 속도'가 부러울지도 모른다. 하지만 2의 제곱수적 변화로 나타나는 숫자의 전개과정을 보면, 많은 숫자들이 여기저기 듬성듬성 빠져 있다. 즉, 2의 제곱수 이외 숫자는 모두 배제되어 있다. 2의 제곱수적 변화는 땅에 발을 딛고 서 있는 것이 아니라 붕 떠 있어 어딘지 안정되지 못한 느낌을 갖게 한다.

반대로 2의 제곱수적 변화의 입장에서 자연수적 변화를 보면 변화속도가 느려 답답하다고 느껴질 수 있다. 산술급수적 변화는 비록 속도가 느려 답답하다 느낄지는 몰라도 차분하게 하나씩 변화되어 나가는 안정된 모습을 보인다. 듬성듬성 변하는 2의 제곱수적 변화는 차분한 대응 차원에서 자연수적 변화를 당해낼 수 없다.

일본은 프로페셔널(장인) 정신을 소중히 여기는 국가다. 히토쓰바시(一橋)대학의 요네쿠라 세이치로(米倉誠一郞) 교수는, "작금 강한 리더의 대망론이 있지만 지금 시대는 카리스마 있는 리더가 요구되기보다는 프로페셔널이 자신이 해야 할 일을 옹골차게 해나가는 것이 더욱 중요하다"라고 말한다. 프로페셔널이라 함은 '직업인으로서 자신의 부가가치를 높여가는 사람'을 가리킨다. 요네쿠라 교수는 프로페서널들이 자신의 영역에서 착실히 일을 수행해감으로써 사회 전체의 부가가치를 높여 문제를 해결해감을 중요시한다. 일본의 정서에 맞는 제언이다.

일본의 아날로그 산업 중에는 대기업도 많지만 대대로 이어져 내려오는 동네 철공소와 같은 소규모 공장이나 전통음식점 등이 훨씬 많다. HS & Partners에 따르면 일본에는 100년 이상 된 기업수가 2만 2,219개사에 이르고 있다(2012년). 그만큼 장기고용이나 축적해놓은 아날로그 기술을 중시하는 일본기업의 풍토가 남아 있음을 대변한다. 최근 들어 일본의 많은 장수기업들이 후계자를 찾지 못해 장인을 키워가는 기업의 숫자가 점차 줄어들고 있다. 아날로그 속성이 강한 전통산업의 수요 감소가 이어지고 있는 가운데 일본의 대응능력이 주목되고 있다.

세계시장에서 발 빠르게 적응하는 데는 2의 제곱수적 변화와 같이 잰걸음으로 대응하는 것이 강점을 발휘한다. 정보기술(IT) 분야에서는 2의 제곱수적 변화로 한발 앞서 대응한 한국이 자연수적 변화로 대응해온 일본을 추월했다. 이제는 2의 제곱수적 변화 속성을 갖는 디지털의 전자산업 분야에서 한국이 일본을 앞서가고 있다. '빨리 빨리' 내달리는 한국의 디지털 분야의 성장을 일본은 부러운 눈으로 쳐다보고 있다.

디지털 산업과 같이 신속한 의사결정을 필요로 하는 분야에서는 앞으로도 한국기업이 강점을 발휘할 것으로 기대되나 그 강점이 '언제까지 이어질지'의 지속성이 염려된다. 디지털 분야는 한 번 히트 상품이 출현하면 '대박'이지만, 한 번 빗나가면 '쪽박'을 찰 수 있다는 위험이 도사리고

있기 때문이다. 빠른 성장 못지않게 다리를 헛디더 넘어지면 와르르 흔적
없이 사라질 수 있는 냉혹한 세계가 디지털이다. 예컨대 어떤 디지털회사
가 64비트에서 128비트로 속도를 빨리하고 쾌적함을 자랑하는 제품을 출
시해 인기를 얻게 되면 독보적 우위를 차지할 수 있다. 그런 제품을 누가
(어느 기업이) 세상에 내놓을지 예상할 수 없는 것이 디지털 분야이다.

일본이 디지털 산업에서 밀린 이유: 소니와 애플의 차이

미국이 디지털 분야에서 강점을 발휘하는 데는 기독교와 실용주의 사
상이 크게 작용한다. 기독교는 디지털 속성을 띠는 종교이기도 하다. 끊
어졌다 이어졌다 하는 단속의 디지털 세계는 창조주와 피조물, 선과 악,
정의와 불의 등 이분법적 사고와 잘 들어맞는다. 한국은 불교와 기독교
(천주교 포함)가 공존하는 사회이다. 이를 긍정적으로 보면 아날로그와 디
지털이 균형을 이룰 수 있는 사회라 할 수 있다. 한편으로 비판적인 입장
에서 보면 종교 간 또는 종교 내에서의 알력이나 갈등이 잠재되어 있는
불안정한 사회이기도 하다.

일본은 '서로 연결되어 있다'는 아날로그식 사고에 익숙해져 있다. 재
해나 위기상황이 발생할 때마다 또는 누군가와 어떤 일을 추진하려고 할
때, 유대감이나 상호연결을 전면에 내세운다. 일본의 상호관련 중시의
사고방식은 '이것으로 말미암아 저것이 생겨나고, 저것으로 말미암아 이

것이 생겨난다'는 불교의 연기법(緣起法)이나 '자연과의 공생'을 중시하는 신도(神道)와도 관련성이 깊다. 일본의 풍토는 아날로그의 연속성에 그 정서가 잘 들어맞으나 디지털의 단속성에 적응하는 데는 시간이 많이 걸린다.

1979년 소니가 발명한 휴대용 음향기기 '워크맨' 음악재생기가 세상을 풍미했다. 그 후 한동안 소니의 전성기가 이어졌고, 그 여세를 몰아 "그건 소니니까!(It's a sony!)"라는 문구(catch phrase)를 내걸고 자신에 차 있었다. 소니는 음악이나 영화 등 소프트웨어부터 그 재생 기기인 하드웨어까지 그룹 안에서 완결시켜 독보적인 회사로 군림하고자 했다. 1990년대 이후 거품경제가 사그라지고 나서 디지털 시대가 도래하자 소니는 삐거덕거리기 시작했다. 애플사의 아이 시리즈(아이팟, 아이폰, 아이패드)에 밀렸기 때문이다. 그룹 안에서 폐쇄적으로 완결하고자 했던 아날로그 체질의 소니는 인터넷 개방공간의 디지털 조류에 몸을 실은 애플사를 이길 수 없었다.

일본의 어떤 평론가는 "워크맨을 개발한 소니가 어째서 아이팟과 같은 기기를 세상에 선보이지 못한 것인가 한탄할 일"이라 말한다. 주의할 것은 워크맨과 아이팟은 질적으로 전혀 다른 제품이라는 점이다. 워크맨 기기의 내부를 보면 테이프를 구동시키기 위한 부품이 오밀조밀 꽉 들어찬 아날로그 공장의 축소판이다. 이에 비해 아이팟은 집적회로(IC칩)의 집합체(모듈)가 몇 덩어리 들어 있는 디지털 기기이다. 음원(音源)을 선택·재생하는 워크맨은 순번에 따라 테이프를 돌려야 하는 아날로그 기기지만, 아이팟은 순식간에 어느 위치에라도 바로 접근(random access)이 가능한 디지털 기기다.

아이팟은 초기 음향기기로부터 출발하여 그 후 아이폰, 아이패드라는 '개방적 타자수용성(他者受容性)'의 종합(융합)기기로 발전했다. 그와는 달리 워크맨은 음원의 녹음·재생에 충실한 자기완결성(폐쇄성)의 음향기기이다. 발전 속도로 볼 때 워크맨을 세상에 내놓은 소니가 1, 2, 3, 4, 5, 6, 7, ……과 같은 자연수적인 발상으로 임했다면, 아이 시리즈를 세상에 내놓은 애플은 1, 2, 4, 8, 16, 32, 64, ……와 같은 2의 제곱수적인 속도로 발전해왔다.

2012년 2월 일본 굴지의 D램 반도체 업체인 엘피다사가 파산했다. 언론에서는 '삼성전자·하이닉스 등 한국기업의 완승'이라는 제목으로 대서특필했다. 샤프를 비롯한 일본의 다른 전자업체도 위험한 것이 아니냐는 우려 섞인 목소리도 쏟아져 나왔다. 2013년 3월 샤프사는 삼성전자로부터 104억 엔의 출자를 받아들여 자본금을 늘렸다. 이처럼 한국 디지털기업의 위상이 높아졌지만 장기간의 기술축적을 필요로 하는 기계산업등의 아날로그 부문에서는 일본기업이 여전히 세계에서 그 존재감을 과시하고 있다.

일본기업의 행동양식을 보면 같은 일을 반복하고 있다는 인상이 강하고 변화에 적절하게 대응하지 못하여 늦어지고 있는 것처럼 보인다. 그렇게 보이는 것은 디지털적 사고로 보았을 때 변화가 늦다는 감각이다. 일본은 아날로그적 사고에 따라 조금씩 계속적인 변화를 추구하는 사회이다. 히토쓰바시대학의 요네쿠라 세이치로 교수는 '기존의 기술이나 기존의 시장을 좀 더 심도 있게 추구하는 계속적인 파괴'를 의미하는 '창발적 파괴(創發的 破壞)'를 강조한다. 창발적 파괴는 오래된 질서나 습관을 파괴하여 혁신(innovation)을 일으킨다는 슘페터의 '창조적 파괴'와는 다른 개념이다.

창발적 파괴에는 계속성과 함께 협조성이 중요한 요소로 들어가 있다. 요네쿠라 교수는 "한 사람 한 사람의 힘이 합쳐져 커지면 그 모두를 합한 전체 에너지가 그때까지의 사회구조나 기성개념을 파괴하여 새로운 가치를 생성해간다"고 지적한다. '창발적 파괴'를 발휘한다고 해도 디지털의 관점에서 보면 그 변화의 속도감이 느리다는 것은 부정할 수 없다. 응용기술에서 우위에 있는 일본이지만 디지털의 빠른 전개에 어떻게 대응해가느냐가 앞으로의 과제이다.

일본기업이 애플사의 아이 시리즈와 같은 상품을 출시한다고 해도 세계의 변화 속도가 너무 빨라 그 속도에 뒤처지곤 한다. 속도전에 뒤지는 것이 일본의 디지털 산업이 밀리는 이유이기는 하나 좀 더 근본적인 이유는 주변 환경 요인이다. 설령 어떤 개인이나 개별기업이 디지털 발상으로 뛰어난 아이디어를 낸다고 하더라도 아날로그적 주변 환경이 그 아이디어의 실현을 북돋아주는 분위기가 아니다. 일본은 빠른 의사결정이 요구되는 제품개발에도 회의(會議)에 회의를 거듭하여 동의를 구하고 참석자의 반대나 우려의 목소리가 있으면 채택되지 않는 분위기다.

아날로그 발상으로 디지털에 대응하려 하는 사고방식이 일본의 디지털 산업을 세계경쟁에서 밀리게 하는 근본 이유다.

아날로그를 존중하는 겸허함

　범죄나 소송이 줄어들면 변호사나 재판관 등 법조인의 일이 줄어들고, 질병이나 사고가 줄어들면 의사와 간호사 등 의료인의 일이 줄어든다. 또 나라가 평안하고 안정되어 있으면 정치인도 한산한 직업이다. 인간의 이기심이나 게으름에서 비롯된 것일까? 유감스럽게도 현대는 범죄나 질병도 많을 뿐더러 나라도 평안하지 않은 때가 많다. 어쨌든 법조인, 의료인, 정치인의 역할이 두드러지는 때가 요즈음이다. 하루가 다르게 디지털 기술이 발전되어 범죄예방이나 질병예방에 기여한다고 하더라도 행복지수를 높이지는 못한다. 왜 그럴까? 타인과의 비교에서 생기는 상대적 박탈감 때문이다.

　"나물 먹고 물 마시고 팔 베고 누웠으니 대장부 살림살이 이만하면 족하리오" 하던 안분지족(安分知足)의 사상은 유물이 되어버렸다. 공맹(孔孟)의 시대로 돌아가자는 것은 아니지만 인문학은 상대적 박탈감을 초월하게 하는 힘이 있다. 인문학이 죽고 경제학·경영학만이 인기를 끌게 되면 세상은 '부(富)의 추구'를 최고의 가치로 두게 된다. 빈부의 차가 확대되어 격심한 상대적 박탈감에 빠지면 사회갈등이 조장된다. 디지털 산업은 '도 아니면 모'라는 속성이 있어 소득양극화를 조장시키는 냉혹함이 있다.

공맹의 글이나 다른 고전을 디지털 기기에 잔뜩 넣어두었다 하여 저절로 그 글이나 작품이 체득되는 것은 아니다. 곰곰이 생각하고 음미하여 마음속으로 녹아들게 하는 데는, 뜸들이고 발효시켜 영혼을 풍요롭게 하는 '한동안의 정중동(靜中動)'이 있어야 한다. 허둥대면서 서두르지 않으면 성에 차지 않고 시대에 뒤떨어지는 인상을 주는 디지털 속성이, 인간 내면의 정중동을 앗아가고 있다. '빨리 빨리'를 좇는 젊은이일수록 디지털 발전에 기여하겠지만 정작 본인들은 '고요함 속의 움직임'이란 정중동의 보물을 놓치기 쉽다. 빨리 가기는 하는데 불나비처럼 이쪽저쪽 부딪히기만 하다가 허망하게 사그라지는 때도 많다.

디지털과 직결되는 분야가 정보기술(IT)이지만 자동화를 추구하는 IT산업은 고용을 그리 많이 창출하지 못하는 단점이 있다. 그 때문에 IT화에 지나치게 의존할수록 젊은 층의 취업문제는 더욱 심각해질 우려가 있다. 새로이 직장을 찾아야 하는 젊은 층이기에 통상적으로 청년층의 실업률은 평균실업률보다 높다. 일본 총무성 「노동력조사」를 보아도 일본의 청년층(15~24세) 실업률은 8.5%로 전체 평균실업률(4.5%)보다 두 배 정도 높은 수준이다(2012년). IT화가 일본보다 빠른 한국의 경우는 더욱 심각하다. 통계청 「경제활동인구조사」에 나와 있는 청년고용 동향을 보면 한국의 청년층(15~29세) 실업률은 8.6%로 전체 평균실업률(3.5%)의 2.5배이다(2012년).

한국은 IT화에 의존하는 경향이 강해 상대적 박탈감에 빠지기 쉬운 사회이기도 하다. 피부로 느끼는 체감실업률은 통계상 실업률보다 훨씬 높다. 통계상으로 실업률이 낮게 나타나는 것은 어학공부를 하기 위한 휴학, 전문분야의 자격증 따기, 학점 높이기 등 소위 스펙을 쌓는 취업준비생이 많기 때문이다. 취업준비생과 같이 경제활동에 참가하지 않는 비경제활동인구는 실업자 수에 포함되지 않기에, 통계상의 실업률이 실제로 느끼는 체감실업률보다 낮게 나타난다. 이는 곧 한국에는 실업자도 취업자도 아닌 비경제활동인구가 많다는 것을 의미한다. 실제 직장생활을 하는 취업률을 보면 일본이 한국보다 훨씬 높다. 15~64세의 취업률(고용률)을 보면 일본이 70.6%인 데 비해 한국은 64.2% 수준이다(2012년).

디지털화가 문제가 많다고는 하나 디지털의 공헌은 이루 말할 수 없을 정도이다. 일상생활에 편리함을 가져다줌은 물론 표현 가능한 범위를 확확 넓혀주고 있다. 예컨대 디지털 화면의 화소 수가 늘어나면 표현할 수 있는 색의 조합은 비약적으로 늘어나 쓰임새가 훨씬 좋아진다. 이렇듯 디지털이 아날로그를 향해 느리고 답답하다고 할지 모르나 아날로그에는 디지털이 갖기 어려운 침착함이 있다. 지금 한국의 젊은이들은 디지털에 들떠 있는 인상이고, 일본의 젊은이들은 디지털의 발랄함이 결여되어 어딘가 힘이 빠져 있는 인상이다. 디지털 성향과 아날로그 성향을 함께 자리 시켜 서로 자극을 받게 할 장(場)의 마련이 요구된다. 필자 자신도 그런 장을 마련할 당사자 입장이다.

향후는 냉철한 느낌의 디지털과 마음의 안정을 느끼게 하는 아날로그와의 융합이 힘을 발휘할 것이다. 이미 그런 국면에 들어섰다는 느낌이다. 건조한 이미지를 띠기 쉬운 디지털 기업이 최근에는 감성을 중시하기 시작했다. 2010년 5월 한국의 정보기술기업인 NHN이 일본의 라이브도어(Livedoor)를 인수했다. NHN의 일본법인인 NHN Japan은 '온라인과 오프라인의 울타리를 넘어선 풍요로운 인간관계의 구축과 생활양식(life style)의 실현'을 사업 목표로 내걸고 있다. 온라인이라는 가상공간에만 머무는 게 아니라 실생활에서의 인간관계를 소중히 여긴다는 인식이다. 또 자동차나 통신시스템용 고성능 아날로그 집적회로(IC)칩을 만들고 있는 기업인 리니어테크놀로지는 '사람과 디지털을 잇는다'라는 표어(slogan)를 내걸고 아날로그와 디지털의 접목을 꾀하고 있다.

디지털 세계는 과학, 이성, 논리가 강조되는 이미지가 강하고, 아날로그 세계는 예술, 감성, 직관이 중시되는 이미지가 강하다. 디지털과 아날로그의 융합은 과학과 예술, 이성과 감성, 논리와 직관의 조화이기도 하다. 디지털과 아날로그 간 상호 존중과 관용이 있어야 정서 넘치는 풍요로운 삶으로 이어진다. 아날로그를 존중하는 디지털의 겸허함을 기대해본다.

한동안의 정중동(靜中動)

디지털이라 하면 언뜻 앞서가는 인상이 강하고, 아날로그라 하면 왠지 뒤떨어진 느낌이 들기도 한다. 스마트폰의 등장에서 보듯이 디지털 세계의 확장은 가히 혁명적이다.

그런 한편 상대적 박탈감이 증폭되는 곳이 디지털 세계인지라 어딘지 모르게 불안하다. 디지털 스마트 기기로 영화감상을 하는 젊은이도 행복할 수 있지만, 디지털을 모르고 손주들의 배를 쓰다듬는 우리네 할머니한테는 다른 차원의 달관된 행복이 있다.

아무리 촘촘한 화소 수의 디지털 그림이라도 이어졌다 끊어졌다 하는 단속의 세계이니, 종이에 그린 연속의 아날로그 동그라미 하나를 당하지 못한다. 이렇게 보면 디지털의 궁극은 아날로그다. 디지털을 모르는 아날로그가 답답하다고 느껴질 수 있지만 아날로그에는 디지털이 갖기 어려운 침착함이 있다.

아날로그를 존중하는 디지털의 겸허함을 기대해본다. 서로를 이해하는 너그러움이다. 곰곰이 생각하고 음미하며, '고요함 속의 움직임'이란 정중동의 보물을 놓치지 않아야 할 것이다. 고사리 손으로 그린 동그라미는 부드럽고 평안하다.

2

미국의 9·11 일본의 3·11
미일의 일처리 방식

【칼럼】 미국의 9·11 일본의 3·11

하야사카 다카시(早坂隆)의 『세계의 일본인 조크 모음』에 미국과 일본에 관련된 유명한 조크가 있다. 미국인과 일본인이 탄 배가 조난당했다. 촌시가 급한 상황에서 어떻게 하면 이들을 곧바로 뛰어내리게 할수 있을까? 답은 간단하다. 미국인에게는 '뛰어내리면 당신은 영웅입니다'라고 하면 되고, 일본인에게는 '모두 뛰어내리고 있습니다'라고하면 된다. 2001년 9·11 이후 미국의 테러응징 과정과 2011년 3·11이후 일본의 대처에서도, 이 조크에 나온 양국의 속성이 그대로 드러났다.

9·11 동시다발 테러가 발생하자 조지 W. 부시 대통령은 '우리 미국을 누가 감히! 겁도 없이!'라는 태도로 자신이 마치 영웅이라도 된

양 행동하며 '테러와의 전쟁'을 선포했다. 9·11 테러가 발생한 다음 달, 미국은 빈라덴 잠복을 이유로 아프가니스탄의 이슬람 원리주의 탈레반 정부를 전복시켰다. 테러 발생 2년 후인 2003년에는 대량살상무기(WMD) 색출을 명분으로 이라크 침공을 강행해 후세인 대통령을 체포했다. 그뿐만 아니라 미국은 테러에 대한 보복과정에서 중동이나 북아프리카의 반(反)알카에다 '독재' 이슬람국가를 두둔하는 모순적인 행동도 서슴지 않았다.

3·11 동일본 대재해로 지진과 쓰나미가 발생하자 일본 TV방송에서는 '당신은 혼자가 아니다! 힘내라 일본! 일본의 강점은 단결력! 일본의 힘을 믿는다!' 등의 구호가 화면을 가득 채웠다. 민영방송에서 상업광고를 자제했던 점도 있어 주로 AC재팬(옛 공공광고기구)이 내보낸 문구들이다. 이 문구들은 돌출하여 나서지 않고 '모두 함께!'를 강조하는 일본인의 성향을 극명하게 보여주었다. 미국의 대중매체(mass media)는 초반의 후쿠시마(福島) 원전사고에서 분투하는 50명의 노동자들을 '일본을 구하는 영웅들'이라 치켜세웠다. 하지만 정작 당사자들은 색다른 반응이었다. "우리는 영웅도 아니고 영웅이 되고 싶지도 않다. 다만 우리 일이니까 우리가 할 뿐"이라고 했다.

'영웅적으로' 나서는 미국식 일처리와 '모두 함께'로 대처하는 일본식 일처리는 판이하게 달랐지만, 9·11과 3·11에 대처하는 양국의 일처리에는 흐지부지하는 일이 없고 뒷심이 강하다는 공통점이 있었다. 버락 오바마 미국 대통령은 2009년 1월 취임 후 부시가 일으킨 이라크 전쟁에 대해 '꼭 할 필요는 없었다'라고 못 박았다. 그러면서도 9·11 테러 주모자 빈라덴을 10년 세월을 들여서 기어이 찾아내 살해하는 질긴 앙갚음을 보였다.

전례를 참고한 일본의 재해 대책도 대단했다. 예컨대 재해 피해가 컸던 해안가 산리쿠(三陸) 마을은 메이지(明治)부터 쇼와(昭和) 시기 (1868~1989년)의 120여 년에 걸쳐 일어났던 재해 조사 지도를 참고하여 훈련을 반복해왔다. 3·11 대재해는 상정 외의 사태였기에 피해규모가 엄청났지만 재해에 대비해온 이들의 모습은 탄복할 정도였다. 3·11 대재해는 미증유였던지라 우왕좌왕이 있었지만 이제 3·11은 더 이상 미증유가 아니다. 일본인들은 3·11의 지진, 쓰나미, 원전사고를 반영한 '재해지도 매뉴얼'을 만들고 향후 발생할 수 있는 재해의 대비에 임하고 있다.

미국은 2011년 5월 빈라덴 사살을 두고 환호했다. 빈라덴의 주검을 앞에 두고 오바마 대통령은 '정의가 이루어졌다'는 성명을 발표했다. 참 모순덩어리다. 왜 미국만이 정의인가? 반대로 아프가니스탄이나 이라크가 미국의 전쟁주모자를 살해하고 그 주모자의 주검을 앞에 놓고 '정의가 이루어졌다'고 성명을 발표한다면 미국은 무어라 답할 것인가. 그때 미국은 또 싸움을 걸어올 것인가. 세상에는 '이기면 관군(官軍), 지면 역적(逆賊)'이라는 약자의 슬픔이 있다.

무차별 테러는 결코 용서받을 수 없는 일이지만 유감스럽게도 테러의 근저에는 이슬람의 빈곤, 소외, 차별, 비민주화라는 요인이 있다. 이들 요인의 해결이 테러 근절로 직결된다. 이집트, 시리아, 예멘, 요르단 등 이슬람권 독재국가에서 민주화 기운이 싹트면서 알카에다의 지지기반도 약화되었다. '제대로 된 정의'라면 테러와의 전쟁이 아닌 이슬람권 국가의 민주화를 도와 빈곤, 소외, 차별을 줄여가는 데 힘을 보태는 관용 있는 정의여야 할 것이다. '그런 관용을 베푸는 당신, 미국이어야 진정한 영웅입니다.'

일본의 3·11은 2만 명 가까운 목숨을 앗아갔고 20조 엔 규모의 재산피해를 가져왔다. 이런 엄청난 가시적 피해와 더불어 '삶의 터전을 잃었다'는 형언할 수 없는 아픔으로 공황상태(panic)에 빠질 수도 있었다. 그러면 안 되겠기에 3·11 대재해의 아픔을 달래려 일왕 내외는 연일 국민을 보듬었다. 재해민을 찾아 무릎을 맞대고 독려하며 폐허 속 죽음 앞에 머리를 숙였다.

무너진 공장더미 안에서는 재기의 지푸라기를 움켜쥔 아저씨가 동강난 기계를 수리하고 있었다. 슬픔을 삼키며 부서진 기왓장을 하나둘 걷어내고 있었다. 갯벌에 묻힌 딸아이 사진을 찾아낸 엄마는 눈물 고인 눈으로 웃고 있었다. 사진 속 딸아이가 하얀 이를 드러내며 웃고 있었기에 ……. 애틋한 슬픔 속 시계는 오후 2시 46분에 멈춰 있었다. '아! 당신들은 혼자가 아닙니다. 세상 사람들이 모두 함께 있습니다.'

두 국가 모두 결코 포기하지 않은 9·11과 3·11이었다. 미국의 9·11은 밖으로의 응징을 포기하지 않았고, 일본의 3·11은 안으로의 결속을 포기하지 않았다. 우리는 무엇을 포기하지 않아야 하는 걸까?

【칼럼】 빈라덴 사냥극과 사고의 궁핍

1979년 무신론국가 소련의 아프가니스탄 침공은 이슬람국가들의 분개를 자아냈다. 당시 22세의 사우디아라비아 청년 오사마 빈라덴도 지하드라는 성전(聖戰)을 하러 아프간으로 갔다. 그는 이슬람 의용병들을 훈련시켜 전쟁터로 보냈다. 건축업 재벌 아버지로부터 12살 때 물려받은 8,000만 달러의 유산이 의용병 양성을 뒷받침했다. 이때 길러낸 의용병들은 각지에 흩어졌고 이들이 테러조직의 원점이 되었다. 빈라덴이 의용병들을 양성했을 때만 해도 미 중앙정보국(CIA)이나 사우디 왕실은 그를 지원했다.

빈라덴은 1988년 사우디아라비아의 엄격한 이슬람주의자와 이집트의 전투적 지하드단을 결합하여 '알카에다'를 조직했다. 1991년 걸프전에서 사우디 정부가 이라크와 대항하기 위해 미국에 의지하자, 빈라덴은 미국과 사우디 왕실에 칼끝을 겨누었다. 메카와 메디나라는 두 성지가 있는 사우디아라비아가 이교도인 미국과 손잡는 것을 지하드(성전)주의자 빈라덴은 용서할 수 없었기 때문이다. 그에게 9·11은 지하드였다.

9·11로 한 번 꼬인 지하드는 조지 W. 부시의 '테러와의 전쟁'으로 한 번 더 꼬여버렸다. 미국은 미국대로 이성 잃은 아집(egoism)으로 내달려 세계 리더로서의 품격을 잃어갔다. 2011년 5월의 빈라덴 사살은 9·11로 목숨을 잃은 미국인을 위한 '사냥극'이었다. 2011년 오

바마 대통령의 빈라덴 죽음 발표에 미국인들은 '와!' 하며 함성을 올렸지만 유감스럽게도 그 함성은 금세 사그라졌다. 빈라덴의 죽음에 환호하는 목소리가 꺼지며 미국인의 표정에는 구름이 드리워졌다. 언제 다시 보복을 당할지도 모른다는 공포가 있었기 때문이다.

'빈라덴 사냥극'으로 그가 이 세상에서 없어졌다고 하여 알카에다와 미국과의 보복의 연쇄가 끊긴 것은 아니다. 빈라덴 살해는 테러조직에 커다란 타격을 주었지만 테러가 근절되었다고는 누구도 생각하지 않는다. 미국의 2001년 10월 아프간 탈레반 공격과 2003년 1월 이라크 침공으로 9·11 때보다 몇 배에 달하는 사람들이 목숨을 잃었다. 그뿐만 아니라 테러보복 전쟁은 막대한 군비지출로 미국의 재정적자를 가중시켰고 경기침체의 후유증을 안겨줬다. 미국은 앞으로도 테러보복 전쟁의 뒤탈로 어려움을 겪게 될 것이다.

살피건대 '9·11 테러'의 배경에는 알카에다의 지하드에 대한 집착이 있었고, '빈라덴 사냥극'의 무대 뒤에는 미국의 독선이 있었다. 그 집착과 독선의 피해를 세계 시민이 받았다. 언제 일어날지 모르는 무차별 테러는 선량한 시민들이 즐겁게 소풍가거나 운동구경을 갔다가 어처구니없이 당할지도 모른다는 불안감을 엄습시켰다. 평화로운 일상생활에 어두움을 드리우게 한 테러를 결코 용서할 수는 없다. 그렇다하여 미국의 독선에 찬 '테러와의 전쟁'에 찬동하는 것도 음울한 마음이다.

2001년 9·11 직후 '테러와의 전쟁'에 돌입한 당시의 조지 W. 부시

대통령은 우리에게 '사고의 궁핍'을 강요했다. 그는 '미국 편에 설 것인가, 테러행위자(terrorist)와 한패가 될 것인가'라는 당돌한 질문을 들이댔다. 자신의 독선에 찬 궁핍한 선택의 강요다. 세상에는 양수(+)나 음수(−)만이 아니고 한 가운데 영(0)이라는 중립도 있다. 양수나 음수에도 큰 숫자 작은 숫자라는 무한한 다양성이 있는데, 이를 '내편 아니면 적'이라는 단순 대립각으로 몰아세웠다. 부시 대통령의 독선적인 행동이 미국의 위신이나 품격을 실추시켰음은 말할 나위도 없다.

미국의 테러대책에서는 이슬람국가에 대한 아량은 찾아볼 수 없었다. 자기 잣대로 재어 행동을 취한 다음 그것을 '정의'라며 밀어붙였다. 9·11 테러의 저변에 지하드라는 이슬람 종교의 색깔이 묻어 있듯이 미국의 테러 응징의 밑바탕에도 이슬람원리주의를 배척하려는 기독교 강성주의자들의 종교색이 채색되어 있다. 이슬람 과격파가 '우리 이슬람 알라신 최고!'라고 외치는 구호에 맞서, 미국이 '우리 기독교 유일신 최고!'라고 외치며 팽팽하게 맞서 있는 모습이다.

세월은 흘러, 튀니지, 이집트 등 독재 이슬람국가에서 민주화의 봄이 싹트기 시작했다. 이슬람권의 민주화 운동에 불이 붙어 이슬람 과격파의 힘이 약해진 시절에 미국은 빈라덴을 찾아내 사살했다. 빈라덴 사냥이 알카에다의 집착과 미국의 독선의 매듭을 풀어주지는 못한다. 이슬람국가의 민주화가 성숙될 때 이들 집착과 독선도 힘을 잃을 것이다. 이슬람 과격파의 테러행위와 그 행위에 대한 보복이라는 연쇄가 끊어지길 희구해본다.

2013년 이집트의 군부 재집권에서 보듯이 이슬람권 국가의 민주화 진행에는 시행착오도 많다. 그만큼 민주화의 길은 험하고 요원한 길이지만 이슬람 독재국가의 종언(終焉)을 꿈꾸어본다. 이슬람권과 미국이 마주하며 서로 웃는 화해의 꽃은 언제 피어날 것인가. 동서독 갈등 속에서도 화해의 벚꽃은 아름답게 피어났는데 …….

편견과 독선

오사마 빈라덴의 아버지는 예멘 출신의 이민자로 사우디 왕실에 관여하여 막대한 부(富)를 축적한 건축업 재벌이었다. 빈라덴은 그런 재벌 아버지의 10번째 부인에게서 태어난 17번째 자식이었다. 빈라덴이 태어난 지 얼마 되지 않아 어머니는 재혼했으며, 그의 나이 12살 때 생부가 사망하면서 8,000만 달러라는 거액의 유산을 상속받았다. 빈라덴이 10대 때 심취한 것은 순교를 불사하는 이슬람교의 지하드(성전) 사상이었다. 9·11 테러를 실행에 옮길 수 있었던 배경에는 지하드 사상과 빈라덴이 유산으로 받은 풍부한 자금이 있었다.

9·11 테러 후 미국이 취한 태도는 안하무인이었다. 9·11 테러 발생 후 한 달이 채 되지 않아 빈라덴 잠복을 이유로 아프가니스탄을 공격하여 탈레반 정부를 전복시켰으나 빈라덴은 잡지 못했다. 오히려 세상을 어지러움 속으로 몰아넣었다. 이슬람원리주의자 그룹인 탈레반은 파키스탄

과의 산악 국경지대에서 재조직화하여 반정부테러를 일삼아왔다. 세계는 테러와의 전쟁이라는 '두더지잡기'와 같은 싸움에 휘말려버렸다.

2003년에는 알카에다와 연결되어 있는 후세인 정권이 대량살상무기(WMD)를 갖고 있다는 구실로 미국은 이라크를 침공했다. UN 안전보장이사회의 결의도 없이 무모하게 저지른 이라크 침공으로 미국의 위신은 땅에 떨어졌다. 이라크 전쟁에서는 9·11 테러 희생자(약 3,000명)의 2배 이상이 목숨을 잃었다. 2004년 6월 초당파 독립위원회가 '대량살상무기 보유를 뒷받침할 아무런 증거도 없다'라고 조사결과를 발표했음에도 불구하고, 미국은 2006년 12월 후세인의 사형을 집행했다. 미국이 하면 '선(善)'이라는 독선에 가득 차 있었다.

아프가니스탄 침공과 이라크 전쟁에 따른 엄청난 군비지출로 미국의 재정악화는 심화되었다. 그 후 2008년 리먼 쇼크로 인한 금융위기로 미국의 실업률은 8~10% 정도로 높아졌으며 세계 경제상황도 덩달아 악화되었다. 경제 활성화에 써야 할 체력(재원)을 테러와의 전쟁에 써버려 불필요한 체력소모가 많았기 때문이다. 9·11 테러가 있고 나서 10년이 지난 2011년 5월 빈라덴을 색출하여 사살했지만 테러의 불씨가 꺼진 것은 아니었다. 이슬람 과격파의 저변에는 편견의 눈을 부라리며 지하드를 부추기는 무장 세력이 진치고 있으니 말이다.

편견에 휩싸인 종교관이 대립했을 때 이성은 마비되고 지독한 전쟁으로 이어져왔다. 이슬람의 지하드와 기독교의 앙갚음이라는 서로 간의 종교적 아집에 찬 싸움이 테러와의 전쟁이다. 아집 대 아집의 질긴 전쟁으로 지구촌이 비명을 지르고 있다. 전쟁은 존엄한 생명을 짓밟을 뿐 아니라 지독한 환경오염의 주범이기도 하다. 행여나 지구가 멸망한다면 그 책임의 한 가운데에 '편견과 독선'이라는 인간의 어리석음이 자리할 것이다. 이슬람 과격파와 미국의 악연으로 점철된 매듭이 언제 풀리려는지 암담하다.

300여 년 전 프랑스 사상가 루소가 갈파했듯, 이성이나 판단력은 느림보처럼 다가오지만 편견은 무리를 지어 달려오나 보다. 미국의 편견적 강성 기독교의 독선이 이슬람을 멸시·모욕했고, 이슬람권 국가의 군중은 그런 멸시와 모욕에 증오의 불길로 맞섰다. 대치한 강성 기독교와 과격 이슬람의 아집 사이에 냉정한 이성의 목소리가 비집고 들어갈 틈이 없다. 과연 인간의 이성이 종교의 편견을 극복할 수 있을 것인가. 아니면 종교의 위대성이 인간의 이성을 회복시켜 상생의 길로 이끌어줄 것인가. 어느 쪽이든 무고하게 많은 생명을 앗아가는 참혹한 전쟁으로 치닫지 않기를 바랄 뿐이다. 전쟁이라는 우행이 없기를 기원한다.

전쟁이나 테러로 인한 죽음과 자연재해로 인한 죽음은 그 의미가 너무 다르다. 미국의 9·11 동시다발 테러에서 수많은 사람들이 목숨을 잃었다. 미국민들의 죽음을 놓고 이슬람 테러조직 알카에다는 환호하고 미국민은 슬퍼했다. 그 반대로 9·11 테러에 대한 앙갚음으로 미국은 10년을 걸려 오사마 빈라덴을 찾아내 살해했다. 빈라덴의 죽음을 두고는 미국민이 환성을 지르고 알카에다가 앙심을 품었다. 하지만 테러나 그 보복으로 인한 죽음과는 차원을 달리해 3·11 동일본 대재해로 인한 죽음에는 모두가 슬퍼했다.

인간의 잔혹행위에 의한 죽음과 자연재해에 의한 죽음을 보는 눈이 이처럼 다르지만 9·11과 3·11에는 인간의 어리석음이 공통으로 배어 있다. 종교에 맹목적이 되면 인간의 이성은 무뎌져 판단력을 잃게 된다. 9·11의 배경에는 아집에 찬 이슬람과 기독교의 대립이 인간의 이성을 마비시켜 테러나 전쟁으로 치닫게 한 어리석음이 있었다. 3·11 대재해로 인한 후쿠시마 원전사고에는 원자로의 노여움을 가볍게 여긴 인간의 어리석음이 스며들어 있다. 과학을 과신한 채 자연의 힘을 경외하지 않으면 그 저주는 인간에게 돌아온다. 후쿠시마 원전사고는 자연의 힘(쓰나미)에 밀린 과학(원자로)이 도리어 인간을 향해 덮쳐온 재앙이었다.

일본의 3·11 대재해에서는 원전사고를 일으킨 도쿄전력(東京電力)의 정보차단과 독선으로 인한 폐해가 두드러졌다. 후쿠시마 원자로에서 핵연료봉이 녹아내리고 다량의 방사능 누출을 알았음에도 도쿄전력은 모르는 척 정보를 감추고 전 국민을 불안에 떨게 했다. 원전사고는 '예상 밖'이었다며 발뺌했다. 원전건설 시 '원전은 절대 안전하다'며 주민을 설득했던 도쿄전력의 모습과는 딴판이었다. 재해 발생 후 1년 반 이상이 지난 2012년 10월이 되어서야 쓰나미 대책이 부족했다고 시인했지만 주민들 가슴은 이미 찢어진 다음이었다. 일본을 지구촌의 미운오리로 만든 원전사고였다.

국경이 있을 리 없는 해류와 바람을 타고 이 대륙 저 바다로 방사능은 스멀스멀 퍼져간다. 눈으로 보이지 않고 헤아릴 수 없는 원전사고의 부작용이 너무 가볍게 치부되고 있어 안타까운 심정이다.

'모두 함께'와 거대한 무책임

'모두 함께 책임을 진다'는 것은 책임을 질 개별적 주체가 없다는 점에서 보면 '아무도 책임을 지지 않는다'라는 뜻이기도 하다. 마을축제(마쓰리)에서와 같이 '모두 함께' 결집된 형태로 카타르시스(catharsis)를 느낄 수 있다. 반면 '모두 함께'의 이면에는 책임주체의 애매함이 있다. 어떤 사건이 일어났을 때 '누가 그 책임을 질 것인가' 하는 문제가 분출되면 책임주체가 분명하지 않아 그 책임을 묻기가 어렵다. 이렇게 보면 '모두 함께'를 중시하는 일본이 한편으로 애매한 태도로 비추어짐은 당연한 귀결이다.

일본이 '모두 함께'를 내세우는 데는 자연재해가 많은 것과 관련이 깊다. 일본은 자연이나 그 재해가 가져다주는 고마움과 미움을 동시에 경험하며 '모두 함께' 하는 공동체로 살아왔다. 일본열도에는 혼자서 대처하기 어렵고 서로 힘을 합쳐 대응해야 하는 태풍, 지진, 해일(쓰나미) 등의 자연재해가 많다. 이들 자연재해는 인간에게 해(害)를 끼치기도 하지만 혜택도 가져다준다. 예컨대 태풍은 피해를 안겨다줘 원망스러우면서도 소중한 비도 몰아다주니 고마운 존재이기도 하다.

생활기반을 무너뜨리기도 하는 자연재해를 극복하는 과정에서는 기술을 진전시켜 재해에 대응해야 하는 숙제도 있다. 가옥, 빌딩, 다리, 도로 등이 태풍, 지진, 해일이라는 자연재해에 견딜 수 있도록 하기 위해서는 서로 힘을 합쳐 기술을 연마해야 했다. 일본의 내진(耐震)기술이나 골조물에 사용되는 소재기술은 세계제일이다. 일소현명(一所懸命)의 삶이었던 까닭에 다른 곳으로 옮겨가기 어려운 운명공동체적 성격을 띠고 있었고 열도 안에서 일본 나름의 다양하고 독특한 기술을 체득해왔다. 반면에 개인이 공동체 속에 녹아버려 책임주체가 모호해졌다. 책임주체가 모호해지면 책임귀속이 애매해져 '거대한 무책임'으로 전락할 가능성이 있다.

마루야마 마사오(丸山眞男)의 『일본의 사상』에서는 마을축제(마쓰리)에서 모두 함께 가마[輿]를 메는 '가마 메기'에 비유하여 책임주체의 애매함을 묘사하고 있다. 여럿이 가마를 메지 않으면 축제 자체가 이루어지지 않는다. '가마 메기'에서는 상부상조로 각자의 힘을 결집시키지만, 동시에 누구 한 사람 탓이라고 하기 어려운 서로 간의 애매한 '행위 연관성'이 얽혀 있다. 가마를 멜 때 내가 힘을 빼면 그 무게가 다른 사람에게로 분산되어 나는 힘이 덜 들지만, 그렇다고 모두가 힘을 빼면 가마를 들 수가 없다. '모두 함께'이면서 개인을 탓하기 어려운 '행위 연관성'이다.

본래 마루야마의 '가마 메기' 비유는 제2차 세계대전 이전 일본의 통치 책임 귀속이 명확하지 않음을 지적하기 위함이었다. 메이지(明治)헌법은 흠정(欽定)헌법(천황에 의해 제정된 헌법)으로 천황에게 권한을 집중시키고 있었다. 그럼에도 통치의 원천이 '천황'에게 있는지, 천황의 조언자인 원로·중신(元老·重臣)이라는 '초헌법적 존재'에 있는지, 아니면 실제로 행정을 담당하는 '내각'에 있는지가 모호했다. 마루야마는 이를, 머리는 여러

개 있는데 몸통은 하나인 '다두일신(多頭一身)'의 괴물로 표현하고 있다. 제2차 세계대전의 전쟁책임이 누구에게 있는가가 불명확한 채 두루뭉술하게 '거대한 무책임'으로 덮여진 것도 일본의 '다두일신' 통치구조라는 애매성이 자리하고 있다.

국가만이 아니라 도쿄전력과 같이 관료화된 일반조직에서도 '거대한 무책임'을 보이기 쉽다. 후쿠시마 원전사고의 책임이 도쿄전력에 있다 하더라도 사고책임자를 특정하여 그 책임을 묻기 어렵다. 대외적으로 대표성이 있는 사장은 단지 이사회에서 논의한 내용의 전달자에 불과해 조직이 범한 과오책임을 질 수 있는 막중한 위치에 있는 것도 아니다. 아마도 도쿄전력 이사회에서는 누구 하나 용기 있게 '적극적으로 책임을 집시다'라는 말은 꺼내기 어려운 분위기였을 것이다. 뭉그적뭉그적하던 도쿄전력의 '거대한 무책임'은 후쿠시마 주민만이 아닌 일본 전체에도 엄청난 후유증을 앓게 했다.

'거대한 무책임'의 병폐는 조직이 잘못된 방향으로 가고 있을 때 그 방향타를 제대로 돌려놓을 주체가 나타나지 않는다는 점이다. 행여 어떤 이가 방향이 잘못되었음을 인식하고 그 오류를 지적한다 해도, 조직의 거대한 힘이 개인의 생각이나 의지를 눌러버리는 '조직생리'가 있다. 눈에는 보이지 않는 조직생리에 압도되어 누구도 나서지 못하는 분위기에 휩싸이게 된다. 일본에서 '나를 믿고 따르라!'고 박차고 일어나 행동하는 영웅이 나오기 어려운 이유도 이 거대한 조직생리에 짓눌려 앞으로 나설 엄두를 못 낸다는 데 있다(회의할 때 일본인만큼 침묵에 견딜 수 있는 외국인도 드물 것이다).

일본의 '모두 함께'의 정신은 공동체 유지를 위해 협조성이 강조된 긍정적인 측면이다. 그와는 반대로 '거대한 무책임'의 노출은 개인의 피해나 존엄의 상실에 대해 조직이 일일이 책임지지 않으려는 부정적인 측면이다. 개인의 존엄성 이념을 강조하는 입장에서 보면 일본의 일처리에서는 거대한 무책임이 부각되어 나타난다. 이에 비해 '모두 함께'를 강조하는 입장에서 보면, 개인이 국가나 거대기업 조직에 대적하는 것을 흔쾌히 받아들이려 하지 않는다. 조직행위의 정당성 옹호가 우선되어 국가나 공룡기업의 '거대한 무책임'이 통용되다 보면, 조직을 위한 개인의 희생은 커져간다.

개인의 존엄성 중시입장과 조직행위의 정당성 강조입장이 부대끼면, 문제 해결의 실마리를 찾지 못하고 상호대치로 이어지기도 한다. 예컨대 한일 간에는 종군위안부 문제를 둘러싸고 개인의 인권을 강조하는 입장과 국가행위의 정당성을 주장(종군위안부에는 국가의 강제성이 없었다는 주장)하는 입장이 맞서 있다. 서로 다른 잣대로 대립하는 형국이니, 해결의 기미가 잘 보이지 않는다. 잣대가 다르다 함은 가치관이 서로 다르다는 것이므로, 상대방의 입장이나 가치관이 무엇인지를 인식하고 이해하는 데부터 시작해야 합의점을 찾을 수 있다. 역사문제 해결이 매우 어려운 이유는 상호 간의 가치관(잣대) 차이에 더해 감정문제까지 개입되기 때문이다. 그렇더라도 상호인식을 위한 자리 마련과 '내 탓이오' 하며 아량을 베푸는 합의점 찾기 노력은 계속되어야 한다.

우리는 무엇을 포기하지 않아야 하나

미국은 '영웅적으로' 나서는 일처리 방식으로 9·11 동시다발 테러에 대응했고, 일본은 '모두 함께'식으로 3·11 대재해에 대처했다.

9·11 테러와 빈라덴 사냥극에는 알카에다의 편견과 미국의 독선이 점철되어 있었다. 미국은 9·11 테러에의 보복을 위해 반알카에다 '독재' 이슬람국가들을 두둔했고, 빈라덴 사살에 대해 '정의가 이루어졌다'고 발표하는 등 모순적 행동도 서슴지 않았다. 이슬람국가의 민주화를 도와 빈곤, 소외, 차별을 줄여가는 관용을 베푸는 미국이어야 '진정한 영웅'일 것이다.

3·11 동일본 대재해에서 일본인이 보여준 질서의식은 세계를 놀라게 했다. 그런 반면 후쿠시마 원전사고는 붙박이 성향의 지역주민을 떠돌이로 만들었고 안전국가 일본의 이미지를 땅에 떨어뜨렸다. 엄청난 부작용을 초래한 원전사고였지만 이 역시 '거대한 무책임' 속에 묻혀버렸다. 외적 자극을 받아들이는 일본이어야 진정한 '모두 함께'로 거듭날 것이다.

'영웅적 독선'의 9·11, '거대한 무책임'의 3·11이었지만, 미국은 밖으로의 응징을 포기하지 않았고, 일본은 안으로의 결속을 포기하지 않았다. 우리는 무엇을 포기하지 않아야 하는 걸까?

3

한미일 문화비교와 일소현명(一所懸命)

【칼럼】 철도문화, 자동차문화, 비빔밥문화

미국은 자동차가 중심이고 철도는 보조적이나, 일본은 철도가 중심이고 자동차는 보조적이다. 자동차 중심의 미국에서는 개별성이나 독립성이 강조되고, 철도 중심의 일본에서는 집단성이나 협조성이 강조된다. 잠시 철도의 속성에 대해 짚어보자. 철도의 경우 많은 사람이 함께 탄 열차가 정해진 레일 위를 달린다. 정해진 레일에서 벗어나는 것을 두려워하는 철도문화가 일본문화이고, 많은 승객들과 함께 같은 레일 위를 달릴 때 안도감을 느끼는 것이 일본인의 감각이다.

일본이 철도문화라면 미국은 자동차문화이다. 자동차는 정해진 레일 위가 아닌 도로 위를 달린다. 자동차의 운전자가 그 도로에서 빠져나오고 싶으면 언제든지 빠져나올 수 있다. 미국은 그런 개인의 자유로운 의사결정을 존중한다. 자유로운 의사결정과 선택을 존중하는 자동차문화의 특성에서 본다면 자동차 산업이 미국의 자존심이란 얘기도 납득이 간다. 공교롭게도 그런 미국에서조차 도요타(豊田), 닛산(日産), 혼다(本田) 등 일본 자동차가 강점을 발휘한다. 일본산 자동차는 미국뿐만 아니라 세계 각국의 소비자들에게 높은 평가를 받고 있다. 짜임새 있고 고장이 잘 나지 않으며, 판매 후 서비스(after service)가 좋다는 것이 주된 이유이다.

철도문화의 색깔을 띠는 일본이 어떻게 자동차 생산에서 높은 기술력을 갖게 된 것일까? 이유는 철도문화가 갖는 협조성이 자동차 생산의 기술력을 높이는 데 큰 힘을 발휘하기 때문이다. 조직사회의 속성이 강한 일본에서는 각 구성원이 자신이 속한 조직의 규율을 잘 지키려는 의식, 지켜야 한다는 의식이 몸에 배어 있다. 레일 위 공간을 달리는 열차는 정해진 시간을 한 치도 어김없이 지킨다. 평상시 1분 이상을 어기지 않음은 물론 초 단위까지 지키려 한다. 시간 지키기에 느슨한 국가라면 일본 열차시각표는 지킬 수 없을 것이다.

일본은 열차운전자의 시간엄수 의식이 강함은 물론 승객의 질서의식도 높다. 열차를 타고 내릴 때 어느 한 승객이 객기를 부리면 그 열차를 이용하는 수많은 승객에게 동시에 여파를 미친다. 이상한 객기를 부리는 승객에 대해 무언의 사회적 제재가 강한 사회, 달리 말해 미꾸라지 한 마리가 우물을 흐려놓는 행동에 대해 암묵의 제재가 강한 곳이 일본이다. 주위사람들로부터 냉대를 당하고 무시당하는 제재는 옛날부터 내려온 '동네따돌림(村八分: 무라하치부)'이란 형벌과도 깊은 관련이 있다. 마을에서 정한 규칙을 지키지 않은 규율위반자를 상대하지 않는다는 제재가 '무라하치부'라는 벌칙이다.

자동차는 부품의 집합체다. 자동차 부품 중 하나에 이상이 있어도 전체가 불량품이라는 인식이 강한 곳이 일본이다. 자동차 생산라인에서 어느 한 작업 담당자가 객기를 부리면 자동차 전체에 품질저하를 가져온다. 철도문화의 일본은 불량품이 생길 여지가 낮은 사회다. 객기를 부리지 않고 자신이 속한 레일 위에서 주어진 일을 완수함을 미덕으로 삼기 때문이다. 천방지축의 객기에 대한 암묵의 제재가 짓눌려오기에 불량품을 만들지 않아야 한다는 분위기가 자연스레 조성된다. 협조성이 강조되어 개인의 객기가 통용되기 어려운 긴장감이 자동차 생산강국을 만드는 원천이다.

제조업에서는 자신이 위치한 곳에서 자부심을 갖고 진득하게 일할 때 명품을 낳는다. 일본은 자동차나 다른 기계장치 산업과 같은 제조업을 무기로 부를 축적해왔다. 철도문화 일본을 긍정적인 측면에서 말하면 자신이 속한 집단에 충성하여 장인정신을 발휘하고 기술축적이 이루어지는 사회라 할 것이다. 반면, 부정적인 측면에서 말하면 융통성이 없어 답답함을 느끼기 쉬운 사회이다. 정보기술(IT) 산업에서는 삼성전자나 미국의 애플사에 추월당했다 하더라도 기계장치 등 장인기술 산업은 하루아침에 무너질 분야가 아니다. 기술을 축적하여 고품질의 제품을 생산하는 데는 오랜 시간의 기술연마가 요구되기 때문이다.

　개별성이나 독립성을 강조하는 미국은 법이나 규약이라는 계약을 중시한다. 개개인은 집단의 규칙에 따라 혼신의 힘을 다하여 일하기보다는 계약된 만큼만 일하는 방식이다. 이런 미국사회에서 집단의 굴레에 묶여 있기를 싫어하는 사람이 상대적으로 많을 것임을 상상하기는 그리 어렵지 않다. 자기주장이 강한 사람을 필요로 하는 사회이니만큼 자신의 능력을 한껏 발휘하여 기회를 잡으려는 인재가 세계 각지에서 몰려오고 이들이 미국의 힘을 뒷받침한다. 소프트웨어, 영화산업 등 풍부한 개성을 발휘하여 만들어낸 상품과 정치와 군사력을 무기로 세계에 영향력을 미치는 곳이 미국이다.

일본의 철도문화

미국의 자동차문화

　이에 비해 한국은 중국, 일본, 러시아, 미국의 이해가 교차하는 지정학적 위치에서 버둥대왔다. 그렇게 생존술을 터득하면서 여러 문화의 혼합이라는 비빔밥문화를 만들었다. 비빔밥문화는 주변국 문화가 함께 섞여 흐르는 플로(flow: 흐름)문화의 특징을 보인다. 플로문화는 그 속성상 어느 한쪽의 힘이 강하면 그쪽으로 쏠리게 되는 '쏠림 현상'이 강하다. 다양한 분야 간의 기술을 융합한 제품이 경쟁력을 발휘하면서 비빔밥

한국의 비빔밥문화

문화의 한국이 얼마나 진가를 발휘할 것인지가 주목되고 있다. 비빔밥은 잘 비비면 맛깔나게 되지만 잘못 비벼지면 이 맛도 저 맛도 아닌 이상한 맛이 될 수 있다. 어떻게 균형을 잡아 '쏠림 현상'을 극복하며 맛있는 비빔밥을 만들어갈 것인가. 여기에 한국의 운명이 달려 있다.

돌 위에서도 3년: 문화와 산업과의 관계

정주성(定住性) 사회인 일본과는 달리 자동차문화인 미국은 이주성(移住性) 사회다. 이주성 사회에서는 개인의 책임이 중시된다. 그가 어디에 가서 살든 본인의 자유이나 자신의 행동 하나하나에 책임을 지며 살아간다. 책임 소재를 명확히 하기 위해서는 어디까지가 자신의 책임 범위인지를 정하는 '계약'이 요구된다. 계약에 명시된 것은 자신의 책임하에서 열심히 하지만, 계약 이외의 것에 대해서는 그다지 얽매이려 하지 않는다. 유한책임을 지는 주식회사가 미국에서 크게 발달한 것도 계약사회의 일면이 반영된 결과다.

상대방과 계약된 만큼만 일하려는 미국의 사고방식을 산업과 연관시켜보자. 어떤 개인에게 '이거다!' 하는 아이디어가 떠올라 회사 측에 제언하면 회사의 방침으로 그 아이디어가 왕왕 채택되기도 한다. 자신의 아이디어가 받아들여지지 않으면 뛰쳐나와 회사를 차릴 수도 있다. 일본에서도 제도나 법률상으로는 창업을 권장하는 투이지만 창업 당사자는 '모난 돌이 정 맞는다'라는 두려움이 앞선다. 창업을 바라보는 주변의 시선이 미국과는 질적으로 다르기 때문이다. 영웅을 선호하는 미국에서는 장려하는 시선으로 창업을 보는 환경이지만, 튀는 것을 꺼리는 일본에선 경계하는 시선으로 창업을 바라본다.

자유로이 행동하는 미국은 개인의 아이디어를 활용한 제품으로 시장을 선점하려 한다. 실제로도 독창적인 아이디어를 추구하는 산업이 강점을 발휘한다. 갖가지 아이디어 상품으로 승부하는 소프트웨어나 금융 산업, 분야 간 울타리를 허문 횡적 융합기술 산업이 미국의 강점이 발휘되는 분야이다. 세계적 히트상품인 애플사의 '아이 시리즈(아이팟, 아이폰, 아이패드)' 상품이 대표적인 일례다. 이들 '아이 시리즈'는 미국이 아이디어를 내고 한국이나 일본의 우수한 손재주를 융합해 만든 상품들이다.

높은 기술축적을 바탕으로 유형·무형자산을 축적해온 '스톡(stock: 쌓임)문화'가 일본사회의 특징이다. 일본은 지역이나 집단 내에서 전통이 쌓여가는 스톡문화의 사회다. 스톡사회에서는 경험이나 기술축적을 요하는 분야에서 뛰어난 강점을 발휘한다. 축적기술 산업의 대표 격이 자동차나 기계장치 산업 등의 제조업, 민예품 등의 전통공예 산업이다. 정주형(定住型) 사회나 '일소현명(一所懸命)'이라는 말이 상징하듯 일본인은 한 곳에 엉덩이를 붙이고 한 우물을 파며 높은 기술을 연마해왔다. 일본 격언에 '차가운 돌 위에서도 3년간 앉아 있으면 따스해진다'라는 '돌 위에서도 3년'이란 말이 있다. 괴롭더라도 참고 견디면 성공한다는 우리말의 고진감래(苦盡甘來)란 뜻이 배어 있지만, 그에 더해 '눌러앉기'를 중시하는 이미지가 깊이 서려 있다.

일본이 한 곳에서 머물러 사는 정주형 사회다보니, 각자는 자신을 둘러싼 주변 환경과의 공생(共生)에 대해 적잖은 주의를 기울이며 지낸다. 와쓰지 데스로(和辻哲郎)의『풍토(風土)』는 지역풍토에 따라 각 사회가 영위하는 다양한 생활양식을 방대하고도 박진감 있는 스케일로 묘사하고 있다. 이 저술에 따르면 온대지역에 위치하는 일본은 자연을 정복대상으로 보기보다는 자연과의 공생을 중시한다. 철도문화 일본은 자기주장이 강한 산업보다는 더불어 살아가는 '공생산업'에서 강점을 발휘한다.

자연에 순응하면서 서로 함께 살아가고자 하는 상호공생, 즉 상생(相生)이 강조되는 만큼 상대방을 설득시키기 위해 자신의 견해를 강하게 내세우거나 하지 않으며 스스로를 자제한다. 세계적인 만화영화 걸작을 다수 발표해온 일본 영화사 ㈜스튜디오 지브리(Studio Ghibli Inc.)의 작품을 보아도 '욕심의 자제'와 '상호공생'이 주된 주제이다. 〈바람계곡의 나우시카〉라는 영화는 '자연과의 공생'이 주제이고, 〈센과 치히로의 행방불명〉이란 영화는 '게걸스런 욕심의 경계'를 메시지로 전한다.

사람들의 잇속이 개입된 경제관계는 쉽게 변하지만 관습이 굳어져 생긴 생활문화는 금방 변하지 않는다. 거품경제가 붕괴된 1990년 이후 일본기업의 '사원 감싸 안기' 보호막은 급속도로 엷어져 왔다. 기업은 임금수준이 낮은 비정규직 고용을 통해 노동비용을 줄여왔다. 일본에서는 다른 회사로 전직하게 되면 새로운 직장에서의 적응 문제 등으로 여전히 큰 어려움을 겪는 사회다. 전직에 따른 심적 부담이 다른 나라에 비해 심대하다는 말이다. 잘 변하지 않는 일본의 문화구조는 변화 속도가 특히 빠른 정보기술(IT) 산업구조와는 그리 어울리지 않는 측면이 강하다.

발 빠르게 변하는 경제관계와 서서히 바뀌는 생활문화 요인이 맞물려 생겨난 고용형태가 '장기고용 비정규직'이다. 일본 노동시장의 전통인 연공서열과 종신고용이 그 형태를 바꿔 '비정규직 상태의 장기고용'이란 엉거주춤한 고용형태가 대폭 늘어났다. 장기 비정규직 고용의 증가는 인건비 삭감에는 기여했을지 모르나 사회불안 증대 및 회사에 대한 충성심과 소속감 저하를 가져왔다. 이러한 경향은 기술축적의 단절로 향후 일본의 강점이었던 제조업의 경쟁력을 약화시키는 요인이 될 수 있다. 더불어 비정규직과 정규직의 소득불평등 심화라는 격차문제도 두드러졌다(격차문제에 대해서는 제12장에서 다룬다).

일소현명(一所懸命)과 폐색감(閉塞感)

철도문화에서 나타나는 궤도의존성은 '응석부림의 구조'와도 관계가 깊다. 정해진 레일 위를 달린다 함은 자신의 자리를 이탈하지 않고 지키는 것이기도 하다. 레일에서 벗어나지 않고 살아가려는 태도의 근저에는, '자신이 열심히 하면 소속 집단도 자신을 돌보아주겠지' 하는 '응석부림'의 심층심리가 작용하고 있다. 구성원이 조직에게 바라는 응석부림의 심리는 조직에 의한 내부구성원 '끌어안기'와 서로 밀착되어 있다. 이는 구성원과 조직이 서로 깊이 얽혀 있는 관계에 있음을 의미한다. 조직이 좋은 실적을 올리면 소속 구성원 역시 그 풍성함을 누리지만, 반대로 조직의 상황이 좋지 못하면 구성원들 역시 힘들어진다. 도이 다케로(土居健郎)의『응석부림의 구조』에서는 일본인의 응석부림 심리를 솜씨 있게 묘사하고 있다.

구성원의 '응석부림'의 심리와 소속집단에 의한 구성원 '감싸 안기'가 서로 밀착되면 다른 조직과의 교차이동이 일어나기 어렵다. 일본에서는 어느 조직에 속한 개인이 다른 조직의 톱니바퀴로 편입되어 지내는 일은 그리 흔하지 않다. 이동에 따른 정서적이고 심적인 부담이 크게 작용할 뿐만 아니라 다른 조직도 받아들이길 환영하는 분위기가 아니기 때문이다. 그런 연유로 한 곳에 오래 머무는 경향이 강하게 나타났고, 조직 간의 횡적 교류를 통한 활발한 교차이동은 어려워졌다. 고정성이 강한 조직의 질서유지를 위해서는 오래 일한 사람을 우대하는 것이 불협화음을 줄일 수 있다. 일본의 전통적인 노동관행이라 할 수 있는 종신고용과 연공서열이 정착하게 된 이유가 여기에 있다.

중세 일본에서 선조대대로 계승되어온 토지를 목숨을 걸고 지킨다는 의미의 '일소현명(一所懸命)'이란 말이 생겨났다. 부연하면 자신에게 부여된 영지(領地)를 목숨을 걸고 지키면서 그곳을 생활터전으로 하여 살아가는 것이 '일소현명'의 본래 의미이다. 일소현명의 토지는 무사집안의 현지[在地] 영주가 자신의 호적을 둔[즉, 본관(本貫)으로 한] 토지로서 자신의 이름이 유래하는 본거지이기도 하다. 이처럼 지역밀착성이 강한 일본이기에 일본인의 이름을 보면 본관(지명)에서 따온 경우도 많고, 또 밭(田), 산(山), 돌(石) 등 자연과 관련된 것들도 많다[예컨대 다나카(田中), 야마모토(山本), 이시바시(石橋) 등].

일소현명의 토지와는 달리 현지 부호층 중에는 자신이 토지를 개간하여 그 토지의 권리를 얻은 '개발영주' 토지도 출현했다. 무사집안의 일소현명 토지든 부호층의 개발영주 토지든, 일단 관할지나 주거지가 정해지면 그 토지에 속한 사람들은 거기에 눌러 사는 정주성(定住性)이 강하게 나타났다. 이 책에서는 토지의 구별 등과 관계없이 '자신이 속한 곳에서 목숨을 걸고 산다'는 정주성의 측면을 강조하여 일소현명의 의미를 파악한다.

정주성이 강한 사회에서는 상대방에 대한 배려와 신뢰가 중시된다. 상호 간의 신뢰가 무너지면 소속집단 내의 구성원으로 함께 지내기가 어렵기 때문이다. '사는 곳이 마음에 안 들면 다른 곳으로 이사 가면 되지 않느냐?'고 반문할 수도 있을 것이다. 일본의 경우 지방에서 도시로의 이동은 있을 수 있지만, 출신지역을 떠나 다른 지방으로 옮겨가는 지방 간 이주는 불가능에 가까울 정도로 어렵다. 자신이 낯익어온 곳에 묻혀 안도감을 느끼며 살아가고자 하는 심리가 뿌리 깊게 박혀 있기 때문이다.

각 지역마다 정주성의 색채가 짙은 곳에 이방인으로 들어가 그곳에 삶의 터전을 마련하는 것은 지난한 일이다. 외부인이 자기 지역으로 들어오려 하면, 기존 조직 내 구성원은 자신들이 안심할 수 있을 때까지 외부사람 받아들이기를 몹시도 경계하기 때문이다. 그 강한 경계심이 외부인을 안(내부)으로 받아들이기 어렵게 하는 주된 요인으로 작용한다. 이런 정착성의 색체가 강하기에 지진이나 쓰나미로 자신의 고향이 파괴되어도 대개는 이전에 살았던 곳으로 다시 돌아온다. 관점을 달리하면 예컨대 원전사고로 부득이하게 자신의 마을을 등져야 하는 주민들의 괴로움은 말로 표현할 수 없을 정도로 가슴이 미어지는 일이다.

외부인은 어디까지나 부외자(部外者: outsider)로 남아 있어 조직 내부로 녹아들기 어렵다. 잠시 관찰자로 지내는 외국인으로서는 처음부터 그러려니 하면 되기에 그리 문제될 것은 없다. 하지만 어느 곳의 조직구성원으로 일생을 살아가게 되는 일본인에게, 주어진 궤도를 벗어나 계속 부외자로 남아 살아가는 것은 큰 고역이다. 정해진 궤도를 벗어나 부외자의 신세가 되면 견디기 어려운 불안감이 엄습하기 때문이다. 이처럼 일소현명의 삶은 철도문화에서 나타나는 궤도의존성 심리와 밀착되어 있다.

일소현명의 정주형 사회에서는 다른 곳에서 축적된 기술스톡의 활용 정도가 높지 않은 편이다. 다른 곳과의 융합이나 조직 간 벽을 뛰어넘은 교류가 드물기 때문이다. 언제부터인가 일소현명이라는 표현보다는, '일생을 통해 목숨을 걸고 맡은 바 소임을 다하며 살아간다'는 '일생현명(一生懸命)'이란 말이 더 많이 사용된다. 일소현명이든 일생현명이든 할아버지에서 아버지로 또 아버지에서 아들로 이어지면서 기술이 축적되어왔기에 장인(匠人: 職人)정신을 키우는 원천이 되었다. 일본이 유연성이 낮다고 지적되는 것은 지금까지 축적된 기술·자본·자산의 덩치가 커졌기에 그 움직임이 둔하다는 것의 반증이기도 하다.

일소현명의 삶의 방식은 기술축적에 유리한 반면 '폐색감(閉塞感)'이란 부작용을 낳을 수 있다. 한 곳에 얽매여 자신의 것에 고집하려는 정도가 지나쳐 그 얽매인 곳에서 빠져 나오지 못하는 상태가 폐색감이다. 횡(橫)적 연결이 부족한 채로 종(縱)적 사회를 고집하고, 자기 영역의 기득권 지키기에 집착하게 되면 앞으로 나아가기 어렵다. 나카네 치에(中根千枝)의『종적 사회의 인간관계』에서는 일본사회가 횡적 연결이 부족함을 조직도를 제시해가며 알기 쉽게 묘사하고 있다.

사회에 번져 있는 폐색감을 어떻게 타파하여 극복할 것인가가 일본이 해결해야 할 가장 중요한 과제이다. 일본은 조직 간의 의사소통에서만이 아니라 조직 내의 부국(部局) 간 횡적 의사소통도 취하기 어려운 분위기다. 외부인과의 의사소통으로 통풍이 잘 되게 하면서 자신들이 축적한 기술이나 자본스톡을 유효하게 활용해가는 것이 폐색감 탈출로 이어질 것이다.

집단괴롭힘(이지메)의 원류와 마을축제

정주성 문화가 정착된 일본에서 가장 무서운 제재는 마을사람들과의 절교처분을 의미하는 '동네따돌림(村八分: 무라하치부)'이다. 자신과 함께 지내던 마을사람들과 단교[絶交]해야 하는 '동네따돌림'의 제재는, 그때까

지 몸담아 함께 살아온 사람들로부터 소외당하는 형벌이다. 절교처분의
신세가 되면 삶의 보람을 느끼는 곳에 정착하지 못하고 정처 없이 헤매
는 삶이 될 수 있다. 절교처분의 제재는 자신의 마을을 중시하는 일본인
들에게 삶의 의미조차 잃게 할 정도로 가혹하다. 절교처분의 광경을 지
켜봐야 하는 쪽도 안타까운 심정이다.

　절교처분은 마을에서 정해놓은 규칙(궤도)이나 질서로부터 일탈했을
때 있게 된다. 절교처분의 대상자가 된다는 것은 곧 자신이 정착할 곳이
없는 궤도일탈자로 낙인찍힘을 의미한다. 동네에서 따돌림을 당하지 않
기 위해서라도 자신이 속한 마을의 규범을 지켜야(즉, 궤도에서 이탈하지
않아야) 한다는 의식이 조성된다. 일본에서 집단따돌림 또는 집단괴롭힘
을 일컫는 이지메(いじめ)의 원류도 바로 절교처분이라는 '동네따돌림' 형
벌에서 찾을 수 있다. 이지메의 근저에는 자신이 속한 그룹 중심으로 뭉
치고, 동떨어진 부외자를 내부사회의 톱니바퀴 중 하나로 받아들이려 하
지 않는 심리가 작용한다. 집단의 암묵적 동의하에 궤도에서 벗어난 개
인을 괴롭히는 행위가 이지메다.

　이지메에서 특징적으로 나타나는 현상은 집단이나 그룹의 내부 기준
에 비추어 '너는 이상하다!', '괴짜다!' 하고 놀리는 배제심리다. 집단의 내
부 기준에서 벗어난 괴짜를 향해 '꺼져! 죽어!'라는 쪽으로 몰고 가며 이지
메를 가한다. '집단심리'의 기류에 묻히게 되면, '개인'이나 '개성'이 묻히
는 긴장된 분위기가 연출된다. 이지메는 집단 기준에서 벗어난 어떤 개인
의 뛰어난 재능을 매몰시켜, 그 싹이 트지 못하게 하는 원흉이기도 하다.

이지메 행위가 있었다 하더라도 가해자를 단정하여 책임을 묻기 어려운 애매함이 있다. 이지메를 가한 가해자가 자신이 속한 집단 내로 숨어들어 가거나 또는 집단이 가해자를 감싸게 되면 이지메 책임이 집단 내로 묻혀버리기 때문이다. 그리되면 이지메의 책임문제도 가해자 개인 대 피해자 개인의 관계가 아니라, 이지메 가해 '집단' 대 피해자 '개인'이라는 상황으로 바뀌게 된다. 결국 가해 당사자가 직접 전면에 나서지 않아도 되는 '무책임' 형태로 변형되어 이지메 해결이 난관에 봉착한다.

집단이 이지메 가해자의 행위를 비호하는 개인 '무책임' 구조로 바뀌게 되면 가해자 개인이 느끼는 이지메 행위에 대한 책임감은 무뎌진다. 개인의 이지메 행위가 집단 속으로 녹아들어, 불미스럽게도 가해자로 하여금 이지메 행위에 대한 죄악감을 가볍게 느끼게 하는 구조로 바뀌어버리기 때문이다. 피해자의 입장에서 보면 자신이 당한 이지메에 대한 분통을 어떻게 삭이고 또 누구를 원망해야 하는지조차 알 수 없어, 이지메로 인한 상처나 고통은 심한 중압으로 다가온다. 이지메 피해자로서는 가해자 '개인'만이 아니라 가해자 '집단'까지 상대해야 하기 때문이다.

가해자와 피해자 간의 이지메에 대한 온도차가 클수록 이지메 해결은 더욱 어려워진다. 이지메를 보는 가해자와 피해자 간의 감각차이(가해자는 책임감이 무뎌 있고 피해자는 심한 고통을 느끼는 양자 간의 차이)가 크게 되면 상호 간의 합의를 이끌어내기가 어렵기 때문이다. 여기서 이지메 대책을 어떻게 할 것인가 하는 과제가 부각된다. 마을축제(마쓰리)와 이지메 대책과의 관계에 대해 생각해보자.

일본에서는 상대방의 말에 동조하여 상대방의 기분을 상하지 않게 하려 무척이나 노력한다. 남에게 동조하는 행동의 이면에는 '상대방도 나에게 동조해주겠지'라는 암묵적인 기대가 자리하고 있다. 상대방으로부터 암묵적인 동조를 바라는 기대심리가 근저에 있기에, 자신의 의견을 내세워 상대를 그다지 설득시키려 하지 않는다. 그보다는 상대방의 판단을 기다리며 거기에 동조하려는 경향을 보인다. 상호 동조의 마음가짐이나 행동양식은 일본의 사회질서를 유지시켜주는 동력이기도 하다.

동조적 기대나 보조맞춤의 파장이 딱 들어맞아 응축된 에너지의 결집으로 분출하는 대표적인 예가 '마을축제(마쓰리)'다. 일본은 마쓰리(まつり) 천국이다. 이해관계를 떠나 마을축제의 일원으로 참여하여 분위기를 한껏 돋아 거기에 흥겹게 빠져드는 것은 일본인들에게는 삶의 보람이기도 하다. 마쓰리에서 '왓쇼이! 왓쇼이!(わっしょい!)' 하는 외침이나 악기연주 소리에는 마을 사람들을 축제 분위기 속으로 빠져 들어가게 하는 힘이 담겨 있다. 마쓰리를 통한 소속감과 일체감은 외국인에게는 느끼기 어려울 정도로 일본인들의 정서 속에 뿌리내려 있다.

여름날 저녁, 주변에서 마쓰리를 알리는 외침이나 연주[囃子: 하야시] 소리가 들려오면 자신도 모르게 그곳으로 발걸음을 옮기게 한다. 고향을 떠나 도회지로 나가 사는 사람도 휴가를 내어 고향축제에 참여하려 귀향길에 오르기도 한다. 마쓰리에 참여하거나 참여했던 추억을 떠올릴 때 자신도 출신지역의 일원이라는 안심·안도감, 그리고 평안함을 일깨워준다. 반대로 마쓰리로부터 벗어나 있을 때는 왠지 모르게 동떨어져 있다는 허전함이 밀려온다.

어쩌면 마쓰리라는 유전자 암호가 일본인들의 심신 속에 깊이 새겨져 있는 듯한 인상마저 든다. 무르익은 마쓰리 속에서 혼연일체로 절정에 달했을 때, 참가자들의 마음에 화학반응이 일어나며 개개인은 일심동체로 승화된다. 일본인이 삶의 환희를 느끼는 순간이다. 마쓰리라는 일심동체의 테두리 안에 외톨이 속성을 갖는 이지메 행위는 끼어들 여지가 없다. 이지메의 해결은 모든 구성원을 이 마쓰리와 같은 공동작업의 장으로 끌어들이는 데 있다. 서로 간에 받쳐주고 있음을 느끼도록 하는 무대 마련이 이지메 해결로 이어진다.

외톨이로 지내는 구성원을 마쓰리와 같은 마을 공동행사의 장으로 받아들여, 어떤 역할을 수행하게 함으로써 '나는 혼자가 아니다. 모두와 함께 있다'라는 의식을 싹트게 한다. 동떨어진 외톨이를 위한 무대 마련이다. 함께 참여하는 과정 속에서 자신도 '누군가에게 힘이 될 수 있고 도움을 줄 수 있다'는 공감대 형성이 이지메 해소에는 무엇보다 중요하다. '누군가에게 도움이 된다'라는 공감과 함께 공동작업에 참여하게 되면서 특정인을 소외시키려는 이지메 동기는 옅어지게 된다.

'도움이 된다'는 공감대 형성

역사나 지정학적 배경이 다르면 그로부터 나타나는 사고나 행동양식도 다르기 마련이다. 자유로운 의사결정을 중시하는 미국은 소프트웨어나 영화제작 등 풍부한 개성을 발휘하는 산업에서 세계를 리드하고, 궤도의존성이 있는 일본은 자동차나 기계장치 등 아날로그 산업에서 강점을 발휘한다.

미국은 개별성과 독립성의 자동차문화, 일본은 집단적 궤도의존성의 철도문화의 특징이 두드러진다. 이에 비해 주변 강대국의 이해가 교차하는 한국은 비빔밥문화의 특징이 강하다. 주변 강대국의 상황에 따라 크게 흔들리는 '쏠림현상'을 어떻게 극복하며 맛있는 비빔밥을 만들어갈 것인가에 한국의 운명이 달려 있다.

여러 사람이 함께 타고 정해진 레일 위를 달릴 때 안도감을 느끼는 문화가 철도문화이다. 레일에서 벗어나지 않고 꾸준히 한 길을 가는 철도문화는 주어진 일터에서 일생동안 충실하게 목숨을 걸고 살아가는 삶이라는 일소현명(一所懸命)의 태도와도 연결된다.

이지메(집단따돌림)의 원류는 옛날부터 가장 무서운 형벌로 여겨왔던 '동네따돌림(村八分: 무라하치부)'에서 찾을 수 있다. 무라하치부는 마을 관습이나 규칙에서 벗어나는 괴짜에게 주변 사람들이 따가운 눈총을 쏟아 부으며 따돌리는 형벌이다. 마을축제와 같은 공동행사의 장에 참가시켜 서로 간에 한 몫을 하도록 하면 이지메 해소로 이어진다. 자신이 하는 일이 '누군가에게 도움이 된다'는 공감대 형성이다.

4

일본을 감싸 안은 손정의

【칼럼】 좁은 일본을 감싸 안은 손정의

대개 어릴 적에는 주변에서 자신의 이름이나 신체적 특징을 갖고 놀리면 어디로 숨고 싶어지거나 불만이 쌓이곤 한다. 재일(在日) 한국인으로 일생을 살아가는 데는 다른 사람은 느끼기 어려운 콤플렉스가 자리하기 쉽다. 철이 들어감에 따라 '나는 누구인가'라는 정체성(identity) 갈등에 더하여 자신이 하고 싶은 직업선택의 제약마저 따르기 때문이다.

≪프레지던트≫(2011년 3월 7일)에서 소프트뱅크 손정의(孫正義: 손마사요시) 사장이 뇌과학자 모기 겐이치로(茂木健一郎)와 나눈 대담에는 술술 풀어내는 손 사장의 달관한 듯한 모습이 담겨 있다. 16세 때 미국에 가기 전까지 손정의 청년에게 가장 큰 고민거리는 한국 국적

을 유지한 채 야스모토(安本)라는 이름으로 계속 살아갈 것인가 하는 것이었다. 어릴 적 링컨의 전기에서 읽은 기억도 있어 미국의 흑인은 노예처럼 취급받는다고 생각했다. 그런 그가 미국의 공항에 내렸을 때 깜짝 놀란 것은 '흑인들이 밝은 옷을 입고 당당하게 담소하고 있는 모습'이었다.

그는 깨달았다. '나는 왜 그리도 작은 것에 고민하고 있었을까. 그 딴 것(일본인인 척하며 콤플렉스를 갖고 울적하게 사는 것)은 오차범위가 아닌가.' 콤플렉스를 극복했으니 다시 일본명을 내세워도 의미가 없다고 보았다. '손'이라는 성으로 일본 국적을 취득하려 했으나 거절당했다. 일본인 중에 '손'이라는 성이 없다는 이유에서였다. '그렇다면 일본인 중에 손이라는 성을 찾아가지고 오겠다'며 청사문을 나섰다. 생각 끝에 자신의 일본인 아내를 '손'씨로 개명시키고, '여기 있다'며 자신의 성을 '손(孫)'으로 등록한 건 유명한 일화다.

1981년 23세였던 손정의는 두 명의 사원과 함께 유니슨월드(현, 소프트뱅크)를 설립했다. 설립 이후 30여 년이 지난 2013년, 사원 2만 5,000명에 연간 매출액 3.4조 엔의 기업으로 성장했다. '정보혁명으로 사람들을 행복하게 한다'가 손 사장의 사업이념이다. 그가 사업에 임하는 자세는 정보 기반(인프라)을 제공하여 '사람들에게 공헌하는 일'이라는 사명감이다. 사업의 원점은 일찍이 자신을 귀여워해주시던 할머니의 말씀이다. "다 남들 덕분이여. 아무리 괴롭고 고통스러운 일이 있어도 절대로 남을 원망해서는 안 되여. 누군가가 도와주었다고. 남들 덕분이란 말이여."

일본의 저널리스트 다하라 소이치로(田原總一郞)는 사회 인프라를 19세기 미국 골드러시(gold-rush) 때의 금 채굴용 양동이 장수에 비유했다. 골드러시에서 꼭 필요했던 것이 금 채굴용 양동이였다. 양동이 장수는 모든 금 채굴자를 기쁘게 하면서 가장 많은 돈을 벌었다. 현대판 양동이 장수가 손정의 사장이다. 그는 미국 야후의 창시자 제리 양, 마이크로소프트의 빌 게이츠, 20세기폭스사의 루퍼드 머독 등 다른 세계적인 양동이 장수들과 동반자(partner) 관계에 있다. 이들과 다른 점은 손 사장이 눈물을 흘리며 공감하는 최고경영자(CEO)라는 점이다.

정보기술(IT) 산업의 거품이 한창이던 2000년 2월 소프트뱅크 주가는 20만 엔까지 치솟아 도요타자동차에 이어 업계 2위까지 오른 적이 있었다. 그 후 정보기술 산업의 거품이 꺼지면서 2000년대 중반 소프트뱅크 주가는 100분의 1로 폭락했다. 주주총회에서는 '범죄자', '사기꾼', '거짓말쟁이' 등의 야유가 난무하는 성토장이 되어버렸다. 장시간에 걸친 험악한 분위기의 주주총회장에서도 손 사장은, "소프트뱅크는 축소도 철퇴도 하지 않는다. 앞으로도 네트워크 사업에 사운을 걸겠다"라고 호소했다. 주총의 분위기가 조금씩 바뀌었다. 주총 후반 어느 할머니의 발언이 손 사장의 가슴에 새겨졌다.

"나는 남편이 남긴 유산, 몇 십 년 일하고 받은 퇴직금 모두를 소프트뱅크에 투자했다. 1,000만 엔이다. 그것은 손 사장 당신의 꿈과 웅지를 믿었기 때문이다. 주가가 99% 하락해 1,000만 엔이 10만 엔이 되어버렸다. 하지만 후회하지 않는다. 오늘 당신의 말을 직접 듣고, 당신의 꿈에 투자하길 잘했다고 마음 깊이 느끼니까. 나는 믿는다. 부디 열심히 해달라"(孫正義, 2011.3.7: 58~59). 할머니의 이 말을 듣고 참석자 3분의 1 이상이 눈물을 훔쳤다. 비난투성이로 시작된 주주총회가 떠나갈 듯한 박수로 끝났다. '믿어준 사람들을 배신하고 싶지 않다'가 손 사장이 사업에 임하는 마음가짐이다.

그는 2011년 3월 11일 동일본 대재해가 발생하자, 한 달이 채 되지 않은 4월 3일 사재(私財) 100억 엔과 은퇴 때까지의 임원보수 전액을 일본 대지진 의연금으로 기부한다고 발표했다. 재해로 고아가 된 아동들의 생활지원에 도움이 되길 바란다며, 그 아이들에게 휴대폰을 무상 대여하고 성인이 될 때까지 통신요금도 받지 않겠다고 했다. 그의 통 큰 기부와 따뜻한 인간미가 재해민들의 아픔을 어루만졌다. 손정의를 사랑하고 소프트뱅크를 사랑하게 만들었다. 인간 내면에까지 파고든 '마음속 인프라'의 구축이다. 그는 이렇게 사람을 위해 일하면서 이기는 싸움을 한다. 일본을 감싸 안은 큰 손이기도 하다.

오뚝이 같은 풍운아

손정의 사장은 어쩌면 풍운아 같은 존재다. 단지 호기(好機)를 탄 영웅적 인물로서의 풍운아라기보다는 어려움에 부딪혀서도 비관하지 않고 다시 일어나 재도전하는 오뚝이 같은 풍운아다. 손 사장이 23세의 젊은 나이로 창업하고 얼마 되지 않은 1983년 돌연 만성간염으로 쓰러져 입원한 적이 있다. 그는 병상에 있을 때 '이제 끝인가'라는 어찌해볼 수 없는 절박함에 휩싸이기도 했지만, '만약 병이 낫는다면……'이라는 긍정적인 마음으로 헤쳐 나갔다.

병상에 있으면서 시간을 유용하게 활용하기 위해 실천한 것이 독서였다. 경영서나 역사서, 컴퓨터 관련서 등 다양한 분야의 3,000~4,000권의 책을 탐독하여 지혜를 연마했다. 그가 읽은 서적 중에는 역사만화와 같은 책도 있었지만 모두 그 나름대로 재미있었고 그때의 독서는 피가 되고 살이 되었다고 회상한다. 『손자병법』에 자신의 말을 더하여 경영지침서로서 편찬한 '손(孫)의 제곱 병법'도 병상 위에서 빚어낸 것이었다. 성공을 위한 요건을 깊이 파고 들어가는 '손의 제곱 병법'에는 〈그림 2〉와 같이 '경영이념, 비전, 전략, 장수(將帥)의 마음가짐, 전술'을 25문자에 응축시키고 있다.

손정의 사장은 자신이 좋아하는 인물로 사카모토 료마(坂本龍馬)를 꼽는다. 병상에서 시바 료타로(司馬遼太郎)의 『료마가 간다』를 읽고 나서 새삼스레 감명을 받아 '앞으로 5년이나 남았으면 상당히 큰일을 할 수 있지 않나'라고도 느꼈다. 료마의 인생을 가슴에 새긴 채 '아프다는 핑계로 병상에만 연연하여 어쩔 것인가. 더 크게 마음을 다잡도록 하자'며 털고 일어났다. 소프트뱅크의 상징마크(logo)인 두 줄의 노란색 선도 사카모토

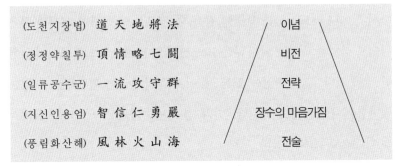

그림 2 손(孫)의 제곱 병법의 구성

(도천지장법)	道 天 地 將 法	이념
(정정약칠투)	頂 情 略 七 鬪	비전
(일류공수군)	一 流 攻 守 群	전략
(지신인용엄)	智 信 仁 勇 嚴	장수의 마음가짐
(풍림화산해)	風 林 火 山 海	전술

주: 『손자병법』에 손정의 사장의 독자적인 말을 25문자의 문자판에 나타낸 경영방침이
　다. 손 사장이 가슴에 깊이 새기고 있는 25문자지만 자신도 아직 통달하지 못한 것이
　있다고 한다.
자료: 孫正義, 2010.7.28.

료마가 이끄는 무역결사조직인 '해원대(海援隊)'의 깃발에서 따온 것이다.

고객에 대해 도리에 맞지 않는 것이 있으면 상대가 누구든 미친 듯이 맞서 싸운다. 2001년 소프트뱅크는 사운을 걸고 야후BB(broad band)의 광대역 통신망 서비스 제공을 시작했다. NTT(일본전신전화: Nippon Tele-gram and Telephone) 소유의 전화회선 중에 음성통화에 사용되고 있지 않은 고주파수 대역을 활용하여 고속데이터통신을 가능하게 하는 서비스이다. 서비스 개시 후 고객이 제기한 네트워크 접속불량 문제를 당시 일본 최대의 통신회사 NTT가 조속히 대응해주지 않았다. NTT의 불성실한 대응에 화가 난 손 사장은 야후BB 사업사원과 기술자 등 100명을 모아 NTT사에 돌입하여 벼락치기(突貫: 돌관)공사로 회선을 수리하는 당찬 행동을 보였다. 돌관공사의 성과도 있어 데이터통신 속도는 종래 회선의 5배 이상, 요금은 반값으로 낮추는 '가격파괴'가 실현되었다.

손 사장은 여기가 '승부처'다 싶으면 저돌적으로 추진하는 승부근성이 있다. 2004년 소프트뱅크가 휴대전화 사업을 하면서도 주파수 할당의 불공평 문제(기존의 통신업체 NTT도코모나 KDDI의 au와 같은 주파수 대역의 할당문제)를 감독관청인 총무성(總務省)이 해결해주지 않았다. 총무성 관료는 이리저리 핑계대고 담당국장은 장관에게 손 사장이 '별 것도 아닌 주장을 하고 있다'면서 무시했다. 급기야 손 사장은 소프트뱅크의 휴대전화 사업 참가신청을 번번이 받아들이지 않은 일로 감독관청인 총무성을 행정제소하기에 이르렀다. 결국 2005년 일정 주파수(1.7메가헤르츠) 대역의 휴대전화 사업 실시면허가 주어졌다.

손 사장이 자신의 감정을 폭발시키는 때는 고객을 지켜야 한다고 생각했을 때이다. 소프트뱅크의 사업영역이 정보혁명을 위한 인프라 구축인 만큼 전 국민이 잠재고객이다. 그런 만큼 소프트뱅크사가 고객에게 피해를 주는 일이 생기면 엄청난 대가도 치른다. 소프트뱅크 관계자가 저지른 잘못에 대해서는 정면으로 받아들여 대응하는 동시에 공갈행위 등의 반사회적인 행위에 대해서는 단호하게 대처한다. '악에는 굴복하지 않는다. 도망치지 않는다. 숨기지 않는다. 고객에게는 성실하게'라는 자세를 견지한다.

2004년 소프트뱅크 직원이 관여한 452만 건의 고객정보 누설 사건이 있었다. 회사 직원이 고객의 정보를 빼내어 반(反)사회적인 조직에 팔아넘겼고 그 조직은 1,500만 엔을 요구해왔다. 손 사장은 이 요구를 거절하고 기자회견을 통해 정보누설 사건을 직접 사과했다. 사과의 뜻으로 정보누설 고객은 물론 누설피해를 입지 않은 140만 명의 회원을 포함한 950만 명의 모든 고객에게, 500엔 분의 위로 우편환을 보내며 앞으로 고객정보를 철저히 지키겠다는 뜻을 표명했다. 정보누설로 직접적인 금전피해를 입은 고객은 없었지만 그 대응에 40억 엔이나 들었다. 손 사장은 이처럼 궁지에서 피하지 않고 정면으로 대응한다.

2011년 3·11 동일본 대재해 발생 당시 후쿠시마 원전 재해지역 밖으로 재해민을 피난시켜야 함에도 일본정부의 대응조치가 늦어졌다. 손 사장은 담당 차관에게, '즉각 위험지역으로부터 주민피난 명령을 내리라'고 일갈했다. 원전 방사능 누출사고를 위기적 상황이라 판단했기 때문이다. 원전사고는 자칫 잘못했다가는 사람의 목숨이라는 전부(100%)를 잃게 한다. 〈그림 2〉의 '손의 제곱 병법'에 있는 '도(道)'리에 반하고 '인(仁)'을 배신하는 행위이다. 손 사장은 후대에 남겨서는 안 될 것이 원자력 발전이라 본다. 원전 재해 대응에는 단지 말로만이 아니라 자신이 직접 나서 태양광 재생가능 에너지 사업에도 착수했다. 그에게는 행동으로 옮기는 풍운아적 기질이 있다.

지는 싸움은 하지 않는다

손 사장이 이루고자 하는 것은 '디지털 혁명'이다. 국내외에서 높은 기술수준을 인정받고 있는 기계나 자동차 산업 분야의 일본기업은 대대로 쌓아온 축적기술이 지탱하고 있다. 그 기술은 아날로그 기계기술이든가 아날로그에 디지털 IC(집적회로) 칩을 접목시킨 분야가 많다. 아날로그식 사고(思考)가 뿌리박혀 있는 일본에서 부침이 심한 디지털 기반을 구축하는 것은 상상을 초월하는 어려움이 있다. 손 사장에게는 20~30년 후를 내다보며 흔들리지 않고 앞으로 나아가는 뚝심이 있다.

저널리스트 다하라 소이치로(田原總一郎)는 ≪프레지던트≫(2011.3.7.)에 자본주의에서 빼놓을 수 없는 것은 '불황'과 '손정의'라고 말한다. '불황'이 필요하다는 것은, 불황이 없으면 기존 체제를 뛰어넘을 혁신이 없다는 슘페터의 사고에 기인하고 있다. 그 사고는 불황기에는 시대와 맞지 않는 산업이 도태되기 때문에 견실하고 건전한 사회를 유지할 수 있다는 견해이다. '손정의'가 필요하다는 것은 슘페터가 말하는 것을 실천하고 있는 진정한 프로 경영자가 손 사장이라고 보기 때문이다.

2006년 3월 영업실적이 급속히 악화되던 보다폰재팬을 소프트뱅크가 2조 엔에 인수하여 휴대전화 사업에 뛰어들었다. 이 거액을 들인 인수를 놓고 주위에서는 믿을 수 없다는 듯 의아해했다. 경영상태가 상당히 좋지 않았으므로 시간을 두고 기다리면 훨씬 싸게 인수할 수 있을 것으로 보았기 때문이다. 그러나 손 사장의 생각은 달랐다. 그는 '대량의 해약이 발생한 후에 인수하게 되면 사업을 회복시키기가 매우 어려워진다'고 판단했다. 인수를 한다면 높은 가격을 지불하고서라도 회복가능하다고 판단될 때가 적절한 인수 시점(timing)이라고 본 것이다. 그가 판단한 대로 손 사장은 휴대전화 사업에서 보란 듯이 V자 회복을 달성시켰다.

2013년 7월에는 216억 달러(1.8조 엔)를 들여 미국 제3위 휴대전화 회사 스프린트 넥스텔(Sprint Nextel)사의 인수절차까지 완료했다. 이제 일본 내에서 소프트뱅크는 NTT도코모나 KDDI의 au를 젖히고 가입고객 수 1위로 올라섰다. 세계적으로는 중국이동통신이나 미국 버라이즌 와이어리스에 이은 제3위 규모이다. 보더폰재팬 매입이나 스프린트사 인수와 같은 승부수는 일본의 대기업으로서는 불가능에 가깝다. 일본 대기업은 경영 리더가 주도권을 쥐기 어려운 구조이기 때문이다. 대개의 일본 대기업은 대형 인수 안건 의사결정을 임원회의에서 논의하고 주거래 은행과 상담하여 결정하는데 그 과정에서 반대의견이 다수를 점하게 되어 인수계획이 물거품이 되어버린다.

후쿠오카(福岡) 소프트뱅크 호크스(Hawks) 야구팀 회장인 왕정치(王貞治: 오 사다하루)는 손 사장이 '이기는 데에 탐욕적인 사람'이라 표현한다. 손 사장은 야구선수들을 앞에 두고도 '이겨야 한다'라고 역설하며, 일이든 야구든 일등을 향해 달려가려 한다. 그 일등도 일본 내 일등이 아니고 세계 일등을 목표로 한다. 손 사장 자신도 스프린트사 인수 직후, '자신 있다. 언젠가는 세계 1위가 될 것이다'라며 두둑한 배짱을 보였다. 〈그림 2〉에서 보듯이 '손의 제곱 병법'에는 '칠(七)'이라는 숫자가 있다. 7할(70%)의 승산이 있으면 도전할 가치가 있다는 의미이다. 3할(30%)의 실패가 있다 하더라도 넘어지지 않으리라는 자신을 갖고 도전하며 압도적인 1위를 노린다.

정보산업은 이용자가 많을수록 편리성도 높아지는 '네트워크 외부성'

도 있어 일등이 매우 유리한 위치에 서게 된다. 손 사장은 사업을 전개할 때 다른 집단과의 횡적 교류를 염두에 두며, '이길 수 있는 데 도움이 되는 상대'와 편을 짠다. 다른 사업 분야와의 교류를 통해 사업비전을 공유해가면서 자신의 사업을 확장시켜 나간다. 일시적인 영업 방법의 개선보다도 회사로서 '장기비전이란 큰 뜻[志]'을 확립하고 그 포부를 사원과 어떻게 공유해갈 것인가를 중시한다. 장기비전을 세우고 이를 달성했을 때의 기쁨을 상상하며 나아가게 되면 일시적인 영업부진에 흔들리지 않고 어떤 곤란에도 견딜 수 있다고 생각하기 때문이다.

손 사장은 다른 회사 경영자와 협상을 진행하는 데도 비전을 중요시한다. 협상 시는 힘겨루기 없이 서로의 비전을 허심탄회하게 주고받으며 '술수를 부리지 않고 솔직하게 얘기를 진전시킬 수 있는가 없는가'를 우선시한다. 컴퓨터에 대량의 데이터를 입력하여 그 데이터로부터 성공 확률이 높은 결과물을 이끌어내는 것도 가능할 것이다. 컴퓨터와 사람의 큰 차이는 직감적인 감각을 갖고 있느냐 그렇지 못하냐에 있다. 손 사장은 '만난 직후 감각적으로 통하고 비전을 공유할 수 있는' 사람을 선호한다. 협상을 위해 만난 경영자와 비전을 공유하여 의기투합할 수 있는 상대인지 아닌지는 직감적으로 알 수 있다고 한다.

손 사장은 대개의 일본기업과는 다른 사업전개 방식을 취하고 있다. 그는 우선 달성할 사업전개에 수치목표를 넣어 공개적으로 발표하고 그 목표치 달성에 자기 자신을 몰아붙인 다음 강한 책임감으로 그 목표를 향해 질주한다. 보통 사람이라면 '목표치를 달성하지 못하면 어쩌나' 하고 움츠러들기에 좀처럼 수치목표까지 넣어 공언하려 하지 않는다. 손 사장은 단기, 중기, 장기목표에 구체적인 수치를 명시하여 계획하고 추진해간다. 2010년 6월 발표한 '신 30년 비전'에서는 2040년 매출을 2010년의 100배로 잡았다. 남들은 허풍이라 보겠지만 그로서는 고민하여 내린 결론이다.

손 사장은 구체적인 목표를 달성하는 경영자의 책임을 중시하며 지금껏 자신이 공언한 허풍을 실현시켜왔다. 한 발자국이라도 잘못 내딛으면 벼랑 아래로 떨어진다는 심경으로, 그는 '구체적인 수치로 명시한 공언'을 자신의 동기부여로 삼아 반드시 달성해 보이겠다는 일념으로 사업을 키워왔다. '지는 싸움은 하지 않는다'라는 마음가짐이다.

자기진화와 인재교육

어릴 적 손정의 사장의 희망직업은 초등학교 선생님, 사업가, 화가, 정치가였다. 이 중 초등학교 선생님과 정치가는 한국 국적으로는 될 수 없다는 얘기를 부모님으로부터 듣고 울며 포기했고 사업가가 되기로 결심했다. 손 사장은 자신의 처지를 비관하거나 세상을 원망하는 얘기를 그리 내비치지 않는다. 오히려 '사람들의 행복에 공헌한다'는 것이 사업의 원점이고 '정보혁명을 위한 인프라 구축'이 사업의 중심축이다. 사람들이 정보네트워크와 연결되어 있으면 '자유롭게 새로운 지식이나 다양한

콘텐츠를 무한히 접할 수 있고 그것을 이용함으로써 삶에 행복을 가져온다'는 믿음이다.

손정의 사장은 일본에서 고등학교[구루메(久留米)대학 부설 고등학교]를 3개월 다니다 중퇴하고 미국으로 건너갔다. 손 사장이 국적 콤플렉스를 극복한 것은 그가 미국에서 깨달은 오차에 대한 자각이었다. '한국도 일본도 타이완도 미국 대륙에서 보면 그게 그거고 지도상 구분이 잘 안 될 정도의 오차범위가 아닌가'라는 자각이다. 즉, 한국 국적이든 일본 국적이든 그리 대수로운 것이 아니라는 깨우침이었다. 오차범위에 대한 자각 후 손 사장은 남다른 노력과 추진력을 보였다. 미국 현지 고등학교를 반년 만에 졸업했고 그 후 캘리포니아대학교 버클리 캠퍼스(UC버클리)에 재학하면서 사업에 대한 시야를 크게 넓혔다.

보통의 일본기업들이 손정의 사장의 사업방식을 따라오기 어려운 것이 이종(異種)조직과의 횡적 교류이다. 대개 일본의 제조기업 등은 자신의 분야에서는 두각을 나타내지만 이종조직과의 교차적인 교류는 서툴며 별 관심을 두려고 하지 않는다. 의사결정 과정도 합의제가 많아 위험을 수반하는 과감한 결정을 내리기가 어려운 구조이다. 손 사장은 같은 업종 안에서의 교류만이 아니라 다른 업종 종사자와 편을 짜 일을 추진하는 데도 적극적이다. '이질적인 부류나 다른 업종 종사자와 함께 일을 하다 보면 새로운 발상이나 약동감이 생겨 일의 달성시간이 단축된다'고 보기 때문이다. 다른 업종과의 횡적 교류에 따른 자기진화는 보통의 일본기업이나 경영자들과는 확연히 구분되는 소프트뱅크나 손 사장의 강점이다.

손 사장은 '자기증식과 자기진화를 반복해가는 것이야말로 소프트뱅크가 살아남는 길'이라 보고 있다. 그가 대학생 때부터 갖고 있는 지론도 '다른 종족과의 교류를 통한 돌연변이가 자기진화를 촉진시킨다'는 안목이었다. 2012년 10월 미국 휴대폰 회사 스프린트사의 인수를 발표할 때 그가 한 말도 '도전하지 않는 것이 더 큰 위험'이란 한마디였다. 그렇다고 즉흥적으로 밀어붙이는 도전은 아니며 나가야 할 때와 물러서야 할 때의 구별도 명확하다. 손 사장은 '사업을 완고한 고집만으로 밀어붙여서는 안 된다. 퇴각할 수도 있어야 진정한 리더다'라고 못을 박는다. 〈그림 2〉의 '손의 제곱 병법'을 보면 '공(攻)'도 있고 '수(守)'도 있다.

기업경영은 생명체를 키워나가는 것과 같은 인상을 준다. 전체적으로 엄청난 적자를 내고 있는 기업이 있다고 하자. 그 기업을 어떻게 재생시킬 것인가. 손 사장은 '모든 부문이 재생 불가능인가, 일부 뿌리가 잘 살아 있는 부문이 있는가'를 구별할 줄 아는 경영판단이 매우 중요하다고 한다. 그는 경영판단 시 자신의 사업방향이 무엇인지에 기초하여 썩거나 쓸모없는 부분은 잘라내고 뿌리가 살아 있는 부분을 키워내는 정확한 분석력이 필요하다고 조언한다. 예컨대 '열광적인 고정팬'을 갖고 있는 부문이라면 뿌리가 살아 있다고 할 것이다. '키운다'는 자세를 소중히 여기는 그의 기업경영관이 엿보인다.

손 사장은 20대부터 60대까지의 인생 50년 계획을 10년 터울로 세워놓았다. '20대에는 이름을 올려놓는다. 30대는 군자금(사업자금)을 마련한다. 40대는 한판 승부를 건다. 50대는 사업을 완성시킨다. 그리고 60대는 다음 세대에 사업을 계승한다'라는 계획이다. 기업승계 시의 위기 극복 준비를 위해 손 사장은 2010년 7월 '소프트뱅크 아카데미아'라는 후계자 양성 학교를 개교했다. 다음 세대를 담당할 지도자, 경영진을 육성하기 위한 학교이다. 그의 인생계획 중 다음 세대로의 승계가 가장 어렵고 소프트뱅크 최대의 위기라고 보았기 때문이다.

소프트뱅크 아카데미아에서는 소프트뱅크 그룹 내의 1,000명 중에서 200명, 일반공모 3,000명 중에서 100명의 수강생을 선발하여 총 300명이 특정 테마를 설정하여 발표한다. 예선과 본선 발표(프리젠테이션)를 반복해가면서 6개월마다 성적하위 10%를 교대하는 방식이다. 경쟁이 없으면 성장도 없고 좋은 결과도 바랄 수 없다고 보기 때문이다. 손 사장은 21세기형 기업에서는 다양함과 안도감을 경쟁력으로 하는 '다품종 소량 생산'의 전략이 주류가 될 것으로 예상하고 있다. 그런 시대에 맞는 인재형은 관리·지배형이 아니라 '자율·협조형'이 될 것이라 보고 그에 대응할 인재를 키워가고 있다.

손 사장이 인재교육의 기본으로 삼는 것은 '진정으로 애정을 갖는다면 때로는 무서운 호랑이가 되라'는 입장이다. '무서운 호랑이가 될 수 없는 사람은 리더가 될 수 없다. 필요하다면 사랑하는 부하를 향해 무서운 호랑이가 되어야 조직이 산다'고 보고 있다. 즉, 좋은 사람만으로는 조직을 유지할 수 없다는 것이다. 회의 시에도 '결론부터 말하라!'고 몰아붙이기도 하지만, 사람을 '키운다'는 관점이 근저에 있다. 〈그림 2〉의 '장수의 마음가짐'에는 '엄(嚴)'도 있고 '인(仁)'도 있다. '키운다'는 입장에서 사원 교육에 임하기에 쉽사리 사원을 그만두게 하거나 하는 조치는 취하지 않는다. 후계자의 조건으로서는, 정보혁명 기술에 대한 깊은 통찰력, 필요 충분한 금융지식과 능력, 강력한 리더십이 강조된다.

손 사장은 자신이 퇴직한 후 후계자 양성학교(소프트뱅크 아카데미아)의 교장이 될 수 있고 취미로 그림도 그릴 수 있다[고흐, 모네, 센쥬 히로시(千住 博)가 손 사장이 좋아하는 화가다]. 그렇게 되면 어릴 적 희망직업이었던 선생님, 사업가, 화가, 정치가 중 정치가를 제외하고 세 가지는 실현하는 것이 된다. 그래서 족함을 알고 죽을 수 있으려니 하며 상념에 잠기는 손정의 사장이다.

'마음속 인프라'의 구축

　재일(在日) 한국인으로 일생을 살아가는 데는 다른 사람은 느끼기 어려운 콤플렉스가 자리하기 쉽다. '나는 누구인가'라는 정체성(아이덴티티) 갈등에 더하여 직업선택에서도 제약이 따르기 때문이다.

　소프트뱅크 손정의 사장의 어릴 적 희망직업은 초등학교 선생님, 정치가, 화가, 사업가였다. 이 중 초등학교 선생님과 정치가는 한국 국적으로는 될 수 없다는 얘기를 부모님으로부터 듣고 울며 포기했다. 사업가가 되기로 결심했지만 창업한 후 얼마 되지 않은 23세 때 만성간염을 앓았다. 병상에서는 엄청난 독서량으로 지혜를 쌓았다.

　소프트뱅크는 이종(異種) 조직과의 횡적 교류를 통한 자기증식과 자기 진화로 세계가 좁다고 할 정도로 사업영역을 넓혀왔다. 손 사장은 주주와 같은 이해관계자와도 눈물 섞인 교감을 하며 네트워크 기반구축을 위해 매진하고 있다. '정보혁명으로 사람들을 행복하게 한다'가 그의 사업이념인 만큼 세상 모든 이들이 고객이다.

　2011년 동일본 대재해가 상흔을 남겼을 때는 주저 없이 재해민들과 아픔을 함께 했다. 후쿠시마 원전사고에 재대로 대처하지 못한 관료와 정치가를 질타하면서도 통 큰 기부와 따뜻한 인간미로 재해민을 감싸 안았다. 인간 내면에까지 파고드는 '마음속 인프라'의 구축이 궁극에는 이기는 싸움이다.

5

일본에 현대차가 없는 이유와 소비자 의식

【칼럼】 일본에 현대차가 안 보이는 이유

세계시장에서 약진이 눈부신 현대자동차가 일본에선 안 보인다. 예를 들어 2012년 세계 자동차 판매대수를 보면 현대자동차 그룹(현대자동차, 기아자동차)은 712만 대로 5위를 차지했다. 1위인 도요타자동차 그룹(도요타, 다이하쓰, 히노)의 판매대수 974만 대에는 미치지 못하지만 혼다자동차의 판매대수(382만 대로 8위)의 2배에 가까운 놀라운 성과다. 이처럼 세계시장에서는 눈에 띄게 판매실적을 올리는 현대차가 유독 일본시장에서만은 맥을 못 추고 있다. 왜일까?

현대자동차는 2001년 4,000대 판매를 목표로 일본시장에 진출했으나 1,100대 정도를 팔았다. 야심차게 진출한 일본시장이었지만 실적이 저조하여 얼마 버티지 못하고 철수했다. 일본으로 수입된 현대차는 예컨대 2011년 77대, 2012년 104대에 그쳤다(「일본 자동차수입 조합」 자료에 따른 수치). 2012년 일본의 수입승용차 등록대수 32만 1,000대 중 현대자동차는 고작해야 0.03%에 지나지 않았으니, 일본에서 현대차가 안 보인다고 해도 무방하다.

현대차가 일본에 보이지 않는 이유로 일본시장의 폐쇄성을 지적하는 목소리도 있다. 하지만 일본에는 독일차를 비롯한 외국자동차도 많이 달리고 있다. 예를 들어 폭스바겐(5만 7,626대), 벤츠(4만 2,838대), BMW(4만 1,635대) 등 독일차가 선방하고 있으니 일본시장을 폐쇄적이라 단정하는 데는 무리가 있다(괄호 안은 2012년도 수치). 일본시장의 폐쇄성 이외에 때로는 전통이나 국격의 차이가 곧잘 제기된다. 현대차는 폭스바겐, 벤츠, BMW보다 전통이 짧고, 한국은 독일보다 국격이 낮으니 현대차에 대한 일본인의 평가가 높지 않다는 시각이다. 일리가 있다.

그렇다면 신주쿠(新宿)에서 한국 음식, 과자류, K-POP 음악 등이 인기가 있고 일본 지상파나 위성방송 또는 케이블 TV에서 한국 드라마가 많이 방영되는 것은 왜인가? 이를 단순히 한류 붐이라 하면 어째서 현대차는 한류 붐의 물결을 타지 못하는가? 일본시장에 현대차가 보이지 않는 이유에는 무언가 다른 이유가 있지 않을까? 아모레퍼시픽 재팬의 이석우 사장은 '화장품과 문화력'에 관해 말하면서 한국 소비재를 볼 때 일본고객의 상품선택에서 가격대별로 저항선이 있다고 한다. 현대차가 일본에 보이지 않는 다른 이유로 들 수 있는 요인이 바로 한국제품에 대해 가격대별로 나타나는 일본고객의 저항선이다.

가격대별 상품 선호도 차이를 보면 일본시장에서 차지하는 한국상품의 위상을 알 수 있다. 모든 가격대의 한국상품이 일본에서 잘 받아들여지고 있지는 않다. 한국 음식이나 과자, 드라마 시청료, K-POP 음악, 한류스타 사진이나 책자, BB크림과 같은 한국 화장품 등이 인기상품이다. 이들 상품의 가격은 대개 몇 백 엔(몇 천 원)대이거나 몇 천 엔(몇 만 원)대이다. 주머니 사정에 그리 구애받지 않고 부담 없이 먹고 즐길 수 있는 상품이 주류이다. 즉, 백 엔대에서 천 엔대가 일본 내 한국상품의 위치라고 볼 수 있다.

지갑 안에 1엔짜리 동전도 꼭꼭 챙기는 일본인들이다. 자동차 가격은 중고차라면 몇 십만 엔(몇 백만 원), 신차라면 몇 백만 엔(몇 천만 원)이 시세다. 일본시장에 아직 만 엔(십만 원)대 한국 상품도 드문 판국에 십만 엔대, 백만 엔대의 현대차를 내놓는다 해도 선뜻 사겠다고 지갑을 열 리 없다. 더욱이 현대차가 도요타차에 비해 품질이나 안심·안전 면에서 우위에 있지도 않으니 프리미엄 제품이라 할 수도 없다. 보통의 소비자라면 십만 엔대나 백만 엔대의 상품을 구입하기까지는 꽤 신중을 기한다. 프리미엄 제품이 아닌 현대차 구입에 일본고객이 몇 십만 엔, 몇 백만 엔의 금액을 지불하는 데는 저항감을 느낀다. 그 저항선을 넘지 못하는 것이 일본에 현대차가 안 보이는 이유다.

주일 한국대사관과 한국기업연합회가 2010년 6월 홍보기획사 덴쓰(電通)에 의뢰해 일본시장에서의 한국제품 이미지를 조사한 적이 있다. 이 조사에 따르면 한국제품은 일본제품에 비해 '가격이 싸고 품질이나 신뢰성이 낮다'는 이미지를 갖고 있다. 예를 들어 '가격이 싸다'라는 항목에 반응을 보인 사람은 한국제품이 48.7%로 일본제품 1.3%에 비해 훨씬 강하게 나타난다. '신뢰성이 있다'라는 항목에서는 한국제품이 4.7%의 반응에 그치지만 일본제품에는 68.9%가 반응을 보여 역력한 차이를 느끼게 한다.

2010년대 들어 일본인들의 한국제품에 대한 인식도 바뀌어 만 엔대 한국제품에 지갑을 열기 시작했다. 아모레퍼시픽 재팬은 일본의 화장품 전문점만이 아니라 전통백화점[미쓰코시(三越), 이세탄(伊勢丹), 다카시마야(高島屋) 등]에서 화장품을 2005년부터 판매해왔다. 한국 화장품은 천 엔대부터 만 엔대로 형성된다. 또한 LG전자의 LG TV나 삼성전자의 갤럭시 스마트폰이 양판점이나 통신사업자에 공급되어 만 엔대 제품으로 판매되고 있다. 일본시장에서 만 엔대의 한국 제품이 받아들여진 후라야 십만 엔대, 백만 엔대인 현대차 구입에 관심을 보이게 될 것이다.

현대차로서는 지금처럼 세계 시장에서 내공을 다져가며 일본시장 진출실패를 와신상담(臥薪嘗膽)의 기회로 삼는 것이 나을 듯싶다. 현대차의 품질이 도요타차를 넘어서 안전하고 안심을 주는 차로 각인될 때 일본시장에서도 새로이 자리매김될 것이다. 세계시장 석권을 통한 일본시장 돌려치기 전략이다. 이미 그런 전략이 현대차의 경영전략에 들어 있을지도 모르겠지만 …….

일본 소비자의 한국제품 이미지

구미(유럽과 미국)에서는 현대차도 도요타차도 잘 팔리는데 일본에서는 현대차가 안 팔린다. 구미와 일본사람들 간에 현대차 선호에 차이가 있음을 말해준다. 주변의 시선을 많이 의식하는 일본에서는 상품가격 이외에도 국격과 전통에 대한 값어치도 제품선택의 중요한 요인이 된다. 한국의 국격과 전통이 유럽에 비해 떨어진다고 보면, 설사 한국차의 품질이 독일차에 비교해 손색이 없다 하더라도 일본의 소비자는 한국차보다 독일차를 더욱 선호할 것이다.

주일 대한민국대사관과 한국기업인연합회는 2010년 일본 광고기획사 덴쓰(電通)에 의뢰하여 '한국제품 이미지 조사'를 실시했다. 동 조사의 모두(冒頭)에는 한국, 미국, 일본, 중국 4개국 제품에 대한 이미지조사 결과도 싣고 있다. 〈표 1〉은 이 중 한미일 3개국의 조사결과를 정리한 것이다. 〈표 1〉에는 한미제품과 일본제품과의 이미지 비교[즉, (미국-일본), (한국-일본)]도 게재하고 있다. 덴쓰 조사의 주된 목적이 한국제품의 인지도 조사에 있다는 것을 감안하여 〈표 1〉에서는 한국제품에 대한 이미지가 강한 항목부터 약한 항목 순서로 정리하고 있다.

한국과 미국 제품에 비해 일본제품은 '기술력이 있다', '품질이 좋다', '친근감이 있다', '신뢰성이 있다'라는 이미지가 현격하게 높다. 〈표 1〉의 덴쓰 조사 결과를 보면 일본제품이 한국제품이나 미국제품보다도 기술력, 품질, 친근감, 신뢰성 등의 항목에서 매우 강한 이미지를 갖는다. 우

표 1 일본시장에서의 한·미제품과 일본제품에 대한 이미지 비교

질문 항목	한국	일본	미국	미국-일본	한국-일본
가격이 싸다	48.7%	1.3%	2.1%	+0.8%p	+47.4%p
매장에서 그리 보이지 않는다	24.7	3.7	13.8	+10.1	+21.0
가격에 걸맞은 가치가 있다	17.8	54.4	15.5	-38.9	-36.6
기술력이 있다	17.3	71.5	27.9	-43.6	-54.2
광고에서 자주 접하게 된다	16.3	54.5	25.3	-29.2	-38.2
선진성이 있다	14.5	38.4	33.3	-5.1	-23.9
지명도가 높다	11.2	61.6	40.4	-21.2	-50.4
품질이 좋다	7.1	75.8	8.9	-66.9	-68.7
친근감이 있다	7.0	58.4	13.9	-44.5	-51.4
신뢰성이 있다	4.7	68.9	10.7	-58.2	-64.2
일류다	4.7	62.5	31.5	-31.0	-57.8
장래성을 느낀다	26.3	23.1	13.0	-10.1	+3.2
활기가 있다	23.6	12.6	14.0	1.4	+11.0

주: 1) 조사 시기는 2010.6.11~14이고, 조사대상은 전국 20~69세 일본인 남녀 총 1,000명이다.
   2) 덴쓰의 제품 이미지 조사에서는 질문항목을 제시하여 어떤 인상을 갖고 있는지, 응답
      자의 생각에 가까운 것 모두에 ○ 표시(선택)하는 방법으로 그 반응도를 조사했다. .
   3) 질문항목 수는 〈표 1〉에서 열거한 질문항목을 포함하여 26개 항목이 있다. 〈표 1〉은 이
      중 일부를 한국제품에 대한 이미지가 강한 항목부터 약한 항목순으로 정리한 것이다.
자료: (株)電通リサーチ, 2010: 27.

측의 [미국-일본]이나 [한국-일본] 란을 보면 미국·한국제품과 일본제품
과의 이미지 차이를 알 수 있다. 그만큼 일본 소비자는 자국 제품에 친숙
함을 보여주고 있다.

  또한 충분히 예상되는 일이지만 일본고객은 한국제품보다는 미국제
품에 대해 더 좋은 이미지를 보이고 있다. 〈표 1〉을 보면 '가격에 걸맞은
가치가 있다'는 항목을 제외하고 [미국-일본]의 수치가 [미국-한국]의 수
치보다 그 차이(절대)값이 작게 나타나고 있다. 이하에서는 한일 제품 이

미지 비교를 중심으로 들여다보기로 한다.

'가격이 싸다'는 이미지는 한국제품(48.7%)이 일본제품(1.3%)에 비해 매우(47.4%p) 높게 나타나고 있다. 한국제품이 '매장에서 그리 보이지 않는다'의 항목은 24.7%를 보여, 일본(3.7%)에 비해 21.0%p나 높게 나타난다. 그만큼 일본 소비자가 한국제품을 접할 기회가 많지 않음을 뜻한다. '가격에 걸맞은 가치가 있다'의 항목에서도 한국제품은 17.8%의 반응도를 보여 일본(54.5%)에 비해 36.6%p나 낮게 나타나고 있다.

한국제품은 일본제품에 비해 기술력, 지명도, 품질, 신뢰성, 친근감 항목에서 일본 소비자의 반응도가 낮다. 〈표 1〉로부터 '기술력이 있다' 항목을 보면 한국제품(17.3%)이 일본제품(71.5%)에 비해 훨씬(54.2%p) 낮다. 한국제품은 일본제품에 비해 지명도는 50.0%p, 품질은 68.7%p, 신뢰성은 64.2%p, 친근감은 51.4%p나 낮은 반응도를 보인다. 이들 결과는 실제로 한국제품의 기술력, 지명도, 품질이 낮다고 하기보다는 일본 소비자들이 자국 제품 소비에 익숙해져 있어 한국제품이나 기업에 접할 기회가 드물었음을 반영한다.

한국제품의 이미지가 일본제품에 비해 높게 나온 항목은 '장래성을 느낀다'와 '활기가 있다'라는 두 항목에 불과하다. 〈표 1〉에서 보듯이 한국제품에 대해 '장래성을 느낀다' 항목에 대한 응답은 26.3%로 일본제품(23.1%)에 비해 3.2%p 높게 나타난다. 특히 '활기가 있다'에 대한 반응도는 일본이 12.6%인 반면 한국은 23.6%로 약 두 배 정도 높다. 뒤에서 언급하듯이 일본 소비자는 한국제품에 대한 뚜렷한 이미지를 갖고 있지 않으며, '이미지가 있다' 하더라도 '품질이 좋지 않다' 등 부정적인 인상이 긍정적인 인상보다 강하게 나타난다.

덴쓰 조사에서는 전체 응답자의 3분의 1이 한국기업에 대해 '뚜렷한 이미지가 없다'고 답했다. 삼성전자나 현대자동차가 세계시장에서 약진하면서 한국의 일부 대기업에 대한 인식이 일본 소비자에게 높아지고 있으나 다른 많은 한국기업에 대해서는 별다른 이미지를 갖고 있지 않은 실정이다. 요컨대 일본 소비자에게 한국제품의 이미지는 제품 그 자체보다도 한국인이나 일부 한국 대기업의 이미지가 더욱 강하게 박혀 있다고 할 것이다.

일본 소비자층과 한국제품군

덴쓰 조사에서는 일본인 남녀 1,000명을 대상으로 '한국제품을 구입·사용한 경험이 있는가, 없는가'와 '향후 구입·사용할 의향이 있는가, 없는가'라는 네 가지 계층(LAND)으로 나누어 분류하고 있다. 즉, L층(loyalty층: 구입 경험 있음, 구입 의향 있음), A층(ability층: 구입 경험 없음, 구입 의향 있음), N층(non층: 구입 경험 없음, 구입 의향 없음), D층(decay층: 구입 경험 있음, 구입 의향 없음)의 네 계층이다. 〈표 2〉는 덴쓰 조사의 이들 네 소비자층의 분포를 제시한 것이다.

덴쓰 조사에서는 네 소비자 계층(LAND) 중에서 한국제품 '구입 경험

표 2 한국제품에 대한 일본 소비자층(LAND의 4계층)의 분포

D(decay)층 14.5% (구입 경험 있음, 구입 의향 없음)	L(loyalty)층 36.7% (구입 경험 있음, 구입 의향 있음)
N(non)층 44.5% (구입 경험 없음, 구입 의향 없음)	A(ability)층 4.3% (구입 경험 없음, 구입 의향 있음)

자료: (株)電通リサーチ, 2010: 6.

있음, 구입 의향 있음'의 L층(36.7%)과, '구입 경험 없음, 구입 의향 있음'
의 A층(4.3%)에 주목하고 있다. 이들 두 계층은 주로 50~60대의 장년 여
성층과 20대 여성층이 많다. 이는 제한된 연령층의 여성고객에게 한국제
품이 확산되어 있음을 의미한다. L층과 A층의 소비자층은 한국제품에
대해 관심을 갖는 '우호적인 소비자계층'으로 일본 소비자(고객)의 40%
정도(41.0%)에 불과하다.

덴쓰 조사는 한국제품에 우호적인 소비계층(L층과 A층)의 반응에 초점
을 맞추고 있기 때문에 일본 전체의 소비자층을 대표하는 데는 한계가 있
다. L층과 A층과는 달리 한국제품 '구입 의향 없음'을 나타내는 N층과 D
층을 어떤 식으로 줄여나갈 것인가에 대한 분석이 그리 이루어지지 않고
있기 때문이다. 〈표 2〉에서 보듯이 한국제품 구입 경험이 없고 향후 구입
의향도 없는 N(non)층이 44.5%나 있고, 구입 경험은 있으나 향후 구입 의
향이 없는 D(decay)층도 14.5%나 존재한다. 이들 두 비우호층을 합하면

전체 소비자의 60%(59.0%) 정도를 차지한다. 이처럼 한국제품은 아직 일본 소비자에게 깊이 침투되어 있지 않고 관심도 높지 않은 실정이다.

일본시장에서 인지도가 높은 한국제품·서비스로는 '전자제품', '영화·드라마', '식품·농산가공품'을 들 수 있다. '자동차'도 비교적 인지도가 높은 편으로 나타났지만 이는 세계시장에서 선전(善戰)하는 현대차의 활약에서 비롯된 인지도라 생각된다. 구입·이용 경험이 있는 한국제품은 '식품·농산가공품', '영화·드라마', '음료·주류', '전자제품' 등 일상생활에서 가까이 접할 수 있는 품목들이 많다. L층 여성의 경우 이들 상품에 더하여 '미용·건강식품'에도 흥미를 보인다. 특히 '식품·농산가공품'은 남녀 모두 소비의향이 강하며, 30대 이상의 남성은 '온라인 게임'의 이용경험도 많다. 한국제품 구입 의향이 있는 30대 남성이나 20대 여성은 '전자제품'에도 높은 관심을 보인다.

한국제품 구입 의향을 보이는 배경에는 '이전 구입한 제품이 좋았다'라는 품질에 대한 기대와 '가격이 싸다'나 '가격에 걸맞은 가치가 있다'라는 인식이 자리한다. 반대로 '구입 의향 없음'의 반응에서는 '금방 고장난다', '모조품이 많다', '보증체계나 구입 후 서비스(after service)가 불안하다'와 같은 '품질 및 서비스에 대한 우려'가 그 중심에 있다. 구입 의향을 보이지 않는 이유로서 한국제품을 접해본 적이 없는 상황에서의 선입견도 무시할 수 없다. 그 배경에는 '일본제품이 좋아서'와 같이 일본제품에 대한 강한 애착이 자리하고 있다. 참고로 〈표 1〉에서 보듯이 한국상품에 대해 '선진성이 있다'(14.5%)는 인식도 낮다.

광고 부족도 한국제품의 인지도를 낮게 하는 요인 중의 하나이다. 〈표 1〉에서 보듯이 일본 소비자들이 한국제품을, '광고에서 자주 접하게 된다'는 반응은 16.3%에 불과하다. 한국제품을 알릴 기회가 그만큼 적었다는 것을 의미한다. 일본에서는 세세하게 주의를 기울여 완벽한 제품을 출시하려 한다. 단골소비자도 많으며 그들에게 외면당하지 않으려고 심혈을 기울인다. 대개의 일본 소비자는 모험정신을 가미하여 만든 기발한 신제품보다는 주변에서 평판이 좋은 제품을 구입하려 한다. 한국제품의 구입 의향이 낮은 데는 광고 부족과 함께 입소문이 널리 퍼지지 않았다는 이유도 있다.

요컨대 일본 소비자에게는 한국제품에 대한 이미지가 구체적으로 형성되어 있지 않으며 한국제품을 접하지 않은 상황에서의 선입견과 막연한 불안감을 느끼는 사람도 많다. 한국제품에 대한 불안감과 선입견 등은 문화적인 성격을 띠고 있어 쉽게 바뀌지 않는다는 특징이 있다. 그렇더라도 향후 한국제품의 구입·사용 경험 없는 소비자층이나 구입 의향 없는 소비자층을 대상으로 어떻게 수요창출을 할 것인가 또 어떻게 하면 좋은 인상을 주는 쪽으로 유도해 나갈 것인가가 일본시장 개척의 관건이 된다.

덴쓰 조사는 특정 시점(2010년 6월)의 조사이기 때문에 시간의 경과에 따라 한국제품 이미지가 어떻게 변했는가를 파악할 수 없다. 한국의 대일 수출업종 중에는 일본시장 점유율도 높고 성장성이 높은 '스타(star)' 상품이 아직 없는 실정이다. 2010년대 LG TV와 삼성전자의 스마트폰 갤럭시의 일본 진출은 고품질의 한국제품이 일본시장에서 받아들여지고 있다는 신호이기도 하다. 여기에는 물론 한국제품의 품질향상이 근저에 있으며 일본 소비자의 한국제품에 대한 평가도 바뀌고 있음을 보여준다 할 것이다. 향후 현대차의 일본진출에도 좋은 징조라 할 것이다.

일본시장 진출전략

일반적으로 자국민은 자국기업의 제품에 관심이 높다. 내향성이 강한 일본 소비자의 경우 자국기업 제품에 갖는 애정이나 애착의 정도는 다른 나라에 비해 훨씬 강하게 나타난다. 〈표 1〉의 덴쓰 조사에서 보았듯이 일본 소비자는 미국이나 한국 등의 외국제품보다도 일본제품에 높은 신뢰성·품질·친근감·선진성의 이미지를 갖고 있다. 외국기업이 일본시장에 진출할 시는 일본고객의 이러한 경향을 감안할 필요가 있다.

일본고객이 한국제품에 흥미를 갖기 시작한 것은 2002년 월드컵축구 한·일 공동 개최와 2003년 한류 붐의 단초가 된 드라마 〈겨울연가〉가 인기를 끈 다음의 일이다. 월드컵 공동 개최나 〈겨울연가〉 방영 이전과 비교하면 격세지감이 느껴질 정도이다. 한국에 대한 이미지도 피부로 느낄 정도로 변했지만 한일 간에는 역사나 영토문제가 가로놓여 있어 양국관계가 요동치곤 한다. 어쨌든 2002월드컵 공동 개최는 일본 남성에게, 〈겨울연가〉는 일본 여성에게 한국에 대한 이미지를 변화시키는 커다란 계기였다. 그 후 식품, 드라마, K-POP 음악, 화장품 등 일상 속에서 쉽게 발견할 수 있는 제품 등이 일본시장에서 자리를 잡아갔다.

덴쓰 조사에서는 일본고객이 한국제품을 구입하도록 하기 위한 환기책으로 '품질향상과 보증'을 들고 있다. 한국 소비재의 구매를 지탱하고 있는 L층(구입 경험과 구입 의향 있음)은 품질향상과 보증의 철저와 함께 '한국제품만의 기능'을 주문하고 있다. 젊은 층이 많은 A층(구입 경험 없음, 구입 의향 있음)은 한국제품에 대해 '다기능의 일류 브랜드' 및 '저렴하고 내구성이 있다'라는 독자적인 이미지를 갖고 있다. 이와 함께 A층은 '일본제품과 나란히 진열되어 있어 비교·선택할 수 있는 친근한 상품으로 자리 잡을 것'을 원한다. 이들 한국제품의 우호 소비자층인 L층과 A층은 모두 '손쉽게 구매할 수 있는 환경', '대중매체를 통한 광고' 등을 원하고 있다.

덴쓰 조사에 따르면 한국기업에 호의를 갖는 소비자는 아직 절반에 미치지 못한다(47.2%). 한국기업에 대해 호감을 갖게 된 배경도 한국제품을 접해본 경험이 있는지 없는지에 따라 달라지는 경우가 많다. 한국제품의 이용경험이 있으면 한국기업에 대한 이미지도 좋아지는 경향을 보이며, 역으로 한국기업에 대한 호의도가 높으면 한국제품을 사용하고 싶다는 의향도 높아지는 경향을 보인다. 이는 한국제품이나 기업을 접할 기회나 환경조성(예를 들어 시제품 배포, 사업장 견학 기획 등)이 제품이나 기업의 이미지 제고에 유효한 수단이 됨을 의미한다. 그런 노력을 통해 N층(구입 경험 없음, 구입 의향 없음)과 D층(구입 경험 있음, 구입 의향 없음)을 줄이는 효과를 기대할 수 있다.

한일 간의 '기업 대 기업(B2B: business to business)' 거래는 일본 소비자

들이 인지하는 것보다도 훨씬 많이 이루어지고 있다. 양국 기업 간(B2B) 거래에 있어 한국제품은 일본기업에게 정평(定評)이 나 있다. 한국기업에 대한 이미지도 기업 대 기업 종사자한테는 강하게 형성되어 있다. 한국 기업에 대한 관심은 40대 이상의 남성층에서 높게 나타나는데 그중에서 도 경영판단을 하는 입장에 있는 60대의 관심이 비교적 높다. 60대 일본 남성은 '한국기업의 경영능력 탁월성'과 '세계시장을 겨냥한 새로운 분 야, 새로운 시장 개척에 대한 추진력(열정)'에 위협을 느낀다고 한다.

특히 한일 간 기업 대 기업(B2B) 거래의 일선에서 접촉하고 있는 사람 들은 한국제품에 대해 '임팩트가 있고 기술력이 탄탄하기 때문에 가격에 비해 품질이 높은 제품'이라 평가하고 있다. 일반소비자에게는 그다지 알려지지 않았지만 이미 다수의 일본 정보기술(IT) 제품은 OEM(주문자상 표부착) 방식으로 한국기업에 제조 위탁하여 생산하고 있다. 덴쓰 조사에 서도 언급하고 있듯이 향후 기업 대 기업에서 받고 있는 평가를 기업 대 소비자(B2C: business to consumer) 관계로 넓혀나가 한국제품의 인지도나 평가를 높여갈 필요가 있을 것이다.

한국기업에 대한 호감이나 이미지 향상에는 세계진출에 성공한 한국 일류기업의 브랜드 이미지에 접하거나 비즈니스를 통해 접한 경험이 크 게 이바지하고 있다. 이에 박차를 가하는 의미에서 일본의 기업 의사결 정권자에 대해서는 '세계적으로 활약하는 한국기업의 기술력'을 일본 경 제잡지(예, ≪주간 다이아몬드≫나 ≪일본경제 비즈니스≫)에 홍보하는 것도 한 방법이다. 일본의 기업종사자 중에는 향후 한국이 '일본을 넘어설 수 있는 선진국'이라는 인상도 높아지고 있다. 한편 국가에 대한 관심이 높아지면 한국기업에 대한 호의도나 한국제품에 대한 수용도도 높아지는 상승효과가 있다. 국격을 높이는 것이 한국기업이나 제품의 이미지 제고에도 중요하다는 뜻이다.

그동안 일본의 여성층과 젊은 남성층에게 한국기업 이미지 형성은 희박한 상황이었다. 특히 정보기술(IT) 기기를 접할 기회가 많은 20대나 30대 남성층에 한국제품에 대한 이미지 확산이 부족했다. 그러던 것이 2010년대 들어 LG TV나 삼성전자 스마트폰 갤럭시의 확산에서 보듯이 한국제품의 사용실감에 대한 반응도 좋아지고 있다. 덴쓰 조사에서는 IT 제품의 사용 촉진을 위해 20~30대의 젊은 층을 염두에 두어 한국제품의 기술력을 일반매장, 인터넷, 제품정보제공 사이트[예, 가격(價格).com]에서 홍보할 것을 제안하고 있다. 최근 20~30대 남성층에서도 '기술력이 있다', 'IT 분야에서 약진하는 나라', '세계에 진출하는 지적인 나라'라는 이미지도 퍼지고 있다.

한국기업 중에는 일본을 거점으로 세계진출을 도모하는 기업도 늘어나고 있다. 예컨대 진로㈜는 일본 소비자를 겨냥한 시장 확대뿐만 아니라 일본을 거점으로 한 글로벌 전략으로 일본 이외의 해외사업 확장에도 힘을 쏟고 있다. 진로(JINRO)는 2008년부터 일본술을 수출하기 시작하여 2013년에는 약 100품목의 일본술을 한국, 인도, 남미 등 세계 각국에 수출하고 있다. 일본상품의 해외수출이나 고용확대의 측면에서 볼 때 진로와 같이 일본을 거점으로 한 기업 활동은 앞으로도 늘어가는 것이 바람

직하다. 역으로 일본기업의 한국진출도 한국에서의 고용확대는 물론 한
일합작을 통한 세계시장 진출에 강점으로 작용한다.

한일합작을 통한 세계진출

일본에서 프리미엄이 있는 한국상품은 식품, 드라마, K-POP 음악 등 대개는 백 엔(천 원)대와 천 엔(만 원)대이다. 대부분 주머니 사정에 그리 구애받지 않고 즐길 수 있는 상품들이다. 2010년대 들어 만 엔대의 LG TV나 삼성전자의 스마트폰 갤럭시가 시민권을 얻고 있다.

현대차는 2001년 일본시장에 진출한 적이 있지만 자리 잡지 못하고 철수한 쓰라린 경험이 있다. 자동차는 중고차라면 십만 엔대, 신차라면 백만 엔대이다. 도요타차에 비해 프리미엄 상품이 아닌 현대차에 일본고객이 수십만 엔, 수백만 엔을 지불하는 데는 저항감을 느낀다. 이 가격대별 저항선을 넘지 못하는 것이 일본에 현대차가 보이지 않는 이유다.

현대차가 세계시장에서 일본차의 품질을 앞서 가고, 안전·안심을 주는 차로 각인될 때 일본시장 정착이 가능할 것이다. 세계시장 석권을 통한 일본시장 돌려치기 전략이다. 나아가 일본시장 진출에는 국격을 높이는 노력도 중요하다.

일본을 거점으로 한 한국기업의 활동은 일본상품의 해외시장 개척이나 일본인의 고용확대를 가져온다. 일본기업의 한국진출은 한국기업의 기술향상 및 한국인의 고용증대에 유리하다. 한일 간에는 상호보완적 성격이 강한 까닭에 양국 기업 간 합작은 세계시장 진출에 큰 힘을 발휘할 수 있다.

6

호리병 속의 일본과 회색의 상호관련

【칼럼】 호리병 속 일본인의 슬픈 현실

3·11 대지진과 해일(쓰나미), 그로 인한 원자력발전소 방사능 누출사고는 일본 동부지역을 깊이 도려냈다. 과연 그 상처는 언제쯤 치유될 것인가. 헤진 상처가 아물기에는 아직도 아련하다. 미증유의 대재해에 맞선 일본인들의 침착한 질서의식은 세계를 놀라게 했다. 그런 한편 재해 대처 이면에는 매뉴얼 사회의 진면목도 적나라하게 드러냈다.

　3·11 대재해가 발생하자 국내와 해외에서 보내온 의연금이나 구호물품도 엄청났다. 일본이 외국으로부터 그렇게 많은 원조를 받은 것은 처음 있는 일이었다. 받은 구호품을 어떻게 배분할지 몰라 현청(縣廳) 창고에 쌓아둔 채 당황해하던 공무원들의 모습은 우스꽝스럽기까지 했다. 자원봉사를 하겠다는 사람들은 줄을 섰는데 제대로 활용을

못해 한편에선 일손이 부족하다고 아우성 댔다. 한국인의 감각으로 보면 눈썰미가 정말 없다. 임기응변이나 유연성이 떨어지는 전형을 보는 듯했다. 상부(국가)에서 내려온 지침이나 정해진 규칙이 있어야만 움직여온 맹점이 여실히 드러났다.

후쿠시마(福島) 원전 사고에서는 총리가 전체적인 그림을 그려가며 사태 수습을 위해 앞장서려니 했다. 방사능을 좀 맞더라도 총리나 국회의원들이 정신없이 현장을 누비면서 재해민의 아픔을 끌어안고 위로할 줄 알았다. 당시 총리는 재해 발생 열흘이 지나서야 현장에 간다고 하더니 그마저도 기상상황이 좋지 않다고 취소했다. 국가적 위기라고 판단했다면 지체 없이, 원자력안전보안원장(당시), 관계 장관, 자치단체의 장, 국내외 방사능 전문가, 도쿄전력 책임자 등을 모아 대책본부를 차리고 교통정리를 했어야 했다.

국난이라는 재해가 발생했을 때 일본 총리대신이 취한 행동은 도쿄전력에 들이닥쳐 "당신들밖에 없으니 각오하라"는 정도였다. 관방(官房)장관이 연일 되뇐 것은 "누출 방사능이 곧바로 인체에 영향을 주는 수준은 아니다"라는 애매한 말의 반복이었다. '일국의 총수(총리)가 진두지휘해야 하는 것이 아닌가'라는 일반인의 감각으로 볼 때 잘 이해되지 않는 답답한 장면들이 수두룩했다. 사령탑 기능이 제대로 발휘되지 않은 악영향이 걷잡을 수 없는 상황으로 치닫게 했다. 안절부절하고 있는 사이 잔혹하게도 후쿠시마 원자로는 연이어 수소폭발을 일으켰다. 안전신화 일본의 이미지가 날아가 버리는 순간이었다. 외국인들이 일본을 등지고 떠나는 때이기도 했다. '예상 밖'이었다고 연발하는 도쿄전력의 발뺌에 국민들은 그저 속을 끓일 뿐이었다.

3·11 대재해가 불행한 사태였음은 말할 나위도 없지만, 한편으로는 세계 국가들과의 외교관계를 돈독히 할 수 있는 절호의 기회이기도 했다. 구호활동에 참여하거나 성금을 보내준 많은 나라의 도움의 손길을 기꺼이 받아들이고, 사태가 진정된 후 감사의 뜻을 전하며 선린관계를 맺을 수 있었기 때문이다. 일본의 강한 내부지향 체질이 외부 도움을 오히려 부담스러워하는 어설픔을 보였다.

일본의 사상가 마루야마 마사오(丸山眞男)는 『일본의 사상』이란 책에서 일본인의 습성을 '문어잡이 호리병[蛸壺: 다코쓰보]'에 비유했다. 좁은 구멍으로 들어가 그 속의 닫힌 공간에 숨으려고 하는 것이 문어의 습성이다. 밖의 세계를 향한 주체적인 관심이 낮은 일본의 습성을 암시한다. 원전 사고로 공기 중에 확산된 요오드131이나 세슘137 등의 방사능 물질이 시금치, 우유, 수돗물 등에서 검출되었지만 강한 어조로 항의하는 시민운동은 나타나지 않았다. 시민들은 그저 분노의 감정을 속으로 삭이는 데 그칠 뿐이었다. 행정당국이나 도쿄전력에 거품 물고 항의해도 통하지 않을 것임을 이미 경험으로 체득하고 있었는지도 모른다.

호리병 안에 머물며 밖과 어우러지지 못하는 한 일본은 자꾸 기울어지는 인상을 줄 것이다. 그럼에도 일본인은 자신이 들어갈 곳이 있으면 안심이다. 호리병 속의 선량한 백성들로 하여금 바깥세상과 어우러지도록 유도하는 지도자가 요망되나 그들 역시 호리병 속에 있다. 역시 개개인의 주체적인 각성에 의지할 수밖에 없는 것일까.

무서운 것은 일본국민의 학습효과다. 3·11 대재해로 생활터전이 괴멸되었지만 피난했던 지역주민들은 다시 출신지역으로 돌아와 지역재건을 위해 땀을 흘렸다. 안타깝게도 돌아가고 싶어도 돌아가지 못하는 사람들이 너무도 많았다. 미어지는 심경에 속은 타들어갔다. 말이 앞선 정치가보다도 딱딱한 관료들보다도 비통함을 삭이며 그저 묵묵히 복구와 부흥에 임한 자원봉사자들이나 재해민들의 모습을 떠올리면 머리가 숙연해진다.

3·11 대재해는 상상을 초월했기에 대처 매뉴얼이 없었다. 이제 3·11은 더 이상 미증유가 아니다. 일본국민은 3·11 대재해의 교훈을 학습해 새로이 매뉴얼을 만들고, 자신들의 텃밭처럼 훤하게 익혀갔다. 텃밭을 안전하게 손질해놓고 안도감을 느끼며 살아가는 게 이들이 추구하는 복구의 모습이다. 복구가 이루어진 다음 3·11 대재해와 같은 재난 또는 그 이상의 재난이 닥쳐온다고 해도 그들은 질서정연하게 대처할 것이다. 그런 일본인들의 대처 능력을 보는 외부인들은 그저 감탄을 자아낼 것이다.

장인(匠人)을 키우는 내부지향형 사회

마루야마 마사오가 일본 내 각 집단을 폐쇄적인 '호리병'이라고 비유한 이유는 일본사회의 특성을 두드러지게 하기 위함이었다. 마루야마가 언급하듯이, 일본인은 개방적인 공통의 광장을 형성하려 하기보다는, '호리병'과 같은 폐쇄적인 좁은 공간에 들어앉으려 한다. 그는 『일본의 사상』에서 "처음부터 전문적으로 분화한 지식집단 또는 이데올로기 집단이 각각의 폐쇄적인 '호리병'을 형성한다. 그 호리병 안에서 동료들 간에만 통하는 말을 하기에 '공통의 광장'은 쉽게 형성되지 않는다. 그런 사회를 유형적으로 구별할 수 있는데 일본이 전형적인 그 유형"(64쪽)이라고 얘기한다.

3·11 동일본 대재해의 방사능 누출사고 대처에서도 타국과의 적극적인 교류를 통한 사태해결보다는, 일본 내부에서만 어떻게 대처해보려고 했다. 많은 국가들이 전문구조대원 및 방사능 전문가들의 파견을 타진했지만 일본은 비상사태라고 하면서도 타국의 제안을 신속하게 받아들이려 하지 않았다. 일부 국가의 구조대원을 받아들였지만 국내외가 한 팀이 되어 대응하려 하지 않았다. 일본의 자위대와 외국의 구조대가 어우러져 사고를 수습하고 구호활동을 하는 모습보다는 자위대 단독 활동이 두드러졌다. 피해지역 주변에서 맴돌다가 본국으로 돌아간 정예의 외국 구조대원도 많았다.

일본에서는 안과 밖을 구분한 다음 우선적으로 안을 다지는 일에 착수한다. 내부만의 규칙으로 안을 다진 다음, 그 규칙에 따라 외부와의 관계를 다져간다. 대등한 입장에서의 교류가 요구되는 외교임에도 밖과의 관계는 일부 주변적인 것에 한정된다. 그리고 보면 일본정부는 원전사고를 일으키고 방약무인(傍若無人)했던 도쿄전력조차도 제어하지 못했다. 전반적인 지휘를 담당해야 할 사령탑이 제대로 기능하지 못한 정부였으니만큼 다른 국가의 정예일꾼이 왔다 하여 허심탄회하게 자위대원과 어깨동무하고 협력하기는 어려웠을 것이다.

'남에게 폐를 끼치고 싶지 않다'라는 일본인들의 태도는 상대방을 존중하는 배려이기도 하다. 이를 뒤집어 생각하면 상대방에게 신세를 져 '빚을 지고 싶지 않다'는 방어적 심리의 발로이기도 하다. 사람을 사귀는 일이든 국가 간의 우호관계를 맺는 일이든 서로 간의 왕래로부터 비롯된다. 3·11 대재해 때에는 도움의 손길을 주고자 했던 많은 국가들과 가슴을 연 교류에까지 이르지 못했다. 주변국과의 적극적인 구호활동을 통해 친밀한 외교를 전개할 수 있었던 기회를 제대로 살리지 못한 점은 아쉬움이 남는 대목이다.

천재지변이나 전쟁 등의 위기상황이 발생했을 때 조직을 지키기 위한 '내부 다지기'는 당연한 생리적 반응일 수도 있다. 일본도 대재해 발생 당일 혼란과 무질서를 극히 꺼려하며 공황(panic) 상태에 빠지지 않으려고 집단 내부로 뭉치려 했다. 외부와의 교류를 통한 대처가 서툴렀다 하더라도 재해대책 매뉴얼이 마련되어 있었다면 그 수습은 일사불란하게 진행되었을 것이다. 3·11 대재해라는 매뉴얼에 없는 미증유의 사태에 대처하다보니 갈피를 잡지 못했다. 국가 사령탑 기능이 제대로 작동하지 않았고 대응 시간도 엄청나게 지체되었다.

내부지향 사회는 한 분야의 전문가를 키우는 데 적합하다는 장점이 있다. 내부지향의 '호리병'식 행동양식은 '한 곳에서 목숨을 걸고 살아가는 일소현명(一所懸命)'의 정주성과도 일맥상통한다. 오랜 기간 한 곳에서 한 우물을 파면서 그 분야의 속성을 터득하여 장인의 경지에 들어선다. 경험을 통해 터득한 비법은 몇 세대를 거쳐 가며 맥을 이어왔다. 각 분야마다 일가견의 경지를 이룬 장인들의 비법이나 비전(秘傳)의 혜택을 사회 전체가 누리고 있는 곳이 일본이다.

해당 분야에 발을 디딘 후계자가 처음에는 장인의 영역에 들어가지 못하고 '왜 그렇게 해야 하는지'의 이치를 몰라 허둥대기도 한다. 때로는 이치도 모른 채 그저 선임자가 기록해놓은 비법을 재현해보거나 선임자의 어깨너머로 보면서 배워간다. 경험을 쌓아가고 기술이 무르익어가면서 어느 순간 '아! 그렇구나. 그런 거였구나' 하고 이치를 터득한다. 그렇게 터득한 비법은 자기 세대에서 끝나지 않고 다음 세대로 전수되면서 기술이나 기예(技芸)가 축적되어왔다. 일본이 오늘날과 같은 기술대국이 된 데는 바로 '장인기술의 계승'이라는 속 깊은 배경이 있다.

염려스러운 것은 글로벌화가 거세짐에도 일본 사회의 내부지향 성향이 오히려 심해지고 있다는 점이다. 1990년대 이후 경기침체가 계속 이어지면서 젊은이들도 외국에 나가 세계인들과 부대끼며 도전하는 것을 꺼리는 쪽으로 바뀌었다. 외국에 나가 새로운 자극을 받아 이를 내부 개선을 위한 방편으로 이용하겠다는 웅대한 포부나 의식이 식어가고 있다. 젊은이들이 내부지향적으로 내닫게 된 것을 그들만의 탓으로 돌릴 수는 없다. 젊은이들은 그들 나름대로 일본사회의 흐름을 감지하고 현명하게 대처하고 있는지도 모를 일이다. 그들도 자신을 방어해야 하기에 밖으로 나가 도전하기보다는 호리병 속으로 들어앉으려 한다. 젊은이들을 어떻게 세계무대에서 활약하도록 할 것인가가 일본이 안고 있는 과제이다.

방콕 현상과 국제화의 의미

일본 매스컴은 2010년 5월, 10년 이상 '방에 콕 틀어박혀('방콕'으로)' 지내던 30대 남자가 가족 5명을 살상한 혐의로 체포되었다는 뉴스를 대대적으로 보도했다. 외부와의 접촉에 두려움을 느끼고 피해온 결과가 끔찍한 사건의 단초가 되었음을 떠올리면 무섭기조차 하다. 사람과 사람과의 관계가 중요함을 느끼게 하는 사건이었다. 일본 전국에 방에 콕 틀어박혀 지내는 '방콕자'는 전국에 수십만 명이 있을 거라고 한다. '방콕 현상(히키코모리)'은 호리병 속 일본의 일그러진 일면이다.

속해 있던 그룹에서 벗어나 있으면서 인간관계의 어려움을 갖고 있는 사람들이 주로 '방콕 현상'을 보이게 된다. 방콕자 중에는 직장을 잃었거나 갖고 있지 않아 사회와 유대가 없는 사람들이 많다. 겉치레와 속내(속마음)를 상황에 따라 구별하여 쓰는 일본의 사회분위기상 어지간해서는 자신의 속마음을 드러내려 하지 않는다. 속내를 털어놓기 어렵다는 사회 분위기로 볼 때 방콕 현상을 개인 탓으로 돌릴 수만은 없다. 1990년대 초 거품경제가 꺼진 후 중고령 퇴직자가 늘어나면서 방콕자의 연령대도 40~60대 중년으로 높아졌다. 특히 직장을 갖고 있지 않은 중년 남성에게 방콕 현상이 잘 나타난다.

'방콕 현상'은 개방성 부족에서 비롯된다. 그룹의 내부중시 성향이 너무 강해지다 보면 해당 그룹에서 벗어나게 되는 사람은 자신의 설 자리가 없어지고 사람들과 동떨어져 있다는 느낌을 받으면서 심한 고립감을 느낀다. "마음의 문을 열고 다른 그룹을 찾아 활동하면 될 것이 아니냐"라고 반문할 수도 있다. 하지만 이미 짜여 있는 일본사회에서 다른 그룹에 새롭게 들어가기는 쉽지 않다. 설사 들어갔다 하더라도 새로운 곳에서 인간관계를 구축해가는 데는 어려움이 많다. 대부분의 그룹들이 내부중시의 일처리 경향이 강한지라 새 그룹에서 속내를 드러내는 데는 두려움이 크게 앞서기 때문이다.

개방적으로 자유로이 자신을 드러내며 활동하는 성향과 호리병 안에 들어가 안도감을 느끼며 살려는 성향과는 정서적으로 서로 합치하지 않는 면이 있다. 익숙하지도 않은 데서 속마음을 드러낸다는 것은 어딘지 모르게 어설픈 모습을 들키는 듯하고 부끄러워 선뜻 나서기 어렵다. 대개의 일본인은 자신이 앞장서 주도권을 잡겠다는 생각보다는 그냥 어느 정도 거리를 유지하면서 상황을 관찰하며 살아가는 쪽으로 가닥을 잡아간다. 누군가 자신한테 말을 걸어오는 때는 드물며, 자기가 나서 누군가에게 말을 거는 것도 몹시 망설여한다. 그러다가 혼자 고립되어 있는 듯한 잘못된 감각에 휩싸일 수도 있다. 그런 잘못된 감각이 심화되어 방에 틀어박혀 있는 경향이 강해지면 사람들 앞에 나서는 것은 점점 더 엄두가 나지 않아 방콕 현상이 가시화된다. 이것이 방콕 현상이란 긴 터널에 빠지는 메커니즘이다.

내부지향성이 강하다 함은 그룹 간의 벽을 넘은 개방적인 교류에 적극적이지 않음을 의미한다. 안으로 향하려는 일본이지만 흥미롭게도 한편으로는 국제화나 글로벌화라는 말을 동경(憧憬)하는 모순이 공존한다. 그 모순의 장막(veil) 뒤에는 그룹 간의 개방적인 교류에는 약하지만 개인적으로 고립을 원하지 않는다는 마음의 표현이 숨겨져 있다. 그러다보니 대개의 일본인들은 '국제화'라는 말에는 솔깃해하지만 '개방화'라는 말에는 멈칫해한다.

국제화는 개방을 전제로 한 것이지만, 일본에서 사용하는 국제화와 개방화가 내포하는 의미는 크게 다르다. 국제화라고 하면 '미지의 것을 경험하며 외국인과 사이좋게 지낸다'라는 뉘앙스가 강하지만, 개방화라고 하면 '자신의 것을 열어젖힌다'라는 인상이 강하다. 상호 간의 관계성을 중시하는 일본에서 국제화라는 말에서는 미지의 것에 대한 동경이라는 긍정적인 이미지가 풍겨온다. 이에 비해 개방화라는 말을 들으면, '어떻게 임해야 하나' 하고 머뭇거리며 뭉그적거린다. 사람들 앞에 나서기를 꺼려하는 일본인들을 향해 '개방하라'고 밀어붙이면 어쩌면 겁부터 먹게 될지도 모를 일이다.

횡적인 관계로의 외연 확대는 일본이 넘어야 할 중요한 과제이다. 주변과의 개방된 관계에 응하지 않고 폐쇄적인 공간에 자기 자신을 가둬두는 행위가 '방콕'이다. 자신의 본디 얼굴은 밝히지 않은 채 홀로 앉아 컴퓨터 속의 가상공간을 탐닉하는 행위도 일종의 방콕 현상이라 볼 수 있다. 일본인이 닫힌 공간에서 자기완결성을 추구의 배경에는 폐쇄적인 종적(縦的) 사회구조가 자리하고 있다. 나카네 치에(中根千枝)가 『종적 사회의 인간관계』에서 지적하듯이 일본은 위로부터 내려온 지침에 따라 행동하는 종적 사회구조에 익숙해져 있다. 사회구조는 금방 변하지 않기에 개개인의 주체적인 판단에 따른 횡적 교류로 넓혀가는 데는 많은 시간이 걸릴 것이다.

'새로운 사람을 만나 색다른 생각을 듣고 새로운 것을 경험할지 모른다'라는 '그저 마음에 담아둔 국제화'는 단순한 동경 차원의 짝사랑이 되기 쉽다. 개방화를 전제로 한 진정한 국제화는 횡적 교류를 앞당기는 데 크게 기여하게 된다. 모르는 사람에게 스스로 다가가려 하지 않으면서 그저 동경하는 데 그치는 정도의 국제화 경향을 보이는 곳이 일본이다. 단지 국제화라는 말이 주는 끌림에서 '멋있다'라는 추상적 수준의 인식보다는 서로 간의 인간관계에 기반을 둔 내실 있는 국제화가 요구된다.

참된 의미의 국제화는 경험하지 못했던 새로운 것을 경험하면서 서로 마음을 열고 자신을 키워가는 데 있다. 진정한 국제화가 진행되면 '방콕 현상'과 같은 사회문제 해결에도 도움이 된다. 서로 손을 내미는 작지만 위대한 관심이 인간관계에 신선한 자극이 되어 방콕 현상이라는 어둠의 터널로부터 벗어나게 하는 데 큰 힘으로 작용할 것이기 때문이다. 서로의 부족함을 메워가는 것이 국제화 추진의 본질이다.

【칼럼】 흑백의 구분논리와 회색의 상호관련

일본에서는 말보다는 어떤 느낌의 공유가 있으면서 서로 연결되어 있음을 소중히 여긴다. 3·11 대재해가 일어나자 매스컴들은 일제히, '유대[絆: 기즈나]를 소중히 하자', '당신은 혼자가 아니다', '우리는 서로 연결되어 있다', '함께 있다' 등의 구호를 연이어 내보냈다. 일본과 같이 '이어짐'을 전면에 내세우는 사회에서는 어떤 대상을 하나하나 구분하여 조목조목 논리적 접근으로 추궁하는 것은 낯선 방법이다. 논리적 접근방법이나 흑이냐 백이냐를 단정하려는 '흑백의 논리'보다는 회색의 연결로 풀어나가는 '상호관련'의 잣대가 일본에는 잘 들어맞는다.

상호관련 접근이 일본에서는 어울린다는 점을 간단히 예시해보자. A, B, C라는 개체(명제)가 있다고 하자. 서구적 논리의 세계는, 'A는 B다. B는 C다. 따라서 A는 C다'라는 논법을 선호한다. 이와 같이, A, B, C를 각각 독립적으로 구분하는 논리적 접근방식을 대개의 일본인들은 그리 내켜하지 않는다. 왜일까? 그 이유는 일본이 단절을 불안하게 느끼고 서로 간의 이어짐을 중시하기 때문이다.

일본은 위에서 언급한 논리적인 접근방법보다는, 'A는 B와 관련되어 있다. B는 C와 관련되어 있다. 그러니까 A, B, C는 모두 관련되어 있다'라는 '상호관련' 접근이 정서적으로 익숙하다. 이때 어떤 논리분석적인 사고를 갖은 사람이 이러한 상호관련 접근방법에 대해, '어떻게 관련되어 있는데?' 하고 물어올 수도 있을 것이다. 그렇게 묻는다면 그에 대한 대답은, '뭔지 확실히는 모르겠지만 어쨌든 서로 관련되어 있다'라는 애매한 답이 돌아올지도 모른다.

논리의 세계는 A, B, C를 하나의 개체로 구분하여 보는, '개체의 독립성'을 존중한다. 이에 비해 상호관련 접근에서는 딱 부러지는 이유를 들어 설명하기는 어렵다 하더라도 A와 B와 C 간의 '관련성'을 찾으려 한다. 각 개체가 서로 떨어져 있다고 보는 것이 아니라 서로 간에는 어떠한 관계가 있어 '연결되어 있다'는 데서 안도감을 얻으려 하기 때문이다.

상호 관련되어 있다는 연결성(공통분모)을 찾는 데 익숙한 일본인에게, '예스냐 노냐, 백이냐 흑이냐, 명확히 하라'고 다그쳐 그 답변을 요구했다고 하자. 일본인에게 단정을 강요하는 듯한 그와 같은 질문을 한다 하더라도, 대개는 '음, 글쎄요'라는 반응을 보이며 머뭇거린다. 그래도 답변을 요구하면 어떻게 대답해야 할지 난처해하며 어쩌면 그 자리를 피하려 할지도 모른다. '흑이냐 백이냐'를 강요하는 방법은 상호 단절이란 거리감이 느껴져 왠지 모를 불편한 기분이 들기 때문이다.

흑과 백 사이에는 회색이 있다. 흑과 백을 단절의 색으로 보는 것이 아니라 회색의 스펙트럼을 통해 상호관련의 연결로 보려고 한다. 회색은 먹구름이 짙게 끼면 흑이 되고, 말끔하게 엷어지면 백이 된다. 그럼에도 회색을 인정하려 하지 않고 흑인지 백인지의 대답을 요구받을 때 대다수의 일본인이 주저하는 것은 당연한 반응인지도 모른다. 흑백논리의 강한 요구에 눌려 일본인이 설사 답변을 했다 하더라도 그들에게는 어딘지 모르게 켕기는 마음이 남아 있다. 상호관련성을 찾으려는 아날로그식 사고방식으로 보면 툭 끊어지는 흑과 백의 극단적인 구별은 그들에게 익숙한 정서가 아니다.

　　주의해야 할 것은, 흑인지 백인지 확실하게 대답하는 것이 정확하고, 회색이라 답변하는 것은 애매하고 부정확하다고 보는 관점은 잘못되었다는 점이다. 흰색과 검은색을 섞어 놓은 색이 회색이다. 흑인지 백인지의 대답방식이라면, 흑 51%와 백 49%가 섞여 있는 경우는 흑이 되고, 흑 49%와 백 51%가 섞여 있는 경우는 백이 된다. 이것이 억지 춘향임은 명백하다고 할 것이다. 이때는 오히려 두 경우 모두 회색이라고 하는 답변이 잘 들어맞는 대답이고 좀 더 정확도가 높은 답변이 된다. 반면에 2%가 흑이고 98%가 백인 경우는 흰색으로, 2%가 백이고 98%가 흑인 경우는 검은색으로 대답하는 편이 이치에 맞는 대답일 것이다. 흑인지 백인지 회색인지는 정도의 문제다.

　　흑과 백을 딱 부러지게 구분하려는 논리의 세계는 0(단절)과 1(접속)이라는 단속의 2진수적 사고와 궁합이 잘 맞는다. 2진수의 세계는 이 세상에 존재하는 문자나 기호를 인위적 전기신호 단위인 바이트(byte)에 대응시키는 디지털적 속성을 갖는다. 일본은 디지털 세계보다는 '서로 연결되어 있다'는 아날로그 세계에 익숙하다. 즉, 일본은 연계·연속성이라는 아날로그 성향이 강한 반면, 미국은 이어짐과 끊어짐이 교차하는 단속성(斷續性)의 디지털 성향이 강하다.

일본인에게 다른 사람에 대한 평이나 또는 다른 사람의 일에 대한 비평을 부탁했을 때 한발 물러서며 대답을 주저하는 사람들이 많다. 그 이면에는 자신의 비평이나 논박이 상대방에게 상처를 줄지도 모른다는 염려의 마음이 담겨 있다. 일본에서는 정서적으로 말로는 표현하지 않아도 상대방의 생각을 읽어내는 '이심전심(以心傳心)'의 전달방법을 더욱 중시한다. 때와 장소에 따라서는 말보다는 침묵이나 느낌을 통한 의사전달이 핵심을 찌르고 그 깊이를 더하는 방법이 되기도 한다.

부처님이 설법하면서 대중에게 꽃을 들어 보였을 때 마하가섭(摩訶迦葉)만이 그 진의를 알고 미소를 머금었다는 '염화미소(拈華微笑)'의 이심전심의 세계는 말의 표현을 넘은 경지이다. 명상이나 요가에서도 말은 필요치 않다. 명상하기로 했는데 거기에 말이 개재되면 명상 자체가 이루어질 수 없다. 말의 차원을 넘어 마음의 안온을 얻으려고 하는 명상이나 요가에서는 입으로 담아내는 말은 오히려 방해가 된다. 일본 고전작품의 세계에서는 말로는 나타내기 어려운 여백의 멋, 정제되어 세련된 모습, 여운이 서리는 이미지로부터 심신의 평안이 느껴지도록 유도한다.

　서구의 영향력이 강한 현대사회에 들어서면서 어떤 사안을 다룰 때, '왜 그렇게 해야 하는지?' 혹은 '왜 그것이 필요한지?'라는 논리적인 설명을 요구하는 사회로 변해왔다. 흑이냐 백이냐의 이분법이 요구되어 정신없이 요동치는 사회, 침묵의 깊이를 느끼기 어려운 세상으로 변하면서 일본의 힘이 약화되는 인상이다.

작지만 위대한 관심

호리병 속 일본이라 함은 안으로 삭이는 일본인의 습성을 암시한다. 일본은 3·11 동일본 대재해의 아픔도 안으로 삭였다. 그 재해가 매뉴얼에 없는 사상 초유의 사태였기에 우왕좌왕이 있었다. 이제 더 이상 초유의 사태가 아니기에 그들은 새로이 매뉴얼을 마련하고 안전기준을 손질하고 있다.

일본인의 정서에는 흑백을 딱 부러지게 구분하는 단정적 접근은 잣대가 들어맞지 않으며 '회색의 상호관련 접근'이 적합하다. 흑과 백을 상호 단절로 보는 것이 아니라 회색을 통한 상호연결로 보는 접근이다. 회색이 말끔하게 엷어지면 백이 되고, 먹구름이 끼면 흑이 된다.

호리병 속 일본은 밖과 어우러지는 데는 서툴렀지만 장인(匠人: 職人)을 키우는 데는 적합했다. 주어진 자리에서 한 우물을 파는 태도가 중시되다보니 장인정신을 발휘하는 밑거름이 되었다. 한편으로 방에 콕 틀어박히는 '방콕 현상'은 호리병 속 일본의 일그러진 일면이다.

그저 마음에 담아둔 국제화는 동경 차원의 짝사랑이 되기 쉽다. 개방화를 전제로 한 진정한 의미의 국제화가 횡적 교류를 앞당기고 서로의 부족을 메워준다. 먼저 손을 내미는 작지만 위대한 관심이 서로에게 신선한 자극이며, 많은 이들의 심금을 울리게 한다.

7

나랏빚은 봉인가

【칼럼】 빚더미에 눌린 신음소리

사업하느라 빌리는 돈은 거래를 활발하게 하는 원동력이기도 하니, 돈 꾸고 돈대주기(차입과 대출)의 이점도 크다. 사업가나 개인은 자신이 나중에 갚아야 하는 강박감이 있기에 돈을 빌리는 데 무척 신중하다. 이들 민간인은 빚을 냈다가 여유가 생기면 금방 다시 갚곤 한다. 빚 지옥에 허덕이고 싶지 않기 때문이다. 빚 문제로 된통 당하고 나면 정신 차려 재기하기도 하지만 잘못하면 나락으로 떨어진다. 빚 때문에 많이 싸우고 의(義)도 상할 수 있기에, 아끼고 사랑하는 친구나 가족친지 간에 화목하게 지내고 싶으면 돈거래를 하지 말라고 한다.

정치나 정책당국이 내어 쓰는 나랏빚은 개인 빚과는 그 성격이 매우 다르다. 정치가가 방향타를 잡는 나랏빚은 잘 갚으려 하지 않고 계속 쌓이는 경향을 보인다. 빚을 얻어 쓴(국채를 발행하여 자금을 조달한) 정치가는 '내가 이런 공사를 했다. 내 업적이다'라고 생색을 내지만 빚 갚기는 뒷전이다. 나랏빚으로 혜택이 돌아가는 것도 대개는 이익단체나 정치와 유착한 기업인 경우가 많다. 중앙은행이 돈뭉치를 풀어대는 정책(양적 금융완화: QE)도 서민과는 동떨어져 부자들의 '돈 놓고 돈 먹기 게임(money game)'으로 흐르기 쉽다.

대개의 정권은 앞의 정권으로부터 물려받은 빚을 선뜻 갚으려 하지 않는다. 앞 정권의 뒤치다꺼리를 한다는 인상을 국민들에게 주기 싫을 뿐더러 빚을 갚는 데 허우적대다가 자기 정권이 이렇다 할 업적을 이루지 못할 거라는 조바심이 깔려 있기 때문이다. 이처럼 나랏빚(국가채무)은 당대의 정권이 책임을 지지 않고, 그 상환을 다음 정권으로 미룰 수 있기에 그 규모는 점차 부풀어가는 경향을 띤다. 미국과 일본을 비롯하여 대부분 선진국가들의 빚더미가 계속하여 증가해왔다는 것이 그 증거다(두 차례의 세계대전에서 나랏빚 문제로 된통 당한 독일만이 빚더미를 늘리지 않으려 안간힘을 쓰고 있다). 냉혹하게도 그리스는 2011년 재정파탄을 경험했고, 이탈리아, 스페인, 포르투갈 등 다른 EU 국가도 무거운 빚더미에 눌려 있다.

많은 정치가는 자신이 빚을 내어(국채를 발행하여) 실시하는 정책은 경기를 살리는 효과가 클 테니 후에 늘어나는 세수입으로 빚을 갚으면 될 거라 말한다. 이른바 '밀물(rising tide) 효과론'이다. 유감스럽게도 비상시도 아닌데 빚을 내 쓴 선진국의 정책은 대부분 실패했다.

경제성장도 일단락되었고, 다리나 도로, 항구건설 등 사회간접자본 투자는 거의 이루어져 있어 마땅히 쓸 데(투자처)를 찾기도 어려워 대개는 생산성이 낮은 선심성 지출로 소진되어버리기 때문이다.

빌려 쓰는 데는 과감하고 갚는 데는 인색한 것이 국가채무의 속성이다. 그 이면에는 빚을 갚기보다는 금방 생색이 나는 다른 곳에 쓰려고 하는 정치인의 생리가 있다. 현 정권은 자신이 빚을 내어 쓴다(국채를 발행한다) 해도 갚는 것(발행국채의 상환)은 한참(예컨대 10년) 후가 된다. 이처럼 빚내기와 빚 갚기가 괴리되어 있어 현 정권은 빚을 늘려놓고(잘했다는 정권조차도 빚을 줄이지는 못하고) 다음 정권으로 떠넘기려 한다. 상환 시기(만기)가 돌아와 갚아야 하는 헌 빚 문서는 새 빚 문서로 바꾸어 새로이 연장하는 경우가 많다. 새 빚내어 헌 빚을 갚는 차환(借換)이다. 빚을 내어 쓸 때는 열심이다가 갚는 것은 뒷전으로 미루게 되니 나랏빚이 '확대 재생산'된다.

미국도 훗날에 갚아야 할 빚 문제가 불거져 나왔고 2011년에는 빚 증서(장기국채) 등급이 내려갔다고 어수선했다. 미국은 앞으로도 나랏빚 문제로 고민에 빠질 것이다. 일본은 또 빚 무게가 무겁기로는 선진국 중에서 단연 일등이다. 지금대로 흘러간다면 멀지 않은 시기에 재정파탄의 문제가 붉어질지도 모르겠다. 일본과 같이 나랏빚이 너무 많을 때는 '내 정권 동안에는 파탄나지 않겠지' 하며 빌려 쓰는 데 익숙해져 버린다. 자신이 늘린 나랏빚은 '불가피했다'고 정당화하면서 국민(특히 장래 세대)에게 죄스럽다는 감각도 무뎌진다.

'공짜라면 양잿물도 마신다'지만 그렇게 들이킨 양잿물은 심각한 후유증을 가져온다. 일본의 나랏빚이 천문학적으로 늘어나기 시작한 것은 1990년대 초 거품경제 붕괴 이후의 일이다. 침체된 경제를 부양한다는 명목으로 국채를 남발했지만, 나랏빚만 계속 증가하여 1,100조 엔 초과(한국 돈으로 치면 2013년 시점에서 무려 1경 2,000조 원!)라는 일반인에게는 숫자 실감이 없는 규모로 부풀었다. 빚이 방대하게 팽창한 배경에는 저출산·고령화의 진행으로 인한 사회보장지출이 늘어난 요인이 있었지만, 비효율적 공공투자라는 정책실패에 따른 손실 요인도 막대했다.

서민의 빚은 무덤까지 따라오나 나랏빚은 다르다. 빚을 내어 수행한 공공사업의 평판이 좋으면 '내가 했다'고 자랑하고, 안 좋으면 '내 정권 때는 괜찮았다'고 도망칠 수 있기 때문이다. 그러니 철부지 정치가들에게 나랏빚만큼 좋은 먹잇감은 없다. 일본의 정치인과 관료에게도 나랏빚은 봉이었다. 본래의 목적이라면 빚내기(국채발행) 정책은 사회를 행복하게 해야 하는데, 불어난 빚이 오히려 발목을 잡고 있다. 그리스처럼 이미 파탄 났던 나라도 있고, 다른 많은 유럽국가의 국채는 신용이 흔들리고 있다. 일본에서도 나랏빚 무게가 국민의 어깨를 무겁게 짓눌러 답답함이 더해가고 있다. 세계 곳곳에서 빚더미에 눌려 허덕이는 신음소리가 들려오는 듯하다.

정치인과 관료를 향해 이렇게 돌을 던지는 나 또한 정치와 무관하지 않다. 결국 우리들의 이기심에서 비롯된 게 빚 문제다. 빚더미를 짊어질 후세대를 염려했다면 함부로 해서는 안 될 일이었다. '어이구, 그놈의 빚이 웬수지!' 하던 우리네 역정은 진리였다. 역정의 해결은 서로를 소중히 여기는 이타심이다.

나랏빚이 늘어나는 까닭

전쟁의 폐허를 딛고 일어나서 고도 경제성장을 달성하는 데 일본의 관료와 정치인의 역할은 컸다. 자부해도 좋을 것이다. 특히 1973년 석유위기 이전의 고도 성장기에는 우수한 관료들과 이에 호흡을 맞춘 정치인들의 노력이 빛을 발했다. 불행인지 다행인지 일본이 가장 들떠 있었을 때가 1980년대 말의 거품경제 시기였다. 본디 모습(fundamentals)보다 부풀어 늘어난 부분이 거품이다. 1989년 한때의 주가지수는 3만 8,000에 육박했다. 부동산값도 천정부지로 치솟았다. 세계 각국이 일본을 배우자며 찾아오던 때가 1980년대 말이었다.

거품은 언젠가 터지게 마련이지만, 나랏빚을 부풀리고 경제를 어렵게 한 장본인은 거품이 꺼지고 난 다음의 빚내기(국채발행) 정책이었다. 정부정책의 실패가 빚더미(누적국채잔액)를 부풀리는 데 한몫을 한 것이다. 일본은 1980년대 말 거품경제에 취해 세계화의 진전이나 정보기술(IT) 산업 시대의 도래에 대비한 산업구조개혁에 손을 대지 못했다. 구조개혁의 필요성을 역설하는 목소리는 있었으나 허공에 묻혀버렸다. 예컨대 세계화에 대비한 금융산업 재편과 같은 구조개혁이 크게 늦어졌다. 대신에 1990년대 초 거품이 꺼진 후에는 빚을 내어서라도 종합경제대책이라든가 긴급경제정책으로 경기침체를 막아야 한다며 엄청난 돈을 쏟아 부었고 세금도 많이 깎아주었다. 허무하게도 나랏빚만 늘어나고 경기는 회복되지 않았다.

고도 성장기 일본 경제정책을 성공시켜왔다는 자부심도 있어, 일본의 정치인과 관료는 정부가 그저 돈을 풀면 경기가 살아날 거라는 고정관념에 사로잡혀 있었다. 고정관념에 찬 돈 풀기 정책은 지출의 낭비(비효율성)를 가져왔을 뿐만 아니라 민간경제에 오히려 걸림돌로 작용했다. 일본정부는 경기활성화와 실업자 구제를 명목으로 그리 사용빈도가 없는 낭비성 시설(예컨대, 국제회의장, 전시실, 작업체험장 등)을 빚을 내어 공사했다. 차량통행도 거의 없는 시골에 도로도 많이 냈고, 필요성이 의심되는 댐을 여기저기 건설하기도 했다. 출신 지역 선거구에서의 당선이나 재당선을 위해 도태가 눈에 보이는 산업 구제에 많은 돈을 대어주기도 했다. 대부분이 빚을 내어 마련한 돈이었다.

낭비성 시설 건설이든 도태성 산업 지원이든 당장에는 경제효과가 있는 것처럼 보인다. 지출 당시는 사업자의 매출이나 노동자의 소득증가를 가져오기 때문이다. 문제는 그 효과가 장기에 걸쳐 나타나는 것이 아닐 뿐더러 막대한 유지비라는 후유증을 남긴다는 점이다. 잘못된 재정지출이나 산업지원에 돈이 들어가다 보니 새로운 도전에 대비한 교육이나 연구개발 투자가 소홀해졌다. 천정부지로 늘어난 빚더미에 일본 열도가 짓눌려 이러지도 저러지도 못하는 진퇴양난에 빠져 있다. 그 빚더미는 나중에 장래 세대가 세금부담으로 갚아야 한다.

나랏빚이 늘어났다 하여 특정 정치가를 탓하기도 어렵다. 또 탓한다고 하여 나랏빚이 줄어드는 것도 아니기에 빚 문제 해결은 난처함을 더해간다. 나랏빚을 비판하던 정치가도 정작 자신이 결정권자가 되었을 때는 빚을 더 늘려놓고 하차하기 일쑤였다. 많은 정권을 거치면서 몇 십 년 동안 쌓여온 빚더미이기에 특정 정치가를 탓할 수도 없고 누군가를 지정하여 책임을 물을 수도 없다. '거대한 무책임' 구조가 나랏빚 줄이기를 어렵게 한다. 무거운 빚더미에 눌려 지낼 젊은 세대의 비명이 들리는 듯하다.

빚 재정을 키워놓은 데는 경제학자들도 한몫했다. 거시경제학의 한 축을 이루는 케인스 경제학에서는 '불황 때는 빚을 내(국채를 발행하여) 재정지출을 늘리고, 그래서 경기가 좋아지면 빚을 갚으면 된다'라는 이론이 자리 잡고 있다. 불행히도 그 정책기조에는 정치가의 이기심을 제어하는 장치가 들어 있지 않았다. 불황 때는 빚을 내 경기회복을 해야 한다고 주장하지만, 호황 때는 자기 업적을 드러내려는 정치의 속성상 빚 줄이기를 꺼려한다. 빚내어 쓸 때는 적극적이고 갚을 때는 소극적이 되는 '빚내기와 빚 갚기의 비대칭성'이 나랏빚을 불어나게 한 주범이다.

일본인에게는 국가가 발행하는 국채는 안심하고 보유할 수 있다는 심리가 뿌리깊이 박혀 있다. 예컨대 2012년 금값이 오르자 일본인들은 여행에 보태 쓴다고 금을 내다 팔았지만 국채값이 내릴 거라 염려하여, 갖고 있는 국채를 팔아버리지는 않았다. 일본 국민이 지불한 연금보험료나 은

행 예금이 일본 국채를 떠받치고 있어 국채가격은 안정되어 있다. 외국인의 일본국채 보유는 10%에도 미치지 않는다(예, 2013년 8.4%). 그러나 유단은 금물이다. 2013년 제시된 아베노믹스가 빚더미를 줄이는 데 실패하면 수년 뒤 일본국채 가격 하락의 신호가 나타날지도 모를 일이다.

곧잘 예를 드는 것이 일본은 민간금융자산(1,500조 엔)이 국채잔액(1,100조 엔)보다 많아 국내 소화가 가능하므로 괜찮다는 설명이다. 일리 있다. 문제의 심각성은 민간자산은 불어나지 않고 국채잔액이 매년 몇십조 엔씩 계속 늘어난다는 데 있다(예컨대 2012년도는 31조 엔 순증가). 이대로라면 멀지않은 장래(아마도 십 수 년 뒤)에는 국가 빚더미가 민간 순자산규모보다 커질 것이다. 그때가 임박해지면 일본의 국가재정 파탄 얘기가 급부상하고 기업과 가계는 비명을 지를 것이다. 국가가 심한 재정파탄 곤경에 처하면 정신 차리고 제자리로 돌아오기도 하지만 여차하면 나락에 빠진다. 대비해야 할 시간은 많지 않다. 한국도 노무현 및 이명박 정권 때 나랏빚이 크게 늘어났다.

【칼럼】 재정파탄은 세계의 골칫거리

'가랑비에 옷 젖는다'라고 하듯이 매년 빚더미를 쌓아가다 보면 자신도 모르게 '빚 지옥'에 빠진다. 언젠가 신용불량이라는 딱지가 붙고 그 뒤탈로 큰 코를 다쳐 옴짝달싹 못하게 된다. 유구한 고대 선진문명의 역사를 자랑하는 그리스가 빚더미에 눌려 2010년대 초 재정이 파탄 났다. 그리스라 하면, 정서를 풍부하게 해주는 신화의 나라, 건강한 몸을 연마해주는 올림픽의 발상지가 아닌가. 그런 그리스가 만신창이가 되었다.

목가적 이미지가 떠오르는 유럽 대륙이지만 전쟁도 많았던 땅이다. 1993년 출범한 유럽연합(EU)의 기원은 제2차 세계대전 후 다시는 유럽에서 전쟁을 하지 말자는 반성에서 비롯되었다. 국경을 뛰어넘어 작은 나라의 의견에도 귀 기울이며 합의 형성으로 일을 처리해가자고 약속했다. 몇 십 년에 걸친 EU의 평화정착을 위한 노력은 높이 평가되어, 2012년 10월에는 노벨평화상도 받았다. 평화유지를 위한 약속은 좋았으나 2010년을 전후하여 그리스 재정위기 문제로 삐걱거렸다. 유로경제권(Euro zone)의 느림보적 이해관계 조정은 정신없이 변하는 시장경쟁 속도에 대응하지 못하고 있었다.

처음에 11개국 형제들이 같은 유로(€)를 쓰자며 유로통화권을 탄생시킨 것이 1999년 1월이다. 성격도 많이 다르고 주머니 사정(소득수준)도 퍽이나 달랐지만 그 후로 형제 수가 늘어 17형제로 불어났다(2013년). 유로통화권을 시작할 당시에는 우애가 좋아 어느 형제국이 곤란에 빠지면 다른 형제국 모두가 동의(의회승인)하여 도와주자고 약속했다. 한데 막상 그리스가 돈줄이 막혔다며(나랏빚 갚기가 어렵다며) 도와달라고 손을 내밀자 형제들 사이가 틀어졌다. 맏형인 독일의 메르켈 총리가 마지못해 도와주겠다고 했지만 그 가솔(국민)들 3분의

2(67%)가 반대했다.

그리스의 도와달라는 요청에 그러지 못하겠다고 버틴 막내 슬로바키아의 꼬장꼬장함은 대단했다. 이 막내는 맏형 독일 소득(GDP) 규모의 30분의 1에도 미치지 못하는 작은 나라다. 막내 왈, "그리스 형님은 1년에 2만 7,000달러(1인당 국내총생산)나 벌지만 우리는 그것의 3분의 1밖에 벌지 못하는 가난뱅이라오. 가난뱅이가 왜 부자 형님 빚을 갚느라 돈을 내야 하느냐 말이오. 그럴 수 없소" 하며 거부했다. 틀린 말은 아니었지만 각국은 재정파탄의 악영향을 더 우려했다. 전 세계가 앙증맞은 막내 슬로바키아에게 으름장을 놓았고, 노려보는 눈이 있어 결국 막내도 그리스 구제에 동의했다.

자본시장은 유로권 집안싸움이 잦아들길 기다려줄 정도로 인자하지 않았다. 위험스러운 빚 문서(국채)를 사지도 않았을 뿐더러 갖고 있던 것마저 팔아버렸다. 그리스의 빚 문서는 헐값이 되었고 이자율은 치솟았다. 그리스 장기(10년 만기) 국채 이자율은 2012년 3월 37%에 달해 사채(私債)이자 수준으로 오르기도 했다. 그동안 그리스 빚 문서를 많이 샀던 은행 데크시아(Dexia: 벨기에 및 프랑스 자본)는 일거에 시장의 신용을 잃어 파산했다. 2008년 리먼 쇼크로 호되게 당한 미국, 일본 등도 불똥이 튈 것을 우려해 집안싸움을 끝낼 것을 종용했다.

그리스 재정파탄으로 인한 불똥 경로의 차단을 위해 2010년에는 유럽금융안정화기금(EFSF)으로 도와주었고 2012년 10월 유로권 17개국이 돈을 모아(출자하여) 유럽안정기구(ESM)라는 구제기금을 발족시켰다(말미의 영문약자 용어설명 참조). 이 구제기금은 그리스 구제 만이 아니라 돈에 쪼들리는(재정이 불안한) 아일랜드 등의 유로권 형 제들에게 융자해주고, 경영 악화된 은행에도 돈을 대주고 있다. 그래 도 불안했던 국제통화금융위원회(IMFC)는 유럽안정을 위한 대책으로 은행동맹 및 재정통합의 실시를 주문했다[IMFC는 국제통화기금(IMF) 의 주요국이 참가하는 회의다]. 자금사정이 어려울 때 혼자 내버려두지 말고 서로 도와주라는 얘기다.

유럽중앙은행(ECB)과 국제통화기금이라는 두 기관도 재정금융위 기 대처를 위해 대기하는 쌍두마차다. 이들 기관은 '재정불안 → 금융 불안 → 경기침체'의 연쇄 3중고를 막기 위한 방패이나 불안의 불씨는 여전히 가시지 않고 있다. 그리스 이외의 다른 국가들(이탈리아, 스페 인, 포르투갈, 아일랜드)도 무거운 빚더미에 억눌려 있다. 아이러니하 게도 2013년 아베 신조 정권의 경제정책(아베노믹스)이 유럽 채무불 안을 완화하는 데 일조했다. 일본의 대담한 돈 풀기(금융완화)로 남아 돈 여유자금이 유럽으로 흘러가 불안했던 유럽국가의 국채매입을 떠 받쳤기 때문이다.

재정파탄이 되면, 소비세 인상, 공무원 수와 봉급삭감, 문화활동에 대한 지원 삭감, 의료서비스의 질 저하, 의료비 부담 증가, 연금과 같 은 사회보장 혜택감소 등 생활에 지장을 주는 일들이 속속 고개를 내 밀게 된다. 재정파탄이 난 후, 그리스 청년(15~24세)의 무려 절반 정 도가 실업자 신세로 전락했다. 생활고에서 벗어나려는 몸부림으로 약

물중독자가 늘어나기도 했다. 금융자금이 산업경쟁력 제고로 이어지지 못하면 재정위기는 재연할지도 모른다. 빚 갚기(재정재건)를 위해서는 증세와 세출삭감이 요구되는데, 국내 산업의 경쟁력이 없다는 것이 그리스 재정재건을 더욱 어렵게 했다.

그리스 재정위기는 유럽경제는 물론 세계경제에까지 비화되어 불안이 확산되었다. 재정이 파탄나면 밑 빠진 독에 물 붓기 식으로 엄청난 원조액을 필요로 하며 그 또한 빚이다. 역시 빚 구렁텅이는 지옥이다. 한 번 발을 헛디디면 빠져나오기 어렵다. 그리스의 예에서 보듯이 재정파탄은 해당 국가의 고통뿐만 아니라 다른 국가한테도 골칫덩어리다. '이웃도 잘되고 나도 잘되어야 할 텐데', 좀처럼 바라는 대로 되지 않는 게 세상사이다.

동상이몽의 세계무대

1990년대 말은 미국의 영향력이 강했던 시기인 동시에 중국을 위시한 아시아 시장이 괄목할 정도로 발전하고 커져간 시기다. 유럽이 미국이나 아시아에 대응하려 1999년 하나의 경제축을 형성한 것이 유로경제권이다. 출발은 좋았으나 형제국의 경제규모나 소득수준이 다르고 냉전시대 슬로바키아를 비롯한 구소련의 위성국가들도 포함되면서 이질성도 커졌다. 이질성이 큰 나라들을 하나로 묶었다는 배경도 있어 유로권 국가

간의 이해 조정에 많은 시간이 걸렸고, 발 빠른 시장경제에 대한 대응속도는 너무 느렸다. 그만큼 유로권 결속의 어려움을 말해주고 있다.

예전 같았으면 미국이 유로권 경제위기에 깊이 관여하여 '감 놔라 대추 놔라' 간섭하며 교통정리를 한다고 나섰겠지만, 재정상황이 정상이 아니다보니 그럴 여력도 없어졌다. 미국은 2013년 초 '재정절벽(fiscal cliff: 급격한 지출삭감과 감세종료)'이라는 과제를 어찌어찌 극복했지만, 향후도 계속 '재정절벽'에 서게 될 것이다. ≪뉴욕타임스≫는 심각해지는 미국의 재정사태를 풍자해 '미국의 일본화 현상'이라 지적하기도 했다. 증세와 세출삭감 등 고통을 수반하는 결단은 뒷전으로 미루고, 당리당략과 자기보신을 우선하는 것이 일본의 정치와 닮아왔음을 풍자한 말이다.

미국의 나랏빚 규모가 늘어나기는 했지만, 미일 양국의 가계 부문의 행동은 달랐다. 일본의 가계는 기본적으로 빚을 극력 꺼려하지만, 미국의 가계는 부동산을 담보로 빚을 내어, 그 돈으로 여기저기 소비지출을 늘렸다. 미국정부와 금융기관은 '소비가 미덕'이라며 가계의 소비를 부채질했다. 미국민들의 가계에 대출한 원금을 추적하면 상당한 비율이 일본과 중국을 비롯한 세계 각국에서 미국으로 환류된 자금이다.

미국 국채나 금융상품의 상당부분을 중국과 일본을 비롯한 다른 세계 각국이 보유하여 미국 경제를 받치고 있다. 다른 나라의 돈으로 신나게 소비를 하다가 당한 것이 2008년 리먼 쇼크다. 미국에 대해 좋지 않은 감정을 가진 러시아의 푸틴 대통령은 '미국은 세계의 기생충'이라며 비난했다. 러시아가 미국에 그런 말을 할 여지가 있는지는 모르겠다. 어쨌든 미국이 다른 나라의 돈을 많이 빨아들이고 있는 것은 엄연한 사실이다.

유로경제권의 맏형 독일도 1999년 유로통화권 발족 후 10여 년 동안은 유럽 형제국들 간의 무역이 무엇보다 중요했지만 이제는 중국과의 무역규모가 더 커졌다. 그만큼 유로권 형제들을 챙기려는 열의도 식었다. 2008년의 리먼 쇼크를 계기로 주요 7개국 모임인 G7만으로는 세계경제 위기에 대한 해결책 제시가 불충분하다는 인식이 확산되었다. 그리하여 G7보다 영향력이 강해진 것이 주요 20개국 모임인 G20이다. G7에서 G20으로 덩치가 커진 반면 구성국가들의 견해 차이도 벌어져 대응속도가 둔해졌다. 세계에서 절대강자가 사라져가는 느낌이다.

리먼 쇼크의 후유증으로부터 벗어나기도 전에 덮쳐온 것이 그리스 재정위기다. BRICS(브라질, 러시아, 인도, 중국, 남아프리카공화국)와 같은 신흥발전국가들도 유럽 국가들에게 그리스 문제를 얼른 해결하라고 불만을 토로했다[2011년 4월부터 BRICs(4개국)에 남아프리카공화국(South Africa)이 더해져 BRICS(5개국)가 되었다]. 그렇다고 BRICS 국가들이 유럽 지원을 하겠다고 나서는 것도 격에 맞지 않는다. 이들 맘모스 국가는 빈곤격차 문제도 심각하며 무엇보다 자신들보다 훨씬 소득수준이 높은 국가를 도와야한다는 것은 순서가 거꾸로 된 듯하여 설득력이 부족하다.

정보기술(IT)의 발전과 함께 자본시장에서 자금이동 속도는 순식간에일어난다. 그리스 국채가 위험해지자 덩달아 이탈리아 국채값도 내려갔다. 유로경제권 셋째 형(둘째 형은 프랑스)인 이탈리아는 빚이 많을 뿐더러그리스 경제규모의 7배 정도나 된다. 그 외 형제국가들인 스페인, 포르투갈, 아일랜드, 벨기에 등의 나라살림에도 빚이 많다. 유로권 전체의 2.5%에 지나지 않는 그리스의 재정파탄 영향이 이들 국가에 파급되어 문제를 더욱 어렵게 했다. 꼬리가 몸통을 흔들어댄 형국이었다.

유로경제권을 안정적으로 이끌기 위해서는 국제통화기금(IMF)과 같이 인재도 갖추어져 있고 자금여력도 있는 강한 조직을 갖추어 민첩하게 대응할 필요가 있다. 자금지원을 받는 국가로서도 산업기반을 강화시키기 위한 자조노력이 전제되어야 재정파탄으로부터 벗어날 수 있다. IMF와 같이 권한이 강한 조직이 자금지원을 받는 국가와 힘을 합쳐 재정 및 금융안정화 계획을 실현해가며 위기를 극복할 수 있는 체제구축이다. 도쿄(東京)대학의 이토 다카토시(伊藤隆敏) 교수도 "유로권에서도 스스로의 판단으로 자금을 지원하고 시장 불안정성 확대 방지를 위한 강한 조직이 요구된다"고 지적한다.

유로권을 통괄하는 은행감독기관을 발족시키고, 유럽안정기구(ESM)가 은행에 직접 자본을 투입(지원)하는 체제가 갖추어지면 유럽위기 대응 체제도 튼튼해진다. 현실적인 어려움은 유로경제권 국가들이 어떻게 합의형성을 하여 불안정성 확대방지를 위한 강한 조직을 만들어갈 것인가이다. 유럽 국가들은 외부간섭을 싫어하는 경향이 무척 강하다. 그러다 보니 IMF와 같은 강한 조직 만들기를 용인하려 하지 않는다. 합의형성이 어려우니만큼 경제안정화를 향한 길도 전도다난하다. 그리스 재정파탄에 대응하는 것도 가시밭길이었다.

고정관념의 탈피

    나랏빚의 경우 빚을 내어 쓴 정권과 빚 갚기를 하는 정권이 다르기 때문에 그 책임주체가 애매하다. 정치가는 빚으로 조달한 재원을 생색내는 데 쓰고 싶어 하면서도 빚 갚기는 뒷전이다. 빚 갚기를 다음 정권으로 미룰 수 있기 때문이다.

    빚내어 쓸 때는 적극적이고 갚을 때는 소극적이 되는 '빚내기와 빚 갚기의 비대칭성'이 나랏빚(재정적자) 증대의 주요인이다. 대부분의 선진국이 빚더미 국가라는 것이 이를 뒷받침한다. 일본에서는 낭비성 시설의 건설이나 도태산업의 지원에 엄청난 나랏빚이 투입되었다. 이른바 선심성 정책이다.

    일본의 정치인과 관료에게 나랏빚은 봉이었다. 빚더미를 짊어질 후세대를 염려했다면 과도한 빚내기는 해서는 안 될 일이었다. 빚더미에 허덕이며 '빚이 웬수'라는 한탄이 머지않아 현실화될 듯하다. 그리스의 예에서 보듯이 재정파탄은 자국만이 아니라 다른 나라에게도 골칫거리다.

    고도 성장기에 성공했다는 고정관념에 찬 돈 풀기 정책은, 안정(저) 성장기에는 오히려 낭비(비효율성)를 가져왔고 민간경제에 걸림돌로 작용했다. 경제구조가 변했는데도 예전 방식을 고집했기 때문이다. 민간(개인이나 기업)이든 정부든 고정관념의 탈피가 발전을 가져다준다.

8

농촌신랑의 죽음과 일본의 민주주의

【칼럼】 원전만 없었더라면 ……

2011년 3월 11일 동일본 대재해 때 도쿄전력 후쿠시마 제1원자력발전소는 방사능 누출사고를 일으켰다. 사고 발생 3개월 후인 6월 10일 오후 1시 30분 소마(相馬)라는 농촌에서 당시 54세의 낙농가 스가노 시게키요(菅野重清)가 스스로 목숨을 끊었다. 공기 중으로 확산된 방사능이 목초를 오염시켰고 그 풀을 먹은 젖소의 우유에서 방사능이 검출되었기 때문이다.

소마시(市)는 방사능 누출사고를 낸 후쿠시마 제1원자력발전소의 30km권역 밖이었다. 농촌신랑은 필리핀 아가씨 바넷사와 결혼하여 자식을 둘 두었다. 새로이 융자를 받아 축사도 다시 짓고 젖소 치는 일을 낙으로 이제 '휴~' 하며 평온하게 살아가던 때였다. 그런 때 방사능이란 눈에 보이지 않는 비수가 그의 심장에 꽂혔다. 방사능 누출 사고가 발생하자 그의 아내는 필리핀 정부의 귀국권유를 받아들여 아이 둘을 데리고 일시귀국했다.

가족과 떨어져 있다는 외로움과 경제적인 어려움, 그로 인한 심신의 피로는 농부의 기력을 피폐시켰고 방사능이란 재앙은 마침내 그를 죽음으로 몰고 갔다. 그가 할 수 있었던 극한의 저항은 퇴비 곳간의 합판에 쓴 '원전만 없었더라면 ……'이란 절규 섞인 유서를 남기고 떠난 자살이었다. 방사능을 흩뿌린 도쿄전력이 그를 자살로 밀어버렸고 국가는 그의 자살에 싸늘했다. 세상도 농촌신랑의 죽음에 냉담했다. 3·11 동일본 대재해가 일어나자 '모두 함께!', '당신은 혼자가 아니다!', '유대를 소중히' 등의 문구가 TV화면을 도배했다. 그런 문구만으로는 농촌신랑의 파인 상처를 어루만질 수는 없었다.

대재해 당시 원자력안전보안원이나 그 상위관청인 경제산업성도 도쿄전력을 제어하지 못했다. 도쿄전력이나 그 관련 단체는 퇴임관료 낙하산 인사의 착지점이었기 때문이다. '고양이한테 생선을 감시하라'고 맡긴 격이었다. 사회적 악영향을 끼친 기업을 제재하는 일은 국가나 자치단체가 해야 할 중요한 역할이다. 방사능 누출사고는 사회적 악영향의 전형적인 사고이다. 그럼에도 재난극복을 위해 리더십을 발휘해야 할 국가지도자조차 도쿄전력의 무성의한 사고대응을 저지하지 못했다. 공룡화된 거대기업에 통치권력의 힘이 오히려 밀리는 듯했다.

세계에서 유일하게 원자폭탄을 맞은 일본이었지만, 원전이라는 빠르고 강력한 에너지원의 유혹을 뿌리치지 못했다. 원전 방사능 누출 사고 발생 이전까지 전국 곳곳에 원자력발전소를 건설해왔다. 원자력발전소 추진에 가속도(관성)가 붙고 그 건설과 가동에 탄력이 붙어 있었다. '원전은 안전하다!'는 원전 추진파들의 주장에 원전 사고에 대한 경계와 우려의 목소리는 매몰되어버렸고 점차 힘을 잃어갔다. 도쿄전력은 고정관념이 박힌 안전기준을 상정해놓았다가 정작 방사능 누출사고가 발생하자 '상정 외였다'는 궁색한 변명으로 일관했다.

후쿠시마 원전 방사능 누출로 스가노 씨 가족의 평온한 일상에 암운이 드리워졌다. 아이들과 함께 오르던 산에서는 산나물을 캘 수 없었고 빚을 갚기 위해 팔아야 했던 퇴비도 판매길이 막혀버렸으며 우유는 출하정지되었다. '어찌하면 좋단 말인가' 나오는 건 한숨뿐이었다. 도쿄전력은 스가노의 자살도 '상정 외'였던가. 진절머리가 난 '상정 외'라는 도쿄전력의 변명에 지쳐 그는 끝내, '일할 기력도 잃었습니다', '아무것도 할 수 없는 아빠였습니다', '돌아가신 부모님께도 면목이 없습니다', '죄송합니다'란 말을 유서로 남겼는지도 모른다. 필리핀에서 일본으로 돌아온 그의 부인 바넷사는 '사는 게 힘들다. 하지만 아이들을 위해 싸우겠다'고 울분을 토하며 도쿄전력을 상대로 손해배상소송을 일으켰다.

'원전만 없었더라면', 동일본 대재해의 피해복구에 세계 모든 이들이 경이의 눈길을 보내고 있었을 것이다. '원전사고가 있었기에', 일본의 안전신화는 무너졌고 세계인이 일본을 경계하며 피했고 많은 유학생과 기업이 일본을 떠나버렸다. '원전사고가 있었기에', 몇 만 명의 주민은 고향에 돌아가고 싶어도 돌아갈 수 없는 떠돌이가 되어 객지를 전전해야 했다.

정부나 도쿄전력은 원전사고 피해자들에게 얼마간의 금전적 보상을 할지 모른다. 금전의 보상이 고향이 주는 정감(情感)까지 대신할 수는 없다. 형언할 수 없는 심신의 피로나 괴로움을 몇 푼의 돈으로 바꿀 수는 없다. 헤아릴 수 없는 불안과 상실의 무게를 너무도 가볍게 저울로 다는 것이 원전 신봉자들의 맹점이다. 자본주의의 대표학문인 경제학도 돈으로 나타내지 못하는 심신의 피로나 기력의 쇠진으로 인한 괴로움을 담아내지 못하긴 마찬가지다.

'원전사고만 없었더라면' 얼마나 많은 사람들의 마음을 편하게 했을까? '원전사고만 없었더라면' 소박한 꿈을 키우며 살아보고자 했던 농촌신랑도 지금쯤 겸연쩍게 웃으며 소젖을 짜고 있었을 텐데 ……. 농촌신랑도 어엿한 '민초(民草)'인데 그 죽음의 의미가 전달되지 못하는 듯하다. 민초가 주인인 '민주(民主)'가 아니라 기업이 주인인 '업주(業主)', 관(官)이 주인인 '관주(官主)'인 듯한 느낌이다. 씁쓸한 기분이다.

일본의 민주주의와 사상적 전통

세계인들이 관광으로 도쿄에 오면 자국에 있는 것과 공통적인 어떤 것을 발견하곤 한다. 그만큼 도쿄에는 다양한 국가나 지역으로부터 받아들인 것들이 많이 있다. 눈에 보이는 물리적인 것이 아니라도 민주주의를 포함한 정치체제나 종교 등 거리에서는 찾을 수 없는 무형의 제도도 많이 받아들였다. 여기서는 마루야마 마사오(丸山眞男)의『일본의 사상』을 참조해가면서 일본이 외국문화를 어떤 식으로 접해왔는지 보기로 한다.

일본은 '민주주의'를 서구에서 받아들이면서 '국민에 의한 통치'라는 본래의 깊은 의미를 곱씹어볼 기회가 없었다. 응분의 대가를 치루고 쟁취한 민주주의가 아니기 때문에 주인(主人)이어야 할 민초 한 사람 한 사람의 존엄함을 말하려 하지 않는다. 그보다는 개개의 '민초'가 '일본이라는 전체' 속에 녹아 있다. 일본은 개인의 존엄이라는 이념에 기초한 논리적인 전개보다는 실생활의 상호관련 영역에 머무른다.

마루야마의 표현을 빌린다면, 어쩌면 '논리적인 위치관계가 판연하지 않은 애매함'에 일본의 사물을 보는 관점이나 받아들이는 방법이 응축되어 있는지도 모른다. 민주주의에 대한 인식의 정도도 같은 맥락이다. 일본인은 외부의 것에 대해 처음엔 호기심이 강하지만 그것을 깊이 천착하여 파악하려 하기보다는, 금세 '아 그런가'라는 태도를 취한다. 마루야마는 이를 '과민성과 불감증의 역설적 결합'이라 표현한다.

다음 인용문과 같이 일본은 '민주주의'라는 것에 바로 반응하는 과민성을 보였지만, 그와 동시에 민주주의의 근본가치에 대한 불감증도 함께 갖고 있다. "유럽이나 미국의 지적(知的) 세계에서는 민주주의의 기본이 넘이라든가 민주주의의 기초라든가 하여 몇 백 년에 걸쳐 반복하여 묻고 요즈음도 정면에서 계속 논의되는 상황이다. (일본은) 제2차 세계대전 이후 민주주의를 받아들인 지 불과 몇 년밖에 되지 않았음에도 '민주주의, 그거 알고 있소'라는 식으로 가볍게 취급되었다. (이처럼) 유럽이나 미국에서 민주주의를 대하는 태도와 일본이 민주주의를 가볍게 대하는 분위기는 놀라울 정도로 대조를 이룬다"(丸山眞男, 1961: 16). 민주주의에 대해 불감증을 갖는 데는 일본이 시민혁명을 일으켜 절대권력을 무너뜨리고 권력을 쟁취한 경험이 없다는 역사적 배경도 자리한다.

위의 인용문으로부터 알 수 있듯이 일본이 외국문화를 받아들일 때 어떤 보편적인 가치가 깊이 새겨져 받아들인 것은 아니었다. 마루야마는 일본의 외국문화 수용과 관련하여 "이질적인 사상이 제대로 교합하지 않고 단지 공간적으로 동등하게 존재하고 있는 점"을 지적한다. 다양한 사상이 내면적으로 교합한다면 그로부터 말 그대로 '잡종(雜種)'이라는 새로운 개성이 여기저기 탄생할 수도 있지만 일본은 그 본래의 유전자까지 내면적으로 교합한 잡종이 있는 것은 아니다. 그보다는 단지 여러 가지가 어수선하게 모여 있는 '잡거성(雜居性)'의 문화라 보는 것이 마루야마의 견해이다.

잡거성 문화는 신도(神道) 사상과 직결된다. 신도와 관련한 일본의 사상적 전통에 대해 마루야마는 다음과 같이 피력한다. "신도는 …… 그 시대 시대에 유력한 종교와 습합(習合: 다른 교의와 절충하는 것)하여 교의(敎義) 내용을 메워왔다. 이러한 신도의 '무한포용성'과 '사상적 잡거성'이 ……… 일본의 사상적 '전통'을 집약적으로 표현하고 있다"(丸山眞男, 1961: 20~21). 산이나 나무 등 자연에 신이 깃들어 있다고 믿는 일본식 사고방식은 유일 신이 자연을 포함한 모든 것을 창조했다고 보는 기독교 사상과는 다르다. 일본에서는 천황도 자연적으로 형성되었다고 본다. 결국 자연의 신을 믿 는 일본인에게 천황은 끊으려야 끊을 수 없는 관계이다.

중세 유럽에서는 교회·귀족·길드(상공업자의 특권적 동업단체) 등의 신 분을 봉건적으로 구별하고 있었다. 근대에 들어 인간 이성을 자각해감에 따라 신분의 구별에 대해서도 의문을 제기하게 되었다. 신분의 구별이 없는 자연법과 같은 보편적인 법칙이 인간 이성에도 내재한다고 인식하 게 되었기 때문이다. 그 보편적 법칙의 전개와 함께 평등에 대한 자각이 싹텄으며 봉건적 신분의 구별도 자주적으로 해체해갔다. 봉건적 신분의 해체라는 흐름과 함께 평등하지 않은 것을 거부하기 위한 자발적 결사(結 社)의 움직임이 활발해졌다.

마루야마는 유럽적 사고의 근저에는 '기독교라는 절대적인 초월신의 전통'과 '시민의 자발적인 결사정신'이 있다고 지적한다(丸山眞男, 1961: 43). 이 중 '시민의 자발적인 결사의식'이 '봉건적 신분제도의 해체와 평 등에 대한 자각', 나아가서는 시민자치로서의 민주주의를 싹틔우는 열매 가 되었다. '시민의 결사의식'은 평등하지 않은 것, 민주적이지 않은 것에 대한 거부의 표현이기도 하다. 요컨대 '주민의, 주민에 의한, 주민을 위한'이라는 주민자치의 저변에는 '자발적 결사의식'이 흐르고 있다.

평등에 대한 자각이나 자발적 결사의식이 갖춰지지 않은 채 일본에는 서구의 민주주의가 도입되었다. 주민의 자발적인 결사정신에 근거한 주체적인 결사가 아니라 관(官)이 정한 규칙이나 지시에 따라 이루어진 집회가 많았다. 집회에서는 토론이 아닌 관(官)의 지시내용에 대해 참가자들의 '동의'를 얻는 데 중점이 두어졌다. 열린 공간에서의 '공론(公論)'이 아니라 닫힌 틀 안에서 안도감을 느끼려는 '공동성(共同性) 찾기'가 주로 이루어졌다. 즉, 일본에는 조직구성원을 끌어안으려는 공동성 추구는 있지만 서양과 같이 싸워 쟁취한 민주주의라는 의식은 없다.

이상과 같은 경위도 있어, 농촌신랑이 방사능 누출로 인한 고통을 죽음으로 저항하며 절규했어도, 국가나 도쿄전력을 질타하는 시민의 자발적인 결사로는 이어지지 않았다. 2012년 여름 '원전 제로'를 외치며 수많은 시민들이 총리 관저 주변을 가득 메웠던 일은 있었지만 시민운동의 불씨는 되지 못했다. 오히려 2013년 아베 정권의 '원전 재개'라는 정부방침이 기정사실처럼 굳어져 갔다.

'힘 있는 자에 묻어가기'의 부작용

근대 이후 일본에서는 국체인 일왕에 대한 신민(臣民)의 무한책임이 강조된 채, 관(官) 주도하에 유럽의 사상과 제도가 도입되었다. 그 결과

주민의 자발적 결사에 의한 주민자치, 즉 '주민의, 주민에 의한, 주민을 위한' 민주 자치보다는 국가에 의존하여 자치를 수행해가는 방식에 익숙해져 갔다. 근대화 과정에서도 평등에 대한 자발적인 의식이 형성되지 않은 채 관(官) 주도의 근대화가 이루어졌다. 마루야마 마사오는 일본의 근대화를 '말단의 행정구역[村]에 이르기까지 관료지배의 관철과 경공업 및 거대 군수공업을 기축으로 하는 산업혁명의 수행'이라 하고 있다(丸山 眞男, 1961: 44). 마루야마가 얘기한 근대화의 의미는 제2차 세계대전 이전의 묘사이지만, 전후의 경제발전에서도 관 주도의 역할이 컸다.

제2차 세계대전 이후 일본에서는 전쟁의 폐허를 딛고 일어나야 한다는 절박감 속에서, 개개인의 인권이 존중된 민주화보다는 잘사는 나라를 만들어야 한다는 정부 주도의 경제성장 노선이 우선되었다. 일본의 민주화가 미국으로부터 부여되었다는 경위도 있어 주민이 주체적으로 권력에 저항하려는 의식은 육성되지 못했다. 즉, 일반대중에게 주민의 자발적 자치에 의한 민주화 의식이 뿌리내리지 못한 채 국가 지도에 의한 관치(官治)가 정착되어갔다. 부연하면 주민으로서 국가나 공룡기업의 전횡에 저항할 수 있는 여건이 형성되지 못한 채 그 거대한 힘에 순응하는 삶에 익숙해져 갔다. 재해지역에 전력을 공급하는 도쿄전력과 도호쿠(東北) 전력은 전국 전력판매의 40% 이상(2011년 대재해 직전 42.1%)을 차지하는 공룡기업이다.

일본의 전력공급은 전국을 10개 지역으로 분할하여 10개 전력회사가 독점적으로 해당지역의 전력을 공급하는 지역독점 형태를 취하고 있다.

발전과 송전의 분리가 되어 있지 않으며 또한 전력회사들의 지역 간 상호송전도 이루어지지 않고 있다. 교류전기의 주파수도 동일본에서는 50헤르츠(Hz), 서일본에서는 60Hz로 되어 있기 때문에 동서 간의 상호송전도 할 수 없다. 메이지 시대, 도쿄에서는 독일제 50Hz의 발전기를, 오사카에서는 미국제 60Hz의 발전기를 도입한 잔재가 오늘날까지 이어져오고 있기 때문이다.

원전은 국가의 에너지 전략과도 관련되어 있어 폐쇄적으로 되기 쉽고 지역독점에 따른 기업권력으로부터의 악영향은 고스란히 주민들에게 돌아온다. 지역독점하에서는 전력을 사용하는 가정이나 일반기업은 선택의 여지가 없어 전력회사가 청구하는 요금을 그대로 지불할 수밖에 없기 때문이다. 실제로 전기요금 결정방식을 보면 지역독점의 각 전력회사가 실제 전기를 생산하기 위해 투입된 원가에 이익분을 추가하여 책정하는 이른바 '총괄원가방식(總括原價方式)'이다. 결코 손해날 일이 없는 땅 짚고 헤엄치기 장사다. 원자력발전소 건설을 위한 입찰도 공개경쟁보다는 실질적으로 몇몇 일본기업만이 참가하여 이루어지는 한정입찰로 끼리끼리 잔치다.

원전은 재정확보 수단이라는 지역 이기심의 산물이기도 하다. 원전이 입지하는 자치단체에는 교부금이나 세수입이라는 '사탕(재정 확보)'을 제공한다(전원입지지역대책교부금, 핵연료세, 전원개발촉진세, 고정자산세 등). 자치단체는 윤택한 재정수입 확보를 위해 그 '사탕'의 유혹에 익숙해져 버렸고 응석받이 체질이 되어버렸다. 일례로 일본 서쪽에 위치하는 사가현

(佐賀縣)의 겐카이초(玄海町)는 원전 관련 재정수입이 마을 예산(예컨대 2013년 일반회계 68억 엔)의 70%에 육박한다(68.2%). 마을주민들은 원전 덕에 직장을 얻었고 또 생계를 꾸려나갔다.

막대한 원전 관련 교부금이나 세수입이 줄어들면(약발이 떨어지면) 전력회사는 정부와 손잡고 몇 년 후 2호기 건설, 또 몇 년 후 3호기 건설을 용인하는 식으로 증설을 거듭해왔다. 후쿠시마 원전도 그런 식으로 6호기까지 건설되었다(7, 8호기 건설계획도 있었지만 2011년 3월 일어난 동일본 대재해로 중지되었다). 한 번 원전 건설이 용인되면 그것이 전례가 되어 추가 건설은 쉽게 통과된다. 그렇게 야금야금 발전소 건설을 계속하여 현재 전국에는 54기에 이르는 원전 시설이 있고 원자력 에너지 의존도도 30%에 이를 정도로 높아졌다(2011년 3월 일어난 후쿠시마 원전 사고로 1~4호기는 폐로 결정이 난 상태이므로 50기로 줄었다). 또 후쿠시마 방사능 누출사고를 계기로 원전 가동은 대부분 중단되었으나 2013년 아베 신조 정권은 재가동 용인으로 선회했다.

국가나 기업의 보호막 안에서 지내온 일본에는 주체적 개인을 자라지 못하게 하는 부작용이 숨어 있었다. 경제적인 부자유를 느끼지 않고 자신의 일터에서 생활을 영위하는 가운데 개개인의 '민(民)'에게 스스로가 사회의 '주인'이라는 주체적인 민주화 의식은 배양되기 어려웠다. 툭 삐져나와 '모난 돌'이 되어 정을 맞기보다는 보호막에 싸여 '남들과 비슷한 수준'에 보조를 맞추는 데 익숙해졌다. '힘 있는 자에 묻어가기'라는 사회 분위기에 순응해갔고 시민들 스스로 나서는 움직임은 무뎌졌다. 사회문제로서의 중요성을 판단하는 능력도 현저하게 떨어졌다. 개개인의 사회문제에 대한 관심은 옅어졌고 방관자적 입장에서 흘러가는 추세에 맡기고 따라갔다.

개인의 주체적인 목소리가 숨어버리고 주어진 지시에 그저 따르기만 하는 사회는 활력을 잃게 된다. 스스로가 사회의 주인이라는 '주인의식'이나 자신이 당사자라는 '당사자의식'이 없는 사회는 건전한 발전으로 이어지지 않아 매력도 사그라져 간다. 매력을 잃으면 외부의 관심도 옅어져 사회퇴화로 이어질 우려가 있다. 주인의식이나 당사자의식이 중요한 이유도 그것이 사회의 퇴화를 막아주고 활력을 가져온다는 데 있다. 일본이 활력을 잃고 퇴화되고 있는 것은 아닌지 의문스럽다.

다문화공생과 당연의 법리

1986년 나카소네 야스히로(中曾根康弘) 총리는, 일본인이 "단일민족이기 때문에 우수하다"라는 발언으로 물의를 빚었다. 일본은 고대 중국대륙이나 한반도로부터 건너온 도래인(渡來人)을 받아들이고, 1609년 오키나와(沖繩)의 류큐(琉球) 왕국이나 1869년 홋가이도(北海道)의 아이누족을 정복하면서 지금에 이르렀다. 단일민족론 발언에 대해서는 이민국가인 미국은 물론 일본 내 아이누족, 재일코리안 등으로부터 항의를 받으면서 꼬리를 감추었다.

일본이 1945년 제2차 세계대전에서 연합군에 패전하고 나서 얼마동안은 식민지 지배나 아시아 침략에 대한 반성기운이 싹트는가 싶었다. 전쟁 후 소련 공산주의 세력이 거세지자 미국은 입장을 바꾸어 패전국 일본에 대한 제재보다는 일본을 공산주의 견제를 위한 극동전략기지로 활용했다. 미국의 태도변화와 함께 미일 간의 관계도 적대관계에서 동맹관계로 바뀌었고 일본의 반성기운도 사라져갔다. 전쟁에 대한 반성보다는 '세계에서 유일하게 원자탄을 맞은 국가 일본'이라는 식의 피해 논조로 바뀌었다. 미일 간의 입장변화와 함께 식민지 지배로 인한 주변 피해 국가들의 인권문제도 소홀히 다루어졌다.

20세기 후반 세계화의 조류를 타고 일본에도 외국인 이주자(minority)가 늘어났다. 이주자가 늘어나면서 '더불어 사는 사회 구축'으로 대두된 것이 '다문화공생(多文化共生)'이라는 개념이었다. 다문화공생이란 용어는 지방자치단체나 국가에서도 빈번히 사용해왔다. 일본에 유학한 후 직업을 잡고 가족과 함께 체류하는 사람들이나 취업자 신분으로 일본으로 건너와 체류하는 이른바 '신이주자(new comer)'들이 2000년대 이후 크게 늘어났다. 다문화공생의 방향도 이들 신이주자들과의 공생으로 초점이 옮겨졌다.

신이주자들에 대한 일본정부의 대응은 외국인을 하나의 권리 주체로 보기보다는 '도와주어야 하는 존재'로 보는 관점이었다. 신이주자에 대한 주요 지원내용은 일본어 교육지원, 관공서 공보자료의 외국어판 제공 등이었다(필자의 아내도 자원봉사활동으로 관공서 공보자료나 외국인을 위한 의료 안내 한국어판 작성 등을 도왔다). 미야지마 다카시(宮島喬)는 '일본적 다문화공생'이라는 발표에서 제2차 세계대전 이후 일본이 취한 유일한 '긍정적인 표어(positive slogan)'가 다문화공생이라 말했다.

미야지마에 따르면 다문화공생의 연원은 1970년부터 이루어졌던 재일코리안에 대한 '교육보장' 운동에 있다고 한다. 1990년대에는 일본의 지방의회 및 여론도 영주외국인의 지방참정권 부여를 지지하는 분위기였다. 그러다가 2000년대 들어서 북한의 일본인 납치문제가 불거져 나오자, 일본 중앙정부는 외국인에 대한 지방참정권 부여 움직임에 제동을 걸었다. 지방참정권 부여는 '국민주권과 관련되는 사안이므로 신중히 대응하라'고 지방자치단체를 압박했다.

다문화공생의 취지는 서로 다른 다양한 문화를 인정하면서 일본인과 외국인이 같은 지역주민으로 건강한 지역만들기에 참여하자는 것이다. 비록 인원수가 많지 않다고는 하나 주민의 한 갈래를 차지하는 외국인을 배제하고 일본인만이 지역 운영에 관한 의사결정을 해나간다 함은 다문화공생의 취지에 어긋난다. 외국인들 중에는 지역의 일원으로 자신도 지역발전에 공헌하고 싶다는 사람들이 많다. 외국인을 배제한 채로 다문화공생을 진행시키는 것은 외국인들의 '주민'의식 함양에도 찬물을 끼얹는 시책이다.

혹자는 '싫으면 일본을 떠나면 되지 않으냐' 또는 '귀화하여 일본국적을 취득하면 될 것 아니냐'며 목소리를 높이기도 한다. 다문화공생은 일본 '국민'으로서가 아닌 해당 지역의 '주민'으로 외국인과 일본인이 더불어 살아감을 뜻한다. 귀화하여 일본국적을 취득하고 일본 '국민'으로서 살아가는 것과는 차원이 다른 얘기이다. '싫으면 일본을 떠나라'라는 말이나 외국인에 대한 비방공격(hate speech)은 폐쇄성을 상징하는 표현인 만큼 발전성을 끌어낼 수 없는 발상에 지나지 않는다.

일본이 다문화공생을 내세웠지만, 그 내용은 관료가 시책을 짜고 그 시책의 입안·실행은 일본인만의 구성원으로 하여 이루어져야 한다는 식이었다. 서로 다른 문화를 용인하고 함께 살기 좋은 지역으로 만들어가자는 것이 다문화공생일진대 '외국인을 배제한 외국인 대응 시책'으로 다문화공생을 추진하려 했다. 미야지마(2012)에 따르면 공립초등·중등학교 교원총수(65만 명) 중 외국인 상근강사 수는 0.03%(215명)에 불과한 실정이다. 외국인도 적극적으로 포함시켜 그들도 지역의 일원임을 자각하고 공헌할 수 있도록 '주민(住民)'의식을 높여가는 것이 사회활력을 가져온다.

외국인 공무원이나 교원 수를 제한하는 이유로서 일본정부가 내세운 이상한 법리(法理)가 있다. '공권력 행사나 공적 의사결정은 당연히 일본인에 의해 이루어져야 한다'는 '당연의 법리'이다. 일본정부가 내세운 당연의 법리는 일본인만으로 의사결정을 하는 폐쇄성과 '획일화'의 법리라 할 것이다. 획일화를 염두에 둔 당연의 법리는 '다양성'을 전제로 하는 다문화공생의 취지와는 모순된다. 당연의 법리에서는 일본인만으로 의사결정을 획일화해놓고 외국인을 배제하려 한다. '다양성'이 전제가 되는 다문화공생과 '획일성'이 배어 있는 당연의 법리라는 서로 모순되는 두 개념을 일본정부가 동시에 내놓았음을 의미한다.

서로 다른 문화를 인정하고 존중하며 일본문화와 외국문화가 조화롭게 공존해가는 것이 참된 의미의 다문화공생이다. 내외문화를 균형 있게 공존시켜가려면 각국의 문화에 익숙한 외국인 '주민'을 지역의 의사결정 과정에 참여하게 하여 새로운 관점을 반영해가는 것이 좀 더 자연스런 방향이다. 일본인 주민과 외국인 주민이 함께하는 지역 의사결정이 오히려 '당연의 법리'에 부합한다.

내외국 주민이 함께하는 지역 의사결정

3·11 동일본 대재해 때 도쿄전력은 방사능이란 재앙을 흩뿌려 후쿠시마 주민의 가슴을 미어지게 했다. 공기 중으로 확산된 방사능은 목장 풀을 오염시켰고 그 풀을 먹은 젖소의 우유마저도 방사능에 물들게 했다. 농촌신랑은 자식같이 키우던 젖소의 젖을 짜내 자신의 밭에 묻어야 했다.

도쿄전력과 같은 공룡기업의 힘 앞에 개인의 절규는 푸르르 힘없이 묻혀버렸다. 그런 참담함에 그가 할 수 있었던 극한의 저항은, 퇴비 곳간에 '원전만 없었더라면 ……'이란 글귀를 남기고 떠난 자살이었다. 세상은 그의 죽음에 싸늘했고 처절한 외침도 아랑곳없이 사라져갔다.

전력회사들의 안하무인은 지역독점으로부터 비롯된다. 지역독점을 방치하고서는 원전사고로 인한 소시민의 상처를 어루만질 수 없을 듯하다. 농촌신랑의 절규에 나의 작은 목소리나마 더해보고자 했다. 민초의 죽음을 계기로 일본의 민주주의와 다문화공생이란 문제도 짚어보았다.

획일성이 아닌 다양성을 전제로 하는 '다문화공생'이다. 내외국 주민이 함께하는 지역 의사결정이 '당연의 법리'에 부합하고 다문화공생을 실현할 수 있다.

9

옴진리교 사건과 종교관

[칼럼] 옴진리교 사건과 일본사회

일본 인구는 1억 명인데(구체적으로는 1억 2,700만 명), 종교 인구는 3억 명이라는 유명한 조크가 있다. 크리스마스 때는 1억 인구 모두가 캐럴을 듣는 기독교인이 되었다가, 정월 초하루가 되면 신사에 참배하는 신도(神道)인이 되고, 죽어서는 불교식으로 화장한 유골을 사찰 묘역에 안치하는 일본인의 행동을 풍자한 말이다. 그만큼 종교에 대해 너그러운 듯하지만 에도(江戶) 막부(幕府: 무사정권의 중추)에서는 성모 마리아상이나 그리스도상 판화를 밟게 한 종교탄압(踏繪: 후미에)도 있었다. 기독교의 유일신과 일본 천황의 양립을 허용하기 어려웠다는 속내도 있었을 것이다.

1995년 3월 옴진리교라는 교단이 도쿄의 지하철역에 사린(독가스)

제9장 옴진리교 사건과 종교관 *149*

을 살포하는 어처구니없는 사건을 일으켰다. 이 사건으로 13명이 사망하고 6,000여 명이 신체 마비 등의 상해를 입었다. 교주였던 아사하라 쇼코[麻原彰晃, 본명은 마쓰모토 치즈오(松本智津夫)]를 비롯한 주모자들이 체포되어 무기징역이나 사형선고 등의 실형을 언도받았다. 2012년 6월에는 마지막 두 수배범이었던 기쿠치 나오코(菊地直子)와 다카하시 가쓰야(高橋克也)가 체포되면서 사린사건 주모자들이 모두 구속되었다.

지하철 사린 살포사건 발생 당시 옴진리교 신자 수는 1만 1,400명까지 이르렀다. 입신자들 대부분이 젊은이들이었다. 1980년대 후반 거품경제 시기에 빠른 속도로 교세가 확산되었다. 일본의 부동산 가치가 세계 제일을 자랑하며 승승장구하던 때가 이 시기다. 일본의 기세가 하늘모르고 치솟던 때에 유능한 젊은이들이 왜 옴진리교로 모여들었을까? 젊은이들의 내면에 응어리진 답답함을 풀어낼 무대가 없었기 때문이다. 일부 젊은이들이 사회 풍조에 저항하거나 반항하던 옴진리교에 끌리게 된 일면이 있다.

지하철 사린 살포사건 발생 후에도 젊은이들의 활동무대 마련을 위한 대안 찾기는 거의 이루어지지 않았다. 지하철 사린 살포사건이 발생하자 도쿄지방재판소는 옴진리교 해산명령을 내렸다. 에도 시대 기독교 탄압에 성공한 일본이지만 정부가 인간 내면의 영혼까지 좌지우지할 수는 없다. 옴진리교 신자 수는 2012년 1,500명 정도로 줄었지만 '알레프(Aleph)'와 '빛의 고리(光の輪)' 교단으로 나뉘어져 현재도

활동하고 있다. 공교롭게도 3·11 동일본 대재해가 있었던 2011년에는 이들 교단의 신자수가 크게 증가했다. 일본 공안조사청 「내외정세의 회고와 전망」 자료에 따르면, 2011년 신자 증가 수는 213명으로 2010년(108명)에 비해 두 배나 늘었고, 2007년(56명)에 비하면 네 배나 증가했다. 대부분이 경기침체로 불안감이 가중된 20~30대 젊은이들이었다.

혈기왕성한 젊은이들이 굳게 닫혀 있는 사회시스템에 짓눌려 있다. 무엇인가에 묶여 있다는 강박관념으로 옴쭉 못하는 예를 하나 들어보자. 예전 시골 장터에서 닭장수가 닭의 다리를 끈으로 묶어 장에 내놓고 그 닭을 묶여 있는 채로 팔았다. 장에서 닭을 산 사람이 집으로 가지고 와 묶인 끈을 풀어놓아도, 닭은 계속 자신이 묶여 있는 줄 알고 한동안 움직이지 못한다. 이처럼 일본사회가 젊은이들을 정해진 틀 속에 묶어놓으려 한다.

젊은이들을 사회적으로 너무 묶어놓다 보니 열린 공간에 나가려 하지 못하고 자신들은 여전히 묶여 있다고 느끼며 풀이 죽어 있는 듯하다. 행여 어떤 젊은이가 '아! 움직일 수 있구나. 움직여야겠다'며 여기저기 날아다니려 해도 사회시스템이 딱딱하게 굳어 있음을 눈치 챘다. 다른 곳으로 날아가 봐도 주변의 따가운 시선에, '아, 여긴 내가 올 자리가 아니었구나!' 하며 있던 둥지로 돌아간다.

젊은이들의 소용돌이치던 불안을 해소하고 맺힌 응어리를 풀어준다는 식으로 옴진리교는 젊은이들을 끌어들였다. 동서고금을 막론하고 사람은 살면서 불안, 좌절, 고민 등이 따르게 마련이고 그 안식처로 또는 수행의 장소로 종교를 갈구한다. 옴진리교 교주의 즉문즉답(卽問卽答)은 입신자들에게는 큰 매력이었다. "입신자들이 무엇을 물어보아도 교주가 그 자리에서 곧바로 대답해주고 해결책을 제시해주는 데 빨려들었다. '당신의 고민은 이것이다. 이렇게 하면 해결되고, 이런 경지에 이른다'는 식으로 문제설정부터 해답, 해결방법까지 묻는 이들에게 즉석에서 제시하는 것이 교주의 인기비결이었다"고 저널리스트 에가와 쇼코(江川紹子)는 지적한다(2012년 6월 10일 TV아사히 〈선데이 프로젝트〉에 출연하여).

젊을 때는 어쩌다가 어이없는 실수도 한다. 일본에서는 한 번의 실수나 실패가 재기불가능할 정도의 치명상이 되기도 한다. 젊은이들이 실수를 한다 하더라도 다시 일어설 수 있는 특권이 주어져야 너그러운 사회다. 그들의 응어리 발산을 위한 무대 마련은 어른들이 나서야 할 몫이다. 옴진리교 사린사건이 일어나자 무대 마련에 게을렀던 어른들은 잘못을 저지른 젊은이들을 향해 '사회에 적응하지 못한 낙오자들'처럼 몰아갈 뿐이었다. 사건의 발단은 어른들이 제공했는지도 모르는데 어른들의 반성의 목소리는 그리 들리지 않았다. 그들은 과연 낙오자들이었을까?

뛰어봤자 벼룩: 옴진리교 사건이 말해주는 것들

일본어의 '예(하이)'와 '아니오(이이에)'의 사용에는 엄청난 비대칭이 있다. 일상 회화에서 상대방에 대한 동조로서 '예' 또는 '예, 그렇지요'의 사용은 특별나게 많으나 '아니오'의 사용은 극히 꺼려한다. 동조해주기를 바라는 상대방에게 '아니오'라고 대답하면 강한 어조로 부정한다는 느낌을 주고 그 부정이 상대방과의 단절로 이어질까 걱정스럽기 때문이다. 만약 상대방에게 동조하기 어렵다면 '으음, 글쎄요' 하고 얼버무린다. '아니오'의 사용을 삼가고 '예'를 다용함은 어쩌면 사람들과의 유대를 중시하는 일본인의 자연스런 반응인지도 모른다.

'아니오'라는 표현은 자신이 남들로부터 칭찬을 받아 스스로가 내세워지는 듯할 때, '아니오. 그렇지 않습니다'라는 식으로 겸연쩍어 자신을 낮추고자 할 때 주로 사용한다. '예, 아니오'라는 말의 쓰임새로부터 알 수 있듯이 일본사회는 그리 자신을 드러내지 않으려고 하는 '겸양의 문화'를 갖는다. 튀어나오는 것을 꺼리는 사회, 즉 '모난 돌이 정 맞는다'고 여기는 사회다. 자기를 낮추려는 일본의 말 문화는 나(I)를 대문자로 하여 자기를 내세우려는 미국문화와는 대조적이다.

대개의 일본인은 사회문제와 관련된 주제를 놓고 논쟁을 벌이려 하지 않는다. 옴진리교 사린사건이 발생했을 때에도 '결코 용서할 수 없는 눈에 거슬리는 사건이다'라는 어조에 그치는 정도였다. 일본사회의 구조문제를 지적하여 논의해보려는 움직임은 그다지 보이지 않았다. '예'를 다용하며 자기주장을 피력하지 않으려는 성향으로부터도 유추할 수 있듯이, 일본인은 기존 체제나 질서에 순응하려 한다. 그런 일본인들이기에 기존질서에 반항하는 행동으로 비춰지지 않으려 비판의 말도 자제하고 그 발설을 두려워한다. 사회질서를 어지럽히는 사건을 극력 꺼리는 동시에 설사 사건이 일어났다 하더라도 심도 있는 접근은 피하려 한다.

옴진리교 사린(독가스) 살포사건도 국민적인 논의가 이루어지지 못한 채 과거의 한 사건으로 묻혀버렸다. 동 사건 발생 후 얼마 되지 않아 일부 매스컴 출연자들은, '옴진리교 교단이 저지른 사린사건의 비행이 잊히는 일이 없도록 후대의 젊은이들에게 전해야 한다'는 어조의 발언도 했다. 유감스럽게도 출연자 대부분의 발언은 수박 겉핥기식 형식론에 그쳤다. 옴진리교 사건이 왜 일어났는지, 그 근저에 잠재되어 있는 사회문제는 무엇인지라는 동 사건과 관련된 진지한 문제제기 의식은 결여되어 있었다.

1995년 3월에 있었던 지하철 사린가스 살포사건은 광신 종교에 세뇌된 젊은이들이 일으킨 어처구니없는 사회적 사건이었다. 그런 엄청난 사건이 주모자나 실행범들의 죄를 묻는 것만으로 끝날 성질의 것은 아니다. 그럼에도 동 사건에 대한 임장감(臨場感) 넘치는 의미가 전달되지 못한 채 과거에 발생한 흉악범죄의 하나 정도로 다루어졌다. 그만큼 일본 사회에는 사회구조와 관련된 문제에 대해 흉금을 토로하여 '옳은 것을 옳다. 그른 것을 그르다'고 당당하게 말하기 어려운 분위기가 감돈다. 아니 건전한 사회비판의 감각이 무뎌졌고 없어지고 있는지도 모르겠다.

대개의 일처리에서는 지금까지 해왔던 방식을 바꾸지 않으려는 관성이 작용한다. 지속성이 중시되는 일본은 대대로 이어온 전통 틀에서 벗어나지 않고 그에 따르려는 관성이 매우 강한 사회이다. 그만큼 새로운 주장이 통용되기 어려움을 의미한다. 관성에 눌려 자기주장을 펴기 어렵게 되면 자신이 주인공이라는 '주인의식'은 싹트지 않는다. 이미 많은 일본인이 수동적으로 되어 있어 주어진 것만을 소화해내려고 하는 관성이 몸에 배어버렸는지도 모르겠다. 수동적 태도의 관성이 지배하는 분위기에서는 혈기왕성한 젊은이들의 의협심을 받아들이는 포용력이 발휘되기 어렵다.

연공서열을 우선하는 일본사회에서 무대의 주역은 대부분 연장자였다. 젊은이들이 끓어오르는 정열을 발산하고 싶어도 그런 무대를 갖추지 못하고 있다. 암묵의 전통 틀이나 규범에서 벗어나 새로운 행동을 하기 어려운 경직성이 젊은이들의 의지를 짓누르고 있다. 존 F. 케네디나 버락 오바마처럼 40대 기수로서 독자적으로 국가지도자가 되겠다고 나서기 어려운 곳이 일본이다. 가끔씩 젊은 정치가가 전면에 나서지만 대부분은 할아버지나 아버지 대의 후광을 입은 2세, 3세 세습정치인이다. 젊은이가 선대의 지역구(지반), 지명도(간판), 정치자금(가방)을 물려받고 선거에서 당선이 되었다 하더라도, 오랜 경험이 정치적인 힘이 되는 일본 정계에서 젊은이가 국가지도자로 활약하기에는 척박한 토양이다.

젊은이들이 옴진리교에 흥미를 갖게 된 데는, 딱딱하고 답답한 사회 풍조에 대한 암묵적인 저항이나 반항도 담겨 있다. 옴진리교 사건 이후 일본의 내부지향 사회틀이 젊은이들의 돌출행동을 눌러 잡았다. 여기저기 날뛰어보려 했지만 결국 부처님 손바닥 안이었다. 일부 젊은이들의 천방지축 행동은 수그러들었다. 사회의 굳은 분위기는 튀어나오려는 젊은이들을 향해, '뛰어봤자 벼룩'이라는 것을 알렸고 그저 조용히 자신의 일을 해나가는 쪽으로 가닥을 잡아갔다. 한 우물을 파는 쪽으로 마음을 가다듬고 자신의 분야를 묵묵히 해나가는 방식이 일본의 사회질서를 다듬어갔다.

옴진리교 사린사건은 분명 이성이 마비된 폭거였다. 삐뚤어진 형태의 사회반항으로 나타난 사린사건과 같은 폭거는 결코 용납될 수는 없다. 그러나 한편으로 사린사건의 배경에는 젊은이들의 마음에 쌓인 응어리를 풀어낼 돌파구가 없었다. 그런 사회정세를 냉정하게 직시하고 반성하는 시간을 갖지 못한 채 사린사건은 막을 내렸고 사람들의 기억에서 멀어져 갔다. 개개인은 공룡 같은 시스템에 짓눌려 있고 사람들 내면에 도사리고 있는 응어리를 녹여낼 무대는 여전히 부족하다. 지금대로라면 일본 젊은이들에게서 존 F. 케네디나 사카모토 료마(坂本龍馬)와 같은 인물을 기대하는 것은 무리일지도 모른다.

감시사회의 일면

평범하게 종교를 믿는가, 광신적으로 믿는가에 따라 사람들은 천양지차(天壤之差)의 행동을 보인다. 종교에의 귀의는 마음의 의지처가 되기에 종교의 긍정적인 역할은 이루 헤아릴 수 없다. 반면에 엇나간 종교에는 이성을 마비시키는 독약이 숨겨져 있다. 광신도(cult) 집단의 가장 무서운 점은 그 조직이 폭주할 때 거기에 속한 개인이 저항할 수 없다는 데 있다. 잘못된 종교의 힘에 의지하는 것이 얼마나 위험한 일인지를 의미한다. 옴진리교 사린사건은 경직된 사회에 대한 반항이 일그러진 형태로 표출된 사건이었다.

참된 종교적 입장에서 보면 종교는 이성을 초월한 영역이겠지만, 인간 삶의 질서라는 입장에서 보면 잘못된 종교에는 마약과 같이 이성적 판단을 앗아가는 위험이 도사린다. 어떤 종교조직이 열광적인 광신도 집단이 되면 교조의 말이나 지시에 따라 최면이 걸리고 이의제기도 못하게 된다. 그리 되면 교주가 어떤 부조리한 것을 신도에게 지시해도 신도는 그 말이나 지시에 따르는 우를 범하게 된다. 사회가 곤란에 빠졌을 땐 사이비종교가 숨어들기 쉽다. 3·11 동일본 대재해가 발생하여 어수선했을 때도 옴진리교 관련 집단은 '재해로 죽음을 앞두고서라도 교주(guru)를 관상(觀想)하면 구제받는다'는 식으로 아사하라 쇼코(麻原彰晃) 교주로의 회귀 경향을 보였다(일본 공안조사청, 2012).

옴진리교 교단이 해산된 후 신도들이 모여 만든 종교단체 알레프는 옴진리교 관련 교단이라는 것을 숨기고 '동양철학연구회' 등의 이름으로 신자를 모았다. 마음의 갈피를 잡지 못한 대학 새내기를 대상으로 한 입문 권유나 인터넷이나 사회망서비스(SNS)를 통해 선전활동을 해왔다. 공안 당국은 사회에 악영향을 미칠 수도 있는 개인이나 집단을 감시할 필요가 있다. 그러한 감시활동은 안정사회를 위한 중요한 역할이기도 하지만 사생활 침해와 충돌되기도 한다.

일본의 사회구성원 감시체제는 매우 오랜 역사를 갖고 있다. 고대 정치개혁이었던 다이카 개신(大化改新: 645년) 이후 '오보제(五保制)'가 설치되었다. 오보제는 근린 5호(戶)를 단위로 구성하여 서로 검찰하고 비위를 방지하기 위해 설치한 경찰적 성격의 조직이다. 오보제에서는 '타행(他行: 다른 지방으로의 이동), 범죄의 고발, 세금(租調)의 대납' 등의 의무를 지고 있었다. 이후 에도 시대에는 5호를 한 조로 하여 상호 돕기 기능과 함께 감시의 역할도 동시에 갖는 '오인조(五人組)'라는 제도가 있었다. 이 오인조는 마을 사람을 통제하고 결합하는 제도로 세금(貢租) 납입의 연대책임, 기독교인이나 범죄인의 상호검찰, 상부상조 등의 의무를 지고 있었다.

과거의 '오보제'와 '오인조'와 같이 상호감시의 기능을 갖는 조직은 아니지만, 현재는 마을(町)을 작은 구역 단위로 반상회 같은 조직인 정내회(町內會: 초나이카이)가 있다. 정내회는 회람판(回覽板)을 돌리면서 그 마을의 활동이나 행사를 알리는 등 정보공유의 역할을 한다. 회람판은 마을 시설이나 행사안내, 문화강좌 등의 정보를 입수할 수 있는 유효한 수단이기도 하다. 회람판이 감시목적은 아니라 하더라도 세대별로 회람한 집과 날짜를 기록하고 있어 해당 세대의 소재파악은 가능하다. 정내회 참여에 강제성은 없으나 대부분의 주민이 회람판을 열람한다.

마을 조직으로서의 감시기능이 미약해진 요즈음은 곳곳에 설치된 '감시카메라'가 엄청난 힘을 발휘한다. 범죄가 발생하여 일단 용의자의 인상착의(얼굴모습이나 차림새)가 알려지면 용의자를 가려내는 식별기술이 매우 발달되어 있다. 그때 큰 역할을 담당하는 것이 곳곳에 설치된 감시카메라다. 일본에는 한국의 주민등록번호나 미국의 사회보장번호와 같은 공통번호(my number) 제도가 없다(2016년부터 도입 예정). 대신에 감시카메라의 활용으로 범죄예방이나 재난방지 등의 안전성을 향상시켜왔지만, 국민감시를 할 수 있는 수준도 더불어 높아졌다.

옴진리교 마지막 수배범이었던 다카하시 가쓰야(高橋克也)를 체포할 때도 감시카메라의 화상공개가 결정적인 역할을 했다. 일본 경찰은 다카하시를 찾아내기 위해 2012년 6월 그의 행적을 영상과 함께 대대적으로 공개했으며 그 영상을 본 시민의 제보가 수배범 체포에 주효했다. 보통 화상공개로 범인을 잡는 데는 공개 후 2주일 이내가 승부라고 한다. 옴진리교 사린사건의 또 다른 수배범이었던 기쿠치 나오코(菊地直子) 용의자가 2012년 6월 3일 붙잡힌 직후에 다카하시의 화상이 공개되었다. 다카하시 수배범이 검거된 것도 화상공개 후 2주일이 지나지 않은 6월 15일이었다.

수배범 공개수사로 새삼스레 알게 된 것은, '일상생활을 영위하는 우리 주변에 참으로 많은 감시카메라가 작동되고 있구나' 하는 놀라움이었다. 전철역은 물론 큰 건물입구, 통로, 거리, 엘리베이터, 편의점 등 사람이 움직이는 요소요소 대부분의 거점에 감시카메라가 설치되어 국민의 행동을 녹화하고 있었다. 다카하시의 검거과정에서 알 수 있듯이 감시카메라는 범인 검거에 결정적 역할을 한다는 이점이 있다. 한편으론 수사

당국이 마음만 먹는다면 어느 한 특정 개인을 지목하여 철저하게 추적할 수 있다고 하는 무서운 일면도 갖고 있다. 감시카메라가 사람들의 일거수일투족을 감시하는 무기로 사용될 수 있기 때문이다.

옴진리교 사린사건 수배범 검거라는 경찰발표에 안도하면서도 자신이 감시대상이 되는 장면을 떠올리면 좀 으스스한 느낌도 떨쳐버릴 수 없다.

천황제의 역할과 한일 종교관

일본이 중요시하는 지속성의 원류는 어디에서 찾을 수 있을까. 그 원류는 천황제에 있지 않나 싶다. 일본은 일상생활에서 뚜렷한 종교를 내세우기보다는 천황제를 소중히 유지하며 지켜왔다. 언제 천황제가 시작되었는지는 명확하지 않다. 어쨌든 일단 시작된 천황제를 '끊어짐 없이 2,000년 이상 지속해왔다'는 데 긍지를 갖는 일본이다. 천황제를 유지·계승해온 전통이 일본인들에게는 자부심을 갖게 했고 그것이 지속성 중시 문화로 연결되었다고 할 수 있을 것이다. 이처럼 지속성은 전통유지에 빼놓을 수 없는 역할을 하지만, 지속성이 전체 분위기를 지배하다 보면 과거의 관습에 매여 새로운 방식을 받아들이기 어렵게 하는 폐단도 있다.

1868년 메이지(明治)유신 이후 일본에서는 국민에게 천황숭배와 신사

(神社)신앙을 의무지우는 '국가신도(國家神道)'가 있었다. 1945년 제2차 세계대전 이후 연합군총사령부(GHQ)의 신도지령(神道指令)에 의해 국가신도가 폐지된 이후 국가가 종교를 강제하는 일은 없었으나 천황제는 그대로 유지되었다. 천황제 전통의 유지는 종교 갈등이나 대립으로 발생할 수 있는 사회적 비용을 줄이는 데 큰 역할을 담당했다. 일본인들이 그다지 인식하고 있지는 않으나 종교 갈등이 없다는 것은 상상 이상으로 커다란 이점이 된다. 종교가 개재되어 종파나 민족 간의 분열이 생기면 내부분쟁이나 내전뿐만이 아니라 국가 간에도 참혹한 전쟁을 유발시킬 수 있기 때문이다.

끝이 보이지 않는 중동 국가들 간의 분쟁의 뿌리에는 민족 간의 종교 갈등과 대립이 있다. 중동지역에서는 이슬람교 종파 간의 내전, 중동 국가들 간의 전쟁과 대립이 천 몇 백 년간 이어져 오고 있다. 알카에다에 의한 9·11 테러와 그에 대한 미국의 앙갚음의 바탕에도 이슬람교와 기독교 간의 대립이 깊게 드리워져 있다. 일본의 천황제 유지는 종교 간 대립이나 갈등을 없애고 천황을 중심으로 국민화합을 꾀하는 데 큰 역할을 한다. 천황을 찬미하는 입장에서 쓴 고바야시 요시노리(小林よしのり)의 『천황론』에서는 '일군만민(一君万民)'이라 하여 '천황 아래 만민이 평등하게 대해져 왔다'고 말하고 있다(小林よしのり, 2009: 244).

신도는 불경이나 성경과 같이 특정의 어떤 경전을 갖고 있는 것은 아니다. 그저 일본인의 일상생활에 신도(神道)사상이 녹아 있고 천황제는 신도와 밀접하게 연결되어 있다. 조금 과장되게 표현하면 천황이란 존재

도 마쓰리(마을축제)와 마찬가지로 일본인들 유전자 속에 각인되어 있다는 느낌이 들 정도이다. 위에서 든 『천황론』에서 고바야시는 "천황은 우리들의 영혼 속에 있다!"라고 힘주어 말하고 있다(小林よしのり, 2009: 379). 일본의 천황제는 외국인이 쉽게 논의할 수 있는 영역을 넘어서 있다.

메이지 정부가 신도와 불교의 분리정책(神佛分離政策)을 추진하기도 했지만 그 이전까지 신도는 불교와 융화된 '신불습합(神佛褶合)'의 형태로 일상생활에서 널리 침투되었다. 보통 때는 가마[神輿: 미코시]와 신령(神靈)은 신사(神社)에 봉안하지만 마쓰리(마을축제)가 열릴 때마다 자기 지역의 마을신을 모시고 동네를 한 바퀴 돌며 평안을 기원한다. 일본인의 삶 속에 녹아 있는 마쓰리는 지역화합에 빼어놓을 수 없는 행사다. 마쓰리가 지역을 통합하고, 천황이 일본을 통합하는 구조이다.

한국과 일본은 거리상으로 가까워도 양국 간의 종교관 차이는 역력하다. 1910년 일본이 조선을 식민지로 합병한 이후 한반도에 신사를 1,062개나 세웠었지만, 1945년 식민지 지배가 끝나자마자 앞 다투어 일어났던 일이 신사 철거였다. 식민지 지배종결을 알리는 상징적인 일이 신사 철거였던 셈이다. 한국은 불교, 기독교, 천주교의 세 종교가 정립(鼎立)하여 섞여 있는 사회이다. 한국의 비빔밥문화 특성은 이처럼 종교에서도 나타나고 있다(기독교를 중시하는 미국의 영향도 있어 기독교 교세가 확대되어온 느낌이 들기는 하지만).

일상생활에서도 한일 간에는 종교를 대하는 태도가 크게 다르다. 그 일례로 일본에서는 대학입학 시험이나 국회의원 선거가 일요일에 실시되는 경우가 많다. 한국의 기독교인들이 일본의 그러한 일정조정을 보면, '어떻게 그럴 수 있느냐, 참 이상하다. 일요일에는 교회에 가야 한다'고 목소리를 높일지도 모른다. 반대로 일본 쪽에서 한국을 보면, '개인적인 종교신념을 공적인 일에 그리 겉으로 내세울 필요는 없지 않느냐' 하는 입장이다. 개인의 사정보다도 공적활동을 우선하는 일본에서는 개인적인 종교활동으로 공동행사에 지장을 주는 행동은 용납되기 어렵다.

장례의식 절차에서도 한일 간에는 큰 차이를 보인다. 한국에서는 사람이 죽으면 병원에 부설된 영안실을 빌려 기독교식, 전통유교식, 불교식으로 장례를 치룬 후 묘지에 매장하는 것이 일반적이다. 칼럼의 조크에서 말한 바와 같이 일본의 장례는 불교식 화장이 많다. 대개의 일본인은 사람이 죽으면 혼령은 다른 세계로 떠난다고 본다. 그 후 일정시간이 지나면 개개인의 구별 없는 '조상신[祖靈]'이 되어 산신(山神)이나 오곡신[年神: 오곡의 농작물을 지켜주는 신]으로 가족이나 농사를 지켜준다고 믿는다.

한국에서는 묘를 쓸 때 선조의 묘 터를 어디에 잡느냐에 따라 자손의 출세에도 영향이 있다고 믿는 사람이 많다. 그 때문에 풍수지리에 따른 명당을 찾으려 힘을 기울인다. 이에 비해 일본은 불교식으로 화장하고 화장한 유골을 조그만 항아리에 넣어 절 묘지에 보관한다. 한국과는 다른 일면이다. 양국 모두 핵가족화나 저출산의 진전이 빨라 선조의 묘지관리 문제가 대두되지만 매장이 많은 한국에서는 묘지 확보 문제도 안고 있다. 한국에서 묘지 확보나 관리문제가 현실화되면서 최근에는 불교도는 아니더라도 화장이 늘고 있으며, 유골이나 위패를 집합적으로 관리하는 공원묘지가 주목을 받고 있다.

자연을 소중히 여기는 일본에서는 화장한 유골을 나무 밑에 묻는 수목장(樹木葬)에 대한 관심도 높아졌다. 예컨대 2012년 도쿄도(都)가 300명 정원으로 한 수목장 모집에 2,600명이 응모했을 정도다. 수목장을 원하는 바탕에는 죽어서 자식들에게 부담을 주고 싶지 않다는 부모의 마음 씀씀이와 한 줌 흙이 되어 자연으로 돌아가고 싶다는 원초적인 바람이 담겨 있다. 공수래공수거(空手來空手去)로 홀홀 털어버리고 자연으로 돌아가고 싶다는 홀가분함이 배어 있다.

응어리 발산을 위한 무대 마련

    옴진리교는 젊은이들의 불안을 해소하고 마음에 맺힌 응어리를 풀어준다는 식으로 사람을 모았다. 1995년 3월 이 교단이 도쿄 지하철에 사린(독가스)을 살포한 사건으로 시민 13명이 죽었고 6,000여 명이 상해를 입었다. 잘못된 종교가 신자들의 이성을 마비시켜 삐뚤어진 형태의 반항으로 나타난 전대미문의 충격적인 사건이었다.

    사린사건을 일으키게 한 배경에는 젊은이들의 답답함을 풀어낼 돌파구를 마련하지 못한 경직된 일본사회의 단면이 있었다. 광신도 집단은 배제되어 마땅하지만, 한편으로 일본 젊은이들이 너무 숨죽이고 있는 듯하여 안타깝다.

    옴진리교 사건 공개수배에서는 감시카메라가 수배범 검거에 큰 역할을 했다. 감시카메라의 역할을 인정하면서도 수배과정에서 드러난 일거수일투족 감시사회의 일면을 떠올리면 으스스한 느낌이 든다. 에도시대 기독교 탄압에도 성공한 일본이다.

    응어리 발산을 위한 무대 마련은 어른들의 몫일 텐데, 사건의 발단을 제공한 어른들의 반성 목소리는 들리지 않았다. 젊은이들을 짜인 사회 틀에 묶어놓으며 낙오자들이라 몰고 갔다. 실수나 실패를 딛고 다시 일어날 기회가 주어져야 너그러운 사회다.

10

매뉴얼 지상주의와 자승자박의 함정

【칼럼】 매뉴얼 지상주의의 함정: 책임회피를 위한 형식론

일본에서 매년 1월 중순 실시되는 '대학입학자 선발 대학입시 센터시험'(일명 센터시험, 한국의 대학수학능력시험에 해당)은 일대행사이다. 시험일이 다가오면 수험생은 말할 것도 없고 감독자도 긴장한다. 2012년 1월 14~15일 양일간 실시된 센터시험에서는 문제지 일부를 시험시작 전에 배포하지 않아 생긴 입시사고가 있었다. 동 사고는 4,500명의 수험생에게 영향을 미친 최악의 사고였다. 센터시험 사고 경위 및 그 대응을 보면 매뉴얼 사회 일본의 단면이 극명하게 드러난다.

입시사고의 발단은 수험과목 선택의 신(新)방식에 있었다. 변경 이전에는 세계사, 일본사, 지리 과목(각각 A, B로 되어 있어 총 6과목) 문제지가 '지리·역사'라는 교과로 같은 시험 시간대에 묶여 있어 이들

과목 중 복수의 과목을 선택할 수 없었다. 일본 국립대학협회는 학생들의 역사나 지리 분야의 지식 부족을 우려해 대학입시센터에 이 분야를 강화하도록 요청했다. 과목 선택의 자유도를 높이려는 신방식의 목적에서 보면 제도변경의 취지는 옳았다고 할 수 있다.

대학입시센터도 국립대학협회의 요청을 받아들여 지리·역사 교과에서도 두 과목이 선택 가능하도록 하는 신방식을 2012년도부터 적용했다. 신방식의 채용으로 시간대를 달리해 '지리·역사' 교과 중에서 두 과목을 선택하거나(예컨대, 일본사A와 세계사A), 또는 한 과목은 '지리·역사' 교과에서 선택하고 다른 한 과목은 '공민(公民)' 교과(현대사회, 윤리, 정치경제 과목으로 구성)에서 선택할 수 있도록 했다(예컨대, 일본사A와 윤리). 나아가 이과(이과종합A, 이과종합B, 물리I, 화학I, 생물I, 지구과학I 과목으로 구성) 교과에서도 과목 선택의 폭을 넓히는 조치를 취했다.

2012년도 입시사고에서는 입시 운영이나 감독 실책이 컸다. 신방식하에서는 두 과목 시험을 치르는 학생들에게, 1교시(오전 9시 30분부터 한 시간 동안)에 한 과목(제1과목)의 답안을 작성하여 시험종료 후 10분 사이(10: 30~10: 40)에 그 답안을 제출하도록 했고, 계속해서 2교시(10시 40분부터 한 시간 동안)에 다른 한 과목(제2과목)의 답안을 작성하도록 했다. 다른 교실에서 10시 40분부터 제2과목만을 선택하여 시험에 임하는 수험생들과의 형평성을 유지하기 위한 조치였다.

신방식에서는 두(제1 및 제2) 과목을 선택한 수험생들에게 별도 책자로 되어 있는 '지리·역사' 교과와 '공민' 교과 문제지를 9시 30분 시험 시작 전에 동시에 배포해야 했다. 그럼에도 48개 시험장에서 '지리·역사' 교과 문제지만을 나누어주었고, 시험이 시작되고 한동안 시간이 지난 뒤 '공민' 교과 문제지를 배포하는 실책을 범했다. 이러한 실책의 입시사고는 언뜻 보기에 단순한 감독자 잘못인 것처럼 보일 수 있다. 센터시험 감독요령에는 전반적 주의사항, 교과·과목별 지시내용, 사고대응 등이 자세하게 실려 있기 때문이다.

상세하고 복잡한 입시매뉴얼에는 그저 간단히 넘겨버리기 어려운 교묘한 장치가 감추어져 있다. 상세 매뉴얼은 '확실하게 대처하기 위해'라는 이점이 있지만, 한편으로는 '책임회피'의 전형이기도 하기 때문이다. 아니나 다를까. 입시사고가 발생하자 대학입시센터 측은 기자회견에서, "각 시험장의 매뉴얼에는 감독방법이 모두 기재되어 있었으나 주지시키는 것이 부족했다. 그 점 죄송하다"고 해명했다. 즉, '우리는 매뉴얼에 모두 적어놓았으니 입시센터의 책임이 아니다'라는 발뺌이 표면화되어 나타났다.

센터시험 '감독요령'은 대학입시센터(실질적으로는 문부과학성)가 만들고 전국의 각 수험장에 일률적으로 배포하는 매뉴얼이다. 이른바 '상부(입시센터)'로부터 내려오는 매뉴얼이다. 감독자들도 응당 그 매뉴얼에 따라야 한다는 감각으로 길들여져 있다. 감독자를 위한 사전설명회에 참석하는 감독예정자들도 매뉴얼이 복잡하다거나 알기 어려운 점이 있다 하더라도 구태여 지적하지 않고 대다수는 침묵한다.

지적한다고 하더라도 실익이 없다고 보기 때문이다.

센터시험의 매뉴얼 분량을 보자. 입시센터에서 만든 '감독요령'이 200쪽에 달하고, 그 감독요령을 바탕으로 각 시험장에서 만든 '감독자실시안내서'(시험장에서의 주의사항, 교실배치도, 연락표 등의 각종 양식 견본이 실려 있다)가 50여 쪽에 이른다. 여기에 별도로 만들어진 '센터시험에서 나타난 사례와 대응' 책자가 50여 쪽이다. 이들 모두를 합하면 300쪽에 이르는 분량이다(모두 A4 크기). 관청이 작성한 문서가 대개 그러하듯, 이들 매뉴얼도 지루하고 복잡하여 다 읽기도 어려워 대부분은 사전설명회에서 입시담당자의 설명을 듣고 이해한다. 다행인지 불행인지 일본에는 '왜 이렇게 길고 복잡한가?'라며 목소리를 높여 항의하는 사람은 별로 없다.

대학입시센터는 아주 세세한 규율을 정해놓고 제 덫에 걸려 행동을 제약했다. 입시센터는 매뉴얼로 일을 복잡하게 얽어놓음으로써 자신들의 존재감을 보이려 했다. 주변적인 것에 신경이 분산되어 정작 중요한 핵심파악이 어려웠던 탓에 맥을 잡지 못하고 치명적인 사고로 이어졌다. 볼품사납게도 입시사고가 발생하자 입시당국은 '매뉴얼에 적어 놓았다'는 식의 책임회피를 위한 형식론으로 흘렀다. 2012년 1월의 센터시험 입시사고는 매뉴얼 지상주의의 함정에 빠지는 경우 치명적 위험에 직면할 수 있음을 보여준 일대사건이었다.

본말전도된 매뉴얼 지상주의

매뉴얼을 작성하는 주된 목적은 어떤 일을 처리할 때 혼란을 적게 하고 사고를 줄이기 위해서다. 사고방지를 위해서는 매뉴얼 숙지가 지극히 중요하다. 그런 한편, 매뉴얼이 도를 넘어 너무 복잡해지다 보면 번잡한 규칙의 밧줄로 자신을 묶어버리는 자승자박(自繩自縛)이 되어버린다. 복잡하고 세세한 매뉴얼로 묶여 있어 개인이 주체적으로 나서기 어렵게 되어 있는 곳이 일본이다. 일본에서는 매뉴얼이 일단 완성되면 대부분 거역하지 않고 그에 따라야 한다는 쪽으로 기울어진다.

칼럼에서 언급했듯이 2012년 1월 실시된 센터시험(한국의 수능시험에 해당)에서는 시험 문제지를 잘못 배포하여 생긴 입시사고가 있었다. 감독매뉴얼을 지키지 않은 실책이 컸다. 간과하지 않아야 할 것은 근본적인 '전략'이 잘못되었을 때, 부분적인 '전술'로 아무리 보완하려 한들 실패하기 십상이라는 점이다. 입시운영상(전략)에 문제가 있을 때 감독매뉴얼(전술)로 대응하는 데는 커다란 한계가 있음에도 불구하고 우격다짐의 매뉴얼로 대응하려고 하는 것이 현행의 센터시험이다. 즉 신방식 입시제도 운영이라는 전략 면에서 근본적인 문제를 해결하려 하지 않고 매뉴얼이라는 전술에 의존하여 보완하려 하고 있다.

2012년도 입시부터 실시된 시험 운영방식에서는 수험생 간(1과목 선택자와 2과목 선택자 간)에 불공평이 생길 수 있다(후술 참조). 그렇다고 하여 대학입시센터가 센터시험 운영에 불공평성이 있다고 시인하는 것은, 변경된 입시제도 운영에 대해 자신의 실책을 인정하는 것이 된다. 실책인정을 극력 꺼리는 관료적 입장이 있는 만큼 무리인줄 알면서도 감독요령으로 대처하려 했다고 할 것이다. 분명한 것은 입시당국이 매뉴얼에 써놓았다 하여 책임을 다했다고 할 수 없다는 점이다. 매뉴얼 이용자의 입장을 배려하는 관점이 결여되어 있기 때문이다.

매뉴얼 지상주의에 너무 집착하면 매뉴얼에 없는 사태가 발생했을 경우 어떻게 대처해야 할지 몰라 당황하게 된다. 매뉴얼에 대한 고집이 자유로운 발상을 저해하기 때문이다. 더욱 심각한 것은 매뉴얼 인간이 되어버리면, 무엇이 중요하고 무엇이 중요하지 않은지 판단력을 잃을 수 있다는 점이다. 너무 세세하고 복잡한 입시매뉴얼이라면 현장의 감독자가 감독요령의 맥을 잡지 못해 입시사고로 이어질 위험성이 있다. 당연히 사고대응도 늦어지기 십상이다. 그 우려가 실제상황이 되어버린 것이 2012년 1월 일어난 센터시험 입시사고였다.

문부과학성은 대학예산이나 지침 등을 관할한다. 센터시험을 주관하는 대학입시센터는 독립행정법인이지만 실질적으로는 문부과학성 소관이다. 이러한 역학구조다보니 각 대학으로서는 입시센터에서 정해져 내려오는 지침에 제도운영상 다소 무리한 점이 있다 하더라도 거역하지 않으려 한다. 운영방식의 불합리성을 지적하는 데도 소극적이다. 감독자나 입시 담당직원들이 센터시험 당국의 매뉴얼에 대해 복잡하다고 느껴도, '왜 이렇게 복잡하게 써놓았는가, 이런 매뉴얼로는 사고 나기 쉽다'고 항의하는 사람은 거의 없다(일본에는 아줌마 부대도 없다).

현장에서 매뉴얼이 불합리하고 복잡하다고 지적하는 항의는 자칫하면 개인의 돌출행동을 드러내는 언사로 치부될 수도 있다. 그런 분위기임을 잘 알기에 감독예정자나 대학입시 담당자는 돌출행동으로 보이는 행동을 취하기보다는 수동적인 입장에서 매뉴얼에 맞추어 행동하려 한다. '매뉴얼에 써 있으니까 지켜야 한다'는 쪽이다. 각 대학이나 감독자들이 이처럼 순종적이라는 태도를 문부과학성은 이용하고 있는지도 모른다. 입시당국은 매뉴얼 사용자(감독자)를 포함한 현장 입시담당자의 입장을 심각하게 고려하지 않고 매뉴얼 지상주의에 빠져버렸다.

일본은 토론문화가 활성화되지 않았음에도 회의가 많은 나라다. 대부분의 회의는 토론이 아니라 정보의 공유와 이미 결정된 내용을 확인하는 자리이다. 센터입시의 '감독요령' 매뉴얼에 대한 사전설명회도 그런 회의의 하나다. 소위 상부(대학입시센터)가 작성한 매뉴얼을 확인하는 시간이다. 참석자들은 이미 그런 분위기를 알기에 적극적으로 제언하기보다는 상부의 지시를 기다린다. 지시만을 기다리다 보니 전체 내용을 파악하는 눈도 퇴화되기 십상이다.

교육방침으로는 융통성을 갖고 유연한 발상을 몸에 익히라고 강조하면서도, 정작 교육행정을 담당하는 정책당국은 지나친 형식에 얽매여 몹시도 경직되어 있다. 말과 행동이 일치하지 않는 교육정책은 설득력을 잃고 형식론으로 흐르기 쉽다. 자신들의 책임추궁만을 너무 두려워한 나머지 학력증진을 위한 노력이 소홀해지면 그 여파는 일본 대학의 학력저하로 이어질 수 있다. 유감스럽게도 이미 학력저하의 징후가 나타나고 있다고 할 것이다.

입시의 목적은 학력을 향상시키고 학생선발을 공평하게 하는 데 있다. 입시당국은 센터시험을 통해 학생의 실력을 향상시킨다는 관점보다는, 본말이 전도되어 '사고가 나지 않으면 된다'는 쪽으로 기울어졌다. 변경된 2012년도 센터시험 입시사고는 매뉴얼 지상주의라는 제 덫에 걸린 '자승자박'의 사고였다. 자승자박의 반대는 각자의 행동이 어디로 튈지 모르는 '천방지축'이다. 일본은 제멋대로 행동하는 천방지축의 들뜬 사회보다는 꽉 짜인 자승자박 속의 매뉴얼사회를 선호한다. 천방지축도 문제지만 제 덫에 걸리는 자승자박도 문제다.

책임전가 장치와 '취급주의'라는 단절성

대개 정부가 관여하는 일에는 책임을 묻게 되는 때를 대비하여 그 증거가 되는 기록을 남기려 한다. 일본의 센터시험에서도 모든 것을 기록하여 증거를 남기려는 방법을 취한다. 예컨대 코피가 나서 일시적으로 퇴실하는 수험생, 화장실 가는 수험생이 있으면 그때마다 '일시퇴실자 기록부'에 입퇴실의 시간과 수험번호 등을 기록한다. 수험생이 미심쩍은 행동을 하면 경고카드를 보이고 복수의 감독이 그 현장을 확보하도록 하고 있다. 이 모든 기록을 입시본부에 제출해야 한다.

감독자는 또 어느 수험생이 방정맞게 다리를 흔들어대면 '다리를 흔들지 마십시오'라고 쓰인 종이를 보여주어야 하고, 부정행위 적발이나 질문에 대한 대응도 해야 한다. 감독 시 대처해야 할 사항들이 동시다발적으로 발생할 수도 있지만, 과거의 경험으로 비추어볼 때 질문·불평호소·일시퇴실요청 등이 한꺼번에 일어나는 경우는 많지 않다. 그렇더라도 만일 현행 매뉴얼에 써 있는 여러 가지 일이 동시에 발생하게 되면 신속한 대응이나 기록남기기가 물리적으로 어려울 수도 있다.

실용적이지 않을지는 모르나 입시당국이 상세하고 복잡한 매뉴얼을 마련해놓는 데는 책임추궁이 있을지 모를 어떤 일이 발생했을 때를 대비하기 위한 속셈이 있다. 감독자가 자세하게 기록을 남기는 것은 후에 증거자료가 되거나 문제점 개선 시 참고자료로서 활용할 수 있다는 이점이 있다. 그런 한편, 세세하고 복잡한 매뉴얼을 마련해놓은 데는 '책임전가를 위한 안전장치'라는 목적도 간과할 수 없다. 여차하여 어떤 문제가 발생하면 '매뉴얼을 숙지하여 그대로 대처하지 않은 당신 잘못'이라는 식으로 책임전가를 할 수 있기 때문이다.

실제 2012년도 센터시험 입시사고를 해명하는 입시센터의 기자회견에서도 '입시사고는 매뉴얼을 숙지하지 않은 시험장 감독자들 잘못'이라며 감독자에게 화살이 돌아왔다. 변경된 입시제도 운영에 잠재되어 있는 근본문제는 제기되지 않았다. 이처럼 온갖 것을 세세하게 적어 모아놓는 매뉴얼은 입시당국의 책임회피 수단으로서도 그 힘을 발휘한다. 세세하고 복잡한 매뉴얼을 통한 책임전가 방식은 사용자의 편리성을 무시한 공급자 중심의 사고이다.

사용자의 편리성을 우선적으로 고려하지 않는 공급자는 시장에서 도태되었다. 세계에서 가장 널리 사용되는 마이크로소프트사의 MS오피스(문서작성 및 표계산 소프트웨어) 초창기 매뉴얼은 1,000페이지가 넘을 정도로 두꺼웠으나 두꺼운 매뉴얼이 모습을 감춘 지도 오래되었다. 엄청난 양의 매뉴얼을 이해해야 하는 고객의 부담도 크고 회사로서도 매뉴얼 작성비용이 많이 들었기 때문이다. 요즈음은 화면의 유도에 따라 조작하면서 즉석에서 알아가는 방식이 주류다. 자연스런 흐름으로 고객만족을 가져다주는 서비스 제공기업이 성공한다.

정보기술(IT) 기업인 구글은 조작의 간편성으로 고객을 매료시켰다. 사람들이 구글 검색엔진이나 전자메일(gmail) 서비스를 많이 이용하는 것도 이용의 편리성에 있다. 애플사의 아이시리즈 상품(아이팟, 아이폰, 아이패드)은 다양한 기술을 융합시켜 만든 제품이면서도 이용자의 편의성을 철저히 추구하려 했다. 2012년 센터시험 입시사고의 근저에는 공급자(입시당국) 중심의 무리한 입시운영이 자리 잡고 있었다. 세계시장을 무대로 경쟁하는 민간기업이었다면 있을 수 없는 고질(痼疾)이 입시나 교육당국에게는 끈질기게 남아 있다. 공공의 이익을 대변해야 할 교육당국이어야 함에도 현실을 보면 폐쇄적이고 외부의 자극에도 둔감하게 반응한다.

센터시험 '감독요령'과 같은 입시 매뉴얼에는 '취급주의'라는 굴레를 씌워 그 내용 정보가 사전에 누설되지 않도록 하고 있다. 악의적으로 이용되어 입시사고를 일으킬 수 있는 여지가 있기 때문이다. 입시사고를 방지한다는 취지에서 보면 타당한 조치이다. 역할을 다한 감독매뉴얼은 '취급주의' 굴레를 풀어 사후적으로 검증하는 것이 투명한 입시행정이 되고 향후 발전으로 이어진다. 물론 입시운영상의 개선사항도 검증내용에 포함되어야 할 것이다.

매뉴얼 지상주의와 함께 '취급주의'라는 굴레는 입시당국에 유리한 방편이 된다. 입시제도 운영의 불합리성을 덮기 위해 매뉴얼을 세세하고 복잡하게 적어놓았다 하더라도 이를 '취급주의'로 막아놓으면 일반인에게는 그 정보를 차단할 수 있기 때문이다. 입시사고가 발생했을 때 언론매체를 접하는 일반인들이, '매뉴얼에 상세하게 쓰여 있다'라는 센터시험 당국자의 해명을 들었다 하자. 그러면 일반인들의 감각으로는 '아, 매뉴얼을 철저하게 지키지 않은 감독자 잘못이구나' 하는 식으로 대수롭지 않은 감독부실 문제로 치부해버리기 십상이다.

일반검증을 받지 않은 채 공급자가 정보를 컨트롤하여 불투명한 운영으로 밀고가면 그 부작용이 엄청나게 부풀어 오를 수 있다. 정보의 불투명성이 주는 폐단은 비단 입시당국과 같은 행정에 국한된 얘기는 아니다. 2011년 3월 후쿠시마 원전사고를 낸 도쿄전력의 경우도 그 전형이다. 도쿄전력의 원전사고에 대한 정보컨트롤(예, 내부화상 비공개 및 편집된 일부 화상 제공)을 비롯하여 안하무인식 원전사고 대응에는 등골이 오싹할 정도이다.

2012년도 센터시험 입시사고에서 감독자의 책임이 있었음은 부인할 수는 없지만 그리 간단히 마무리될 사안도 아니다. 후술하듯이 현행 입시제도의 운영에는 수험생 간(한 과목 선택 수험생과 두 과목 선택 수험생 간)에 시간배분 면에서의 불공평성이 있다. 수험생 간에 생길 수 있는 불공평성 해소나 감독자에 대한 편의 제공 시점이 결여된 채 겉으로 드러나는 입시사고는 마치 감독 부주의만이 사고원인인 것처럼 일방적인 과실로 와전되어버린다. 정작 고쳐야 할 몸통은 숨겨져 있다. 일본어의 처세술 중에 '냄새 나는 것에는 뚜껑을 덮으라'는 말이 있다. 역시 교육당국은 그 처세술을 잘 알고 있다.

당신이 감독자라면 ……

어떤 일을 한다는 것은 그 시간에 다른 일을 할 기회를 잃게 됨을 의미한다. 어떤 일을 하는 시간에 다른 일을 하여 일정소득을 얻을 수 있다면, 그 소득은 어떤 일을 하기 위해 포기한 비용이라 간주할 수 있다. 이처럼 '어떤 일을 하게 됨으로 인해 잃게 되는 소득'을 '기회비용(opportunity cost)'이라 한다. 예를 들어 두 시간 일을 하면 10만 원을 벌 수 있는 사람이 이 두 시간동안 시험 감독을 위해 할애했다면 시험 감독의 기회비용은 10만 원이다. 세세하고 복잡한 매뉴얼은 숙지하는 데 많은 시간과 에너지가 필요한 만큼 다른 것을 할 수 없게 됨으로 인한 희생도 크다. 요컨대 복잡한 매뉴얼은 기회비용을 크게 한다는 폐단이 있다.

매뉴얼 지상(만능)주의는 감독자나 입시종사자의 시간(기회비용)을 존중하지 않는 사고방식이기도 하다. 입시업무는 대학이 엄연히 담당해야 할 중요업무이지만 당국의 입시업무 처우에 대한 발상은 지극히 공급자 중심적(관료적)이다. 관료는 자신들에게 책임추궁이 있을지의 여부에 관심이 크기 때문에, 감독자 등(대학이나 고등학교 입시 담당자, 입시학원 종사자 포함)이 그 일로 인해 얼마만큼의 시간이 소요될 것인지는 별로 개의치 않는 성향이 있다. 더구나 감독자 등의 시간희생(기회비용)은 겉으로 드러나는 명시적인 비용이 아니기에 입시센터의 형편에 맞추어 복잡한 매뉴얼을 남발하기 쉽다.

센터시험 감독에서 세세하고 복잡한 지시규정의 백미는 시험시간 30분, 배점 50점의 '영어 듣기(리스닝)' 시험이다. 그 30분의 시험을 위해 리스닝 사고 대응방법은 엄청나게 자세히 기록되어 있다. 감독자로서는 사고대응의 개요, 대응사례, 사용양식의 기입 방법, 재개테스트 감독요령 등을 파악해두어야 한다. 흐름표(flow chart)식으로 제시된 음원재생기기 (IC플레이어) 고장에 대한 대처법은 혀를 찰 정도로 자세하다. 아마도 매뉴얼 상의 대응방법을 완전히 숙지하는 감독자는 드물 것이다. 대개의 감독자는 사고가 나지 않기를 그저 기원하는 마음이다. 다른 나라에서는 그 예를 찾아볼 수 없는(아마도 대응할 수 없는) 일본 특유의 리스닝 시험이고 대응방법이라 할 것이다.

2012년도 입시부터 변경된 센터시험 운영에서 나타나는 수험생 간 과목선택에서 오는 불공평성 문제도 우려되는 상황이다. 제도변경 후는 선택과목(예컨대, '지리·역사' 교과와 '공민' 교과) 중 두(제1 및 제2) 과목을 선택한 수험생이 제1과목의 문제풀기를 포기하고 제2과목에 집중하면 120분 (09: 30~10: 30 및 10: 40~11: 40)을 할애할 수 있기 때문이다. 처음부터 한 과목만을 선택한 수험생은 60분(10: 40~11: 40)밖에 사용할 수 없지만 두 과목 선택자는 한 과목 선택자에 비해 두 배의 시간을 할애할 수 있다는 말이다. 이는 두 과목 선택자가 제2과목을 입시에 반영하는 대학에 응시할 경우 유리함을 의미한다.•

　문부과학성(또는 입시센터)은 한 과목 선택자와 두 과목 선택자 사이에서 생길 수 있는 불공평성을 감지했는지 전국 국립대학에 제1과목을 입시 사정(査定)에 채택할 것을 촉구했다. 센터시험 운영상의 불공평성을 내부적으로는 파악하고 있었다는 간접적인 표출이기도 하나 이는 궁여지책에 불과하다. 원칙적으로 문부과학성이 사립대학의 입시사정에까지 무리하게 개입할 수는 없기 때문이다. 수험생으로서 작전을 세운다면 자신 있는 과목을 제1과목으로 하여 빨리 풀고 나머지 시간을 제2과목 푸는 데 안배하는 것이 유리하다. 그리하면 제2과목 과목의 문제풀기에 60분 이상을 할애할 수 있어 한 과목만을 선택한 수험생(60분만 사용 가능)에 비해 유리하다.

　센터시험 당국은 선택과목 문제로 인해 나타날 수 있는 수험생 간의 불공평성을 감독매뉴얼로 대응하려 했다. 두 과목 선택 수험생이 제1과

• 일본의 대학입시에서는 국공립과 사립에 따라 센터시험 반영 여부가 다르다. 특히 사립대학의 센터시험 반영은 대학마다 크게 다르다.

목 시험 시간(09: 30~10: 30)에 해당 과목 이외의 문제를 풀고 있는지 의심되는 경우, 복수의 감독자가 확인하고 시험 종료 후 시험장 본부에 보고하도록 했다(그러나 그러한 일이 있더라도 절대로 주의를 주거나 동요시켜서는 안 된다). 수험생이 어떤 문제를 풀고 있는지까지 감독하고 그것을 적발하는 것은 불가능에 가깝고 또 바람직하지도 않다. 그와 같은 대응방법을 '감독매뉴얼'에 써놓았다고 하여 실효성을 기대하기는 어렵다. 만에하나 문제가 생겼을 경우도 '매뉴얼에 써놓았으니 책임 없다'(입시센터 측)와 '거기까지 감독할 수 없다'(감독자 측)는 식으로 서로 책임 떠넘기기의 소모전이 되기 쉽다. 그 경우 아마도 유야무야(有耶無耶)의 '거대한 무책임'으로 끝날 것이다.

시험 감독을 할 때 수험생이 어떤 과목을 풀고 있는지 감독자가 일일이 확인하는 것은 무리이다. 행여 그런 일이 있다 하여 적발했다 하더라도 실질적으로 제재하기도 어렵다. 실제로 문제를 풀고 있었는지 그냥슬쩍 본 것인지 구분하는 것은 매우 애매하기 때문이다. 당신이 감독자라면 구별할 수 있겠는가? 우스꽝스러운 이야기다. 다행스럽게도 2013년도 입시에서는 사고가 일어나지 않았지만 앞으로 수험생 간 불공평성의 문제제기나 입시사고가 언제 일어난다 해도 이상한 일은 아닐 것이다. 자승자박의 매뉴얼 지상주의가 언제까지 계속될지 나로서는 잘 모르겠다.

사용자의 편리성을 고려하는가?

2012년도 일본 센터시험(수능시험에 해당)에서 입시제도 변경이 있었다. 선택과목을 사전에 등록하도록 하고 과목선택의 폭을 넓히는 것이 변경내용의 골자였다.

제도변경 이전에는 문제지 다발을 전체 수험생 수만큼 인쇄해야 했기 때문에 인쇄비용의 낭비가 심했다. 선택과목 사전등록제로의 변경은 시험문제지 인쇄 낭비를 줄이고 지리·역사 교과 및 이과 교과로부터 과목선택의 자유도를 높이고자 하는 의도가 있었다.

유감스럽게도 신제도 운영과정에서 4,500명의 수험생에게 영향을 미친 최악의 입시사고가 일어났다. 제도운영(전략)상 무리가 있었음에도 그 모든 것을 300쪽 분량의 매뉴얼(전술)로 대처하려 했기 때문이다. 센터시험 운영이나 제도변경에의 대응 방식을 보면 매뉴얼사회 일본의 단면이 극명하게 드러난다. 일본은 제멋대로 행동하는 천방지축의 들뜬 사회보다는 꽉 짜인 자승자박 속의 매뉴얼사회를 선호한다.

'확실하게 대처하기 위해'라는 이점을 내세우는 매뉴얼 지상주의의 이면에는 '책임회피'라는 암울함이 숨어 있다. 사용자의 편리성을 고려하지 않은 공급자는 시장에서 도태되었다. 자연스런 흐름으로 고객만족을 가져다주는 서비스 제공 기업이 성공한다.

11

일본유신회와 일본정치

【칼럼】 일본유신회와 지방정치의 속내

2011년 11월 말 하시모토 도루(橋下徹)가 오사카시(大阪市) 시장에 당선되었다. 당시 그가 정계의 핵으로 떠오를지도 모른다는 기대심리가 팽배했었다. 하시모토가 인기를 모았을 때 오사카 시장 선거에서는 반대 진영이었던 여당 민주당이나 야당 자민당도 그와 연계하려는 암중모색이 활발했다. 그런 와중에 하시모토가 이끄는 오사카유신회(大阪維新會)가 정책방향을 담은 여덟 책략[維新八策]을 내놓자, '앗!' 하며 한발 물러섰다. 기존 정당들이 받아들이기 어려운 '총리의 직접선거제[公選制]' 도입이나 '참의원 폐지'까지 늘어놓았기 때문이다. 먹고는 싶으나 삼킬 수도 뱉을 수도 없는 '뜨거운 감자'의 전형이었다.

변호사였던 하시모토는 30대 나이에도 물들인 노란머리에 기발한 행동으로 TV프로그램에 출연하여 인기를 얻었다. 그 인기 여세를 몰아 2008년 오사카부(府: 광역자치단체) 지사로 당선되었다. 지사 취임식장에 모인 공무원들을 향해 '당신들은 파산 직전의 회사 직원'이라며 몰아붙였다. 공무원 때리기가 한창이던 시절 하시모토는 기성 정치인과는 다른 언동과 파행을 구사하여 오사카부민의 마음을 사로잡았다. 부(府) 지사 출마 공약에 오사카부와 오사카시를 통합하여 도쿄도(東京都)와 같은 오사카'도(都)'를 만들겠다고 호언하면서, 그에 반대하는 전 오사카 시장과 대립각을 세웠다.

오사카부 지사직을 임기만료 전에 내던지고 자신이 직접 오사카 시장이 되겠다며 지사·시장 동시 선거를 연출한 것 또한 하시모토였다. 그는 2011년 11월 27일 오사카 시장 선거에서 상대후보였던 히라마쓰 구니오(平松邦夫) 전(前) 시장보다 23만 표나 웃도는 75만 표를 얻어 오사카 시장이 되었다. 그뿐만 아니라 자신과 손잡은 부(府) 지사 후보도 당선시켰고 자신이 이끄는 지역 정당 오사카유신회로부터 지방의회 의원을 다수 배출시켰다. 2012년 9월에는 국회의원 선거에 참여하기 위해 전국정당인 일본유신회(日本維新會)를 발족했다.

대부분의 일본인들은 영웅처럼 처신하는 사람을 먼발치에서 지지하며 대리만족을 느끼려 할 뿐 직접 나서지는 않는다. 일례로 도쿄도민의 이시하라 신타로(石原愼太郎)에 대한 열렬한 지지를 들 수 있다. 무엇 하나 시원시원하게 결정하지 못하는 일본 국회의 답답함을 못이겨 '도쿄도(東京都) 대통령(지사)이 되어 일본을 바꾸겠다'고 뛰쳐나와 1999년 도지사가 된 사람이 이시하라였다. 결국은 일본을 변화시키지 못하고, 2012년 10월에는 4기째 도지사직을 임기 도중에 그만두고 두 달 후인 12월 국회의원 총선거에서 당선되어 국회로 돌아왔다. 이시하라는 태양당(太陽黨)을 발족시키고는 바로 해체하여 2012년 11월 일본유신회에 합류했다.

하시모토와 이시하라가 공동대표가 된 '일본유신회'는 2012년 12월 16일 실시된 중의원(衆議員) 선거에서 비례표 1,226만 표를 얻어 1,662만 표를 획득한 자민당에 이어 두 번째로 많은 표를 얻는 기염을 토했다. 당시 여당이었던 민주당의 962만 표를 웃도는 인기였다. 하지만 소선거구(지역구) 결과를 더한 의석수에서는 민주당을 밑돌았다. 일본유신회가 소선거구 의석을 확보한 것은 하시모토의 기반지역인 오사카와 그 주변의 긴키(近畿) 지방에 한정되었기 때문이다. 하시모토에 대한 막연한 기대감이 유신회 비례표 다수 획득으로 나타났지만 전국적으로 확대된 세력은 되지 못했다. 지역밀착성이 강한 일본인만큼 유신회가 지역색을 뛰어넘기가 어려웠음을 뜻한다.

하시모토가 이끄는 유신회는 대중의 이목을 끌기 위해 여덟 책략의 목적 첫머리에 '결정하고 책임지는 민주주의'를 내세우고 있다. 당의 공약이 들어 있는 유신팔책(維新八策)에는 통치기구, 재정·행정, 공무원제도, 교육, 사회보장, 경제·고용·세제, 외교·방위, 헌법 개정을 망라한다. 이시하라나 하시모토의 지방자치단체장으로서의 행동은 대리만족을 느끼려는 대중의 심리를 꿰뚫고 있다. 하시모토가 한

때 일본 서쪽(오사카)과 동쪽(도쿄)에서 주목을 받았다 하여 일본의 영웅이 된 것은 아니었다. 일본에서는 영웅 만들기나 일인 지배를 극력 꺼리면서 관료에 의한 통치구조가 형성되어왔다.

지방정치에서도 책임을 지려는 자치라고는 보기 어렵다. 도쿄, 오사카, 나고야(名古屋) 등 일부 대도시 지자체 장들은 지역자립 추구의 정치적 행동을 보이기도 하지만 그런 목소리가 일본 각 지역의 의견을 대변하는 것은 아니다. 대부분의 현(縣: 광역자치단체)이나 시정촌(市町村: 기초자치단체)은 중앙정부의 지시를 받아가며 거기에 '묻어가고' 싶어 한다. 자립 가능할 정도의 재정적 여력도 없고 정책결정에 대한 책임을 지고 싶지도 않기 때문이다. 자치단체들이 겉으로는 지역주권이나 자립추진을 내비치지만 그 속내는 스스로 책임지는 완전자치를 원치 않는다. 권한과 재원이 중앙에서 지방으로 이양된다 하더라도 과연 자신들의 지방관청에서 책임 있게 대응할 수 있을지를 겁내고 있다.

메이지(明治)유신을 경험한 일본이다. 한국에서는 1972년 10월 유신을 겪었던지라 일본유신회가 강렬한 인상으로 다가올지 모르겠다. 일본국민이 한때는 일본유신회에 대해 '파란을 일으킬지 모르겠다'라는 기대감을 갖은 적도 있었다. 지금은 메이지유신 직전의 에도(江戶) 막부(幕府) 말기와 같이 강렬한 인상을 주는 시기도 아니고, 국민이 '이거 큰일났다'라고 인식할 정도로 절박함이 있는 것도 아니다. 총리가 바뀌거나 국회의원 몇 명이 교체되는 것을 놓고 국민이 '큰일이다'

라고 생각하지는 않는다.

일본에서 '진짜 큰일났다'라고 느끼는 때는 눈덩이처럼 불어난 나랏빚에 짓눌려 그 무게를 감당하지 못할 때일 것이다. 거대한 빚더미가 해일처럼 코앞으로 몰려오는데 그 대책 마련을 위한 절박한 기운은 그리 느껴지지 않는다. 일본 사회 및 경제 변화에 대해 예리한 감각을 터득해두는 것이 올바른 현실직시가 아닌가 싶다.

완강한 세습정치 그룹

일본유신회는 2012년 12월 총선거에서 국정진출에 성공했다. 하시모토 도루의 인기와 오사카부(府) 지사 및 오사카 시장 경력이 일본유신회의 국정진출에 큰 힘을 발휘한 것이다. 국정진출의 교두보가 된 것은 2012년 3월 24일 개강한 '유신정치교실'이다. 처음에는 모집정원을 400명 정도로 예상하고 있었으나 막상 뚜껑을 열고 보니 현직 국회의원을 비롯하여 3,326명이 응모했다. 하시모토의 등장은 정치가의 세대교체나 폐색감(閉塞感) 짙은 일본정치에 새로운 바람을 불러일으키는 역할을 했다. 긍정적인 일면이다.

유신회가 제시한 정책강령은 이시하라 신타로의 태양당과 합병하면서 두 당의 공약을 조정하는 과정에서 빛이 바래버렸다. 우익 색깔이 짙은 이시하라의 의도가 유신회 강령에 반영된 것이 가장 큰 변화라고 할

것이다. 이시하라는 2013년 4월 4일 ≪아사히신문(朝日新聞)≫과의 인터
뷰에서 "하시모토가 총리가 되도록 도와주는 것이 정치가로서 마지막 할
일"이라 말하고 있다. '폭주노인'임을 자칭하는 이시하라는 헌법 개정을
비롯하여 강력한 군사국가나 핵무장론까지 서슴없이 내세운다. 유신회
의 당 강령 첫머리 장식 부분에는 현행 헌법은 "일본을 고립과 경멸의 대
상으로 폄하했다"라는 감정 섞인 문구가 들어 있다. 이시하라의 의도를
반영한 상징적 문구이다. 일본인에게 자부심을 갖도록 하고 싶다는 마음
이겠지만 그런 부추김이 일본을 더욱 고립시킬 위험성이 있다.

　하시모토가 사카모토 료마(坂本龍馬)의 선중팔책(船中八策)과 같이 선풍
을 일으켜 기존의 질서를 무너뜨리기에는 역부족이었다. 일본에서는 대
대로 이어온 직업집단이 큰 힘을 발휘한다. 정치계도 예외는 아니다. 지
금은 그 힘이 약화되었다고는 하나 정계에서 실권을 갖고 있는 것은 대
부분이 세습정치가들이다. 할아버지나 아버지가 정치인이면 그 자녀 세
대가 선거구를 이어받아 대대로 정치가가 되는 경향이 강하다. 2012년 9
월 말 있었던 자민당 총재 선거에서는 아베 신조(安倍晋三)를 비롯한 입후
보자 다섯 명 모두 세습정치인이었다.

　돌연 혜성처럼 어떤 영웅이 나타나 일본을 새로운 세계로 이끌어줄 것
이라는 막연한 기대는 세상 얘깃거리로 재미있을지 몰라도 실현성은 그
리 없다. '힘 있는 자에 묻어가기'라는 처세술을 따르는 일본이기 때문이
다. 일본에서는 오랜 기간 그 자리에 있던 사람이 힘(권력이나 세력)을 갖
는 경향이 있다. 종신고용이나 연공서열도 같은 맥락이다. 혜성과 같이

반짝 나타나는 영웅 출현을 환영하는 분위기가 아니다. '묵은 술이 관술'이라 보는 입장이다.

2009년 9월부터 3년 3개월이란 짧은 기간이기는 하나 자민당을 대신하여 민주당이 정권을 잡은 시기가 있었다. 그러다가 다시 1955년부터 반세기 이상 집권했던 자민당이 2012년 12월 재집권에 성공했다. 자민당의 복귀는 일본에서 기존질서를 부수고 새로운 질서를 창출하는 것이 얼마나 어려운 일인지를 보여주는 일례이다. 2012년 12월 민주당의 몰락은 그 실정에 대한 국민의 분노어린 심판이기도 하지만, 한편으로는 무엇인가를 일거에 바꾸는 것이 일본국민에게 결코 환영받지 못함을 말해주는 획기적인 사건이기도 하다.

일본유신회가 국정에 진출했다고는 하나 지속적인 정치가 집단으로 인정받기에는 한계가 컸다. 일본유신회의 공동대표 하시모토와 이시하라 모두 자민당의 진골 세습정치인과는 그 배경을 달리한다. 개인이 세습의원 그룹(조직)을 이기기에는 그 벽이 높고도 단단하다. 이시하라가 중앙정치계(국회)를 뛰쳐나와 도쿄도 대통령(지사)이 된 것도 세습의원 그룹에는 맞서기 어려웠다는 배경이 있다. 조직의 완강함이 특히 거세게 작용하는 곳이 일본 정계다. 직업화된 기성정치인들의 보수의 벽은 너무나도 두꺼우며 관계(官界)는 철옹성같이 굳어 있다.

2010년대 들어 주변국가와의 영토나 역사문제가 부상하면서 정치계의 보수의 벽이나 관료의 칸막이벽이 더욱 높아진 인상이다. 일본은 특히 외교 면에서 그 수완이 부족하나 내정(內政)에서도 얽혀 있는 이해관계로부터 헤어나지 못하고 있다. 일본에서 내부논의로부터 새바람을 불어넣어 외부로 향한 도약을 이끌어내기 어렵다고 하는 주장은 마루야마 마사오의 다음 문장 속에 잘 표현되어 있다. "…… (일본에는) 같은 학파, 같은 종교라는 틀 안에서의 대화는 있지만 다른 입장이 공통의 지성 위에서 대결하고 그 대결 속에서 새롭게 발전을 이끌어내는 것과 같은 예는 물론 없는 것은 아니지만, 적어도 그것이 통상적이라고는 도저히 말할 수 없다"(丸山眞男, 1961: 4).

민간인의 교류는 한층 깊어졌는데 정치의 시계는 시간이 거꾸로 흐르는 듯하다. 기존의 장벽을 무너뜨리는 데는 총리의 직접선거를 통해 정관계의 의사결정 과정을 국민에게 개방하고 상호 간의 통풍이 잘 되도록 하는 방법이 유효하다. 국민에 의한 직접선거로 총리를 선출하게 되면 좀 더 강력한 리더십을 부여할 수 있다고 생각되나 현실적으로 그러한 개혁은 기대하기 어렵다. 직접선거로 총리의 권한이 강해짐은 국회의원들의 기득권익이 축소됨을 의미한다. 의원들이 자신들의 밥그릇 크기를 줄이는 개혁에 적극적으로 찬성할 리 없다.

국내사정이 좋지 않다 싶으면 기업은 외국에 진출하여 사업을 전개할 수도 있다. 하지만 정치야 밖으로 나갈 수 있는 것도 아니다보니 국내에서 권력투쟁에 열을 올린다. 열린 정치 조류가 기존의 정치나 관료조직과 화학반응을 일으켜주기를 바라지만 그것을 기대할 수 없다는 것이 일본정치의 딜레마이다. 일본에 새로운 형태의 정치체제를 리드하고 세습의원 조직이나 완고한 관료내각제를 타파할 무언가를 고대함은 과연 무리일 것인가?

'선택과 집중'이 어려운 관료내각제

일본은 의원내각제 국가이다. 본래 의원내각제란 국민의 선거로 선출되어 권한을 위임받은 국회의원이 행정기관인 내각을 구성하여 국가를 통치하는 제도를 말한다. 이이오 준(飯尾潤)이 『일본의 통치구조』에서 지적하고 있듯이, 일본은 진정한 의미의 의원내각제가 아닌 '관료내각제'로 변질되었다. 이이오의 개념을 참조하면 관료내각제라 함은, 국회의원이 어느 부처의 장관(대신)으로 임명되면 국민으로부터 권한을 위임받았다는 것을 깊이 인식하지 못한 채 마치 관할부처의 대표자인 것처럼 행동하는 체제를 빗대어 하는 말이다.

관료내각제로 변질되면 정부정책이 관료의 영향력 안에 있게 되어 정책의 최종적인 의사결정 주체가 누구인지가 불명확해진다. 국민의 의사를 반영하는 정책이 아니라, 관료와 유착관계가 강한 기업이나 이익단체를 우대하는 정책으로 흐르기 쉽다. 각 성청은 이기주의에 빠져 자신들의 이익을 지키려고 하기 때문에 부처(성청: 省廳) 간에 칸막이가 쳐지게 되고 부처(성청)별 종적조직으로 운영된다. 그리되면 부처 간에 서로 '분리된 관리원칙'이 통용되어 유기적으로 부처 전체를 통합한 정책 입안이 어려워진다.

미국과 같은 대통령제하에서는 최종적인 책임이 대통령에게 귀착되기 때문에 정책실행에 필요한 의사결정이 대통령을 중심으로 이루어진다. 대통령제라 하여도 미국은 입법·사법·행정 간의 '견제와 균형'이 강조된다. 외교와 국방에 대해서는 연방정부가 전권을 갖지만 다른 행정업무는 주정부의 자율성이 강하다. 이이오는 "정책형성과정을 정부 내에 국한시키지 않고 개방적으로 수행하는 것이 미국 정치가 활력 있는 이유 중의 하나"라고 지적한다(飯尾潤, 2007: 161). 미국의 개방적인 정책형성과정은 각 부처(성청)마다 종적 폐쇄구조로 되어 있는 일본과는 크게 다른 점이다.

국가통치기관이 관료내각제로 운영되면 총리(수상)의 사령탑 기능이 충분히 발휘되지 못한다. 각 부처의 정책 간에 두꺼운 칸막이가 쳐져 있어 수상조차 깊이 관여하기 어려운 구조이기 때문이다. 관료내각제에서는 권한을 새로이 확장하는 데는 찬성하나, 기득권익을 포기해야 하는 기존제도를 폐지하거나 축소하는 데는 끈질기게 저항한다. 국가 예산책정에서도 전 국민의 이익을 염두에 둔 예산편성이 아니라 각 부처의 관료가 주도권을 쥐고 해당부처의 예산이나 정책요구를 하게 된다. 그 결과 부처 간의 정책협력이 어렵게 되어 부처이익을 대변한 예산집행이나 정책운영이 부처별로 따로따로 이루어지는 경향을 갖는다.

경제가 성장하는 시기에는 배분되는 파이(예산)의 크기는 다르다 하더라도 관료제 운영의 문제점이 겉으로 잘 드러나지 않는다. 기존제도나 정책이 폐지될 정도로 예산 배분이 줄어들지 않기 때문이다. 그러나 성장세가 둔해지는 경기침체기에는 기존제도를 일부 폐지하거나 축소하는 등 부처 간의 횡적 협력이 요구된다. 정치가의 리더십이 중요해지는 국면이지만 관료내각제하에서는 기득권을 유지하려는 각 부처 관료나 이익단체의 저항이 국민으로부터 위임받은 권한(통치권)보다 강하게 작용한다.

고도성장기가 지나면 재원을 배분하는 데 '선택과 집중'이 요구된다. 저성장기에 들어서면 소득증가가 둔해져 사용가능한 재원 규모에도 제동이 걸리기 때문이다. 일본에서는 고도성장기 이후도 국가 통치권의 힘이 관료조직의 힘에 밀려 비효율적인 자원배분이 많았다(즉, 재정지출의 낭비가 많았다). 국가 전체를 총괄한다는 관점에서 낭비를 줄이기 위한 '선택과 집중'을 어렵게 하는 것이 관료내각제의 큰 폐단이다.

의사결정이 폐쇄적으로 이루어지는 관료내각제에서는 각 부처 내부에서 일어나는 불상사나 부조리가 겉으로 떠오르지 않는다. 외부로부터의 책임추궁을 피하기 위해 조직 내부에서 얼버무리거나 뚜껑을 덮으려하기 때문이다. 부처 간 종적으로 쳐져 있는 칸막이벽에 조직 내부의 정보가 차단되어 국민이 원하는 정보도 제대로 공개되지 않는다. 그리되면 국가 차원에서 각 사안별 우선순위를 평가(중요도를 판단)하는 것이 힘들어진다. 설령 그 평가가 가능하다 해도 정보가 공개되지 않는 상황에서는 잘못된 결정이 되기 쉽다.

'선택과 집중'을 하는 데는 기존정책 중 일부가 배제되어야 가능하다. 총론으로 찬성하던 각 부처는 막상 자기 부처의 정책이나 예산이 배제되는 각론으로 들어가면 크게 반발한다. '총론 찬성, 각론 반대' 현상이다. 각 부처의 이익을 대변하는 소위 한통속 의원[族議員: 족의원] 등을 동원하여 자신의 정책이 배제되지 않도록 활발한 물밑 작업을 벌인다. 우선순위 판단이 힘든 관료내각제하에서는 결국 '선택과 집중'이라는 전략적인 정책노선으로 깊이 파고 들어가지 못하고 과거의 수순을 답습한(routine) 예산과정이 되어버린다.

관료의 저항에 밀린 국가정책은 '국민을 위하여'라는 본래의 방향성을 잃게 된다. 일본정부의 정책운영에 낭비가 많았던 것도 '선택과 집중'을 할 수 없었던 요인이 크다. 결국 낭비가 많은(또는 비효율적인) 지출재원을 조달하기 위한 국채발행이 늘어났고 그것이 재정적자의 누적에 박차를 가했다. 부처의 이권을 지키려는 관료조직이나 이익단체의 완강함은 거북이 등껍질만큼이나 굳어 있다. 설사 누군가가 '기존의 질서를 타파하여 새로운 변화에 적응합시다'라고 목소리를 낸다 해도 그 소리는 겉으로 맴돌 뿐 대답 없는 메아리로 사라져버린다.

절실히 요구되는 것은 정관계(政官界)에 불쑥불쑥 솟아 있는 칸막이를 허무는 일이다. 정관계는 자신들이 들어앉아 있는 폐쇄공간의 개방을 가장 두려워하면서도, 민간에게는 '두려워하지 말고 개방적으로 글로벌화에 대처해 나갑시다'라는 문서를 작성한다. 설득력이 없을 것임은 불을 보듯 뻔하다. 그렇다면 어떻게 해야 할 것인가? 마루야마 마사오가 언급하듯이 '자신이 놓인 위치를 비탄하거나 미화하거나 하지 말고 우선 현실을 직시하여 거기서부터 출발할 수밖에 없을 것이다'(丸山眞男, 1961: 5).

영웅보다는 지역밀착성

사카모토 료마(坂本龍馬)가 위대한 것은 피 흘림 없이 메이지유신의 기반을 닦았다는 점이다. 원래의 여덟 책략[維新八策]은 메이지유신 직전인 1867년 도사번(土佐藩) 지사(志士)였던 사카모토 료마의 선중팔책(船中八策)에서 비롯한다. 선중팔책은 에도(江戸) 막부의 반발을 평화적으로 마무리하기 위해 나가사키(長崎)에서 교토(京都)로 향하던 배 안에서 생각해냈다는 데서 붙여진 이름이다. 그 취지는 '아직 막부를 지지하는 번(藩: 지방의 큰 세력권)이 많으니 무리하게 무력으로 토벌하려고 하면 내란이 일어난다. 내란을 틈타 영국이나 프랑스의 외국세력이 간섭하여 올 수 있으니 그런 사태가 일어나지 않도록 평화적으로 해결하고 싶다'는 것이었다.

헌법 제정과 상하 양원의 의회정치, 외국과의 불평등조약 개정 등을 담고 있던 선중팔책의 이상(理想)은 메이지정부로 이어져 일본 근대화에 크게 공헌했다. 료마는 메이지유신을 몇 달 앞둔 1867년 11월 암살되는 비운을 맞았다. 국민 모두가 료마를 영웅시하는 것은 아니지만 많은 이들이 그를 존경하는 인물로 꼽고 있다. 예컨대 마에하라 세이지(前原誠司) 민주당 의원을 비롯한 뭇 정치인들이 료마를 목표로 하는 인물로 들고 있다. 소프트뱅크의 손정의(孫正義) 사장도 료마의 통 큰 스타일을 좋아하여 사업모델에도 반영한다.

일본사람들한테 '일본역사에서 가장 걸출한 인물이 누구인가?'라고 물으면 금방 대답이 돌아오지 않거나 잘 모르겠다는 답변이 많다. 전국(戦

國)을 통일한 오다 노부나가(織田信長)나 에도 막부를 연 도쿠가와 이에야스(德川家康)와 같은 인물이 있지만 영웅이라는 표현을 그다지 사용하지 않는다. 일본은 지역밀착성이 강해 영웅을 내세우는 정서가 아니기 때문이다. 같은 질문을 미국인에게 던졌다면 '워싱턴, 에디슨, 링컨'이라 했을지 모른다. 한국인이라면 서슴없이 '세종대왕', '이순신 장군'이라고 대답했을 것이다. 국가적 차원에서 세종대왕이나 이순신 장군과 같은 영웅적 인물을 학교교정에 세우는 한국은 일본과는 그 정서가 사뭇 다르다.

일본이 지역밀착성이 강해 영웅을 내세우는 정서가 아님을 이해하면 영웅이 누구인지를 묻는 질문에 '머뭇거릴 수 있겠구나' 하고 수긍이 간다. 전국적 영웅 만들기보다는 자신들의 출신 지역에서 '뛰어난 업적을 남긴 사람'을 기념하여 동상이나 기념관을 세우고 이를 소중히 지켜 나가는 쪽에 무게를 둔다. 각 지역에 연고를 갖는 사람이나 공헌자의 업적을 기리는 기념관은 그 지역의 명물이 되며, 관광객들에게는 관광명소로서의 역할을 한다. 역사적 인물은 정치적으로 이름을 남긴 사람들만이 아니다. 문학이나 예술 분야에서 이름을 남긴 사람들도 그들의 족적을 알리고 음미하려고 적잖은 노력을 기울인다.

노벨문학상을 받은 가와바타 야스나리(川端康成)의 유명한 소설『설국(雪國)』의 배경이 된 에치고유자와(越後湯沢)에는 야스나리의 기념관[雪國館]이 있다. 겨울철 기차를 타고 에치고유자와에 가다보면 긴 터널이 나오고, 실제로 그 터널을 지나면 열차 밖으로 펼쳐지는 바깥세상이 하얀 눈으로 덮혀 있어 '설국'을 연상케 한다. 국민적 인기를 모은 드라마의 촬

영지 보존에도 힘을 기울인다. 일본에서 1981년부터 2002년까지 인기리에 방영된 〈북쪽 나라로부터〉라는 TV드라마가 있었다. 홋카이도(北海道) 후라노(富良野) 지역에는 자연을 사랑하는 마음이 물씬 배어 있는 그 드라마 촬영현장이 잘 보존되어 있다.

유럽이나 한국 등에서도 문학가나 화가 등의 연고지를 보존하곤 한다. 예를 들어 원주에는 박경리 선생이 작품 활동을 한 곳을 기념관으로 활용하고 있고 대하소설 『토지』의 무대가 된 경남 하동마을도 소중히 보존하고 있다. 이를 보고 한국도 일본과 그리 다르지 않지 않느냐고 반문할 수 있다. 한국이 그 지역과 연고가 있는 것을 남기고 있다고는 하나 한일 양국 사이에는 '지역밀착성'과 '지속성' 면에서 큰 차이를 보인다.

근대화 이전 한국에서 '농자천하지대본(農者天下之大本: 농사가 이 세상의 으뜸)'이라는 깃발과 함께 흥을 돋우던 꽹과리와 북소리는 역사 속으로 사라져버렸고 지신(地神)밟기 민속놀이도 자취를 감춘 지 오래다. 2000년대 들어 지방자치가 강조되면서 전통행사를 복원하고 부활시키려는 움직임도 있지만 주민의 독자적이고 자발적인 움직임이라기보다는 자치단체의 권장행사로서 추진되는 경우가 많다.

일본에는 지역에 밀착한 마을축제(마쓰리)가 그 전통의 끊김 없이 지속성을 갖고 이어져 오고 있다. 몇 백 년 동안 이어져 온 그 지역 전통 술을 마셔가며 마을 신(神)을 신사(神社)에 모시고 있다. 마을 신사에 모셔져 있던 신주단지를 가마에 싣고 동네를 한 바퀴 도는 마쓰리(대개는 여름)는 앞으로도 이어질 것이다. 그만큼 지역밀착성과 지속성을 소중히 여김을 의미한다.

내향적 성격의 '지역밀착성'과 '지속성'은 기술축적에 유리했다. 최근 업적을 늘리고 있는 일본기업을 보면 특히 눈에 띄는 점이 있다. 기술축적을 무기로 해외에 진출하여 현지기업과 합작하는 기업이라든가, 국내에 있으면서도 해외시장 사업전개를 하는 기업과 손을 잡고 세계시장을 겨냥하는 기업이다. 예컨대 일본의 다이킨(DAIKIN)사는 중국의 거리(格力)전기사와 제휴하여 중국 에어컨시장을 석권하고 있다.

정관계의 발전도 폐쇄성으로부터 탈각하여 외부와의 교감을 트는 길이겠지만 지금대로라면 그 길은 요원하다. 외부로부터 새바람을 불어넣어야 할 터인데 오히려 한발 한발 뒷걸음질 치는 듯하다. 지역밀착성과 지속성이 강한 일본에서는 좋은 것도 좋지 못한 것도 축적되어간다.

현실직시로부터 출발

2010년 전후하여 일본유신회의 하시모토 도루(橋下徹)가 엄청난 인기몰이를 했다가 수그러든 적이 있다. 일본정계는 어느 젊은이가 혜성처럼 나타나 전국적인 영웅으로 지도력을 발휘하기는 어려운 환경이다. 기존질서 파괴에 대한 저항이 너무도 강하기 때문이다. 일본에서는 전국적인 영웅보다는 지역밀착성이 중시된다.

일본은 국민의 직접선거로 선출된 국회의원이 통치하는 의원내각제 국가이지만 실질적으로는 철옹성 같은 관료조직에 의해 움직이는 관료내각제 국가이다. 각 부처의 장관으로 임명된 국회의원이 관료조직에 매몰되어 국민의 이익보다는 관할부처의 대표자처럼 행동한다. 각 부처는 종적인 직업집단으로 닫혀 있어 부처 간 연대나 국가차원의 '선택과 집중'이 힘든 구조이다.

신예의 정치가가 직업화된 보수정치인이나 철벽같은 관료내각제를 부수기에는 그 장벽이 너무 높고 단단하다. 외부와의 교감을 트는 일이 정관계의 발전으로 이어지겠지만 완강한 세습정치 그룹의 폐쇄성은 여전하다.

정관계는 자신들의 폐쇄공간 개방을 두려워하면서도 민간에게는 글로벌화에 따른 개방성을 주문한다. 이런 정치현실이지만 마루야마 마사오가 언급하듯 비탄하거나 미화하거나 하지 말고 현실을 직시하여 거기서부터 출발할 수밖에 없을 것이다.

12

양극화 사회와 시장 확대 경쟁

【칼럼】 깔때기형 사회에서 화분형 사회로

시장경제는 자유로이 재화나 서비스를 거래할 수 있다는 이점이 있는 반면, 작은 돈(소자본)이 큰 돈(대자본)에 먹히기 쉬운 냉혹함도 있다. 버는 게 적으면 저축을 할 여유는커녕 하루하루 입에 풀칠하기도 어려우나, 가진 게 많아 여윳돈을 굴리면 돈이 돈을 낳기 때문이다(예컨대, 이자소득이나 임대수입). 시장경제가 진전되면 소점포는 대점포를 당해내지 못해 궁지에 몰리기 쉽다. 부(富)나 소득을 적절히 재분배를 하지 않고 시장경제를 방치하면, 〈그림 3〉 (a)와 같이 빈부격차가 심한 '깔때기형' 불평등 사회(격차사회)가 된다.

소득격차가 심한 〈그림 3〉 (a)의 깔때기형 사회는 불만이 쌓이는 사회이다. 이상적이고 건전한 사회는 〈그림 3〉 (b)와 같은 '화분형'

그림 3 깔때기형 사회와 화분형 사회

(a) 깔때기형 소득분포

일인당 소득액

(b) 화분형 소득분포

일인당 소득액

고소득층

저소득층

주: 시장경제를 방치하면 (a)의 '깔때기형' 사회와 같이 고소득층과 저소득층과의 소득 차이, 즉 빈부격차가 심해진다. (b)의 '화분형' 사회는 소득계층 간의 소득격차를 인정하면서도 그 격차가 심히 크지 않은 사회이다. (a)의 깔때기형을 (b)의 화분형으로 만들어가는 재분배정책이 요구된다. 화분형 사회가 이상적이다.

사회이다. 화분형 사회라 함은 상층부(고소득층)와 하층부(저소득층)의 소득격차를 인정하면서도 그 차이가 심히 크지 않은 사회를 말한다. '깔때기형'을 '화분형'으로 바꾸려면 고소득층의 소득을 덜어내 저소득층으로의 재분배정책이 불가결하다. 화분형 사회로 바꾸지 못하고 깔때기 사회를 그대로 방치하면 상층부와 하층부의 격차가 심하게 벌어지고 급기야는 사회기반이 무너질 우려가 있다.

깔때기형 사회에서는 소득이나 부가 상층부로 쏠리고 하층부의 소득은 빈약해져 간다. 이른바 소득분포의 양극화가 노정된다. 자본주의를 세계에 퍼뜨린 미국에서조차 중간층이 무너져 소득분포가 편중되는 양극화 우려의 비판이 강해졌다. 깔때기형과 같은 소득불평등 심화에 일반국민의 비난이 분출된 것이다. 예컨대 2011년 말 '상위 1%가 부의 대부분을 차지하여 나머지 99%가 말라간다'고 자본주의 상징거리 뉴욕 월가에서 큰 시위가 있었다.

일본의 고용관행에서는 종업원 해고를 극력 피하려 하며, 국가적으로도 고용유지를 장려하는 입장이다. 경제상황이 좋지 않을 때 일본기업이 고용유지와 이윤확보를 위해 취한 방법이 비정규직 확대를 통한 노동비용 절감이었다. 1990년대 초 거품경제 붕괴와 함께 경제상황이 악화되었고 그에 대응하려 정규직의 삭감이나 배치전환을 하는 기업도 많아졌다. 비정규직 노동자가 늘어났다 하여 정규직의 임금이나 경영책임자의 급여수준이 늘어난 것은 아니다. 정규직의 급여수준도 상당 정도 줄어들었다.

비정규직에는 파견사원이나 시간제(part time) 단기 아르바이트 노동자도 있지만 장기고용 방식의 비정규직도 많다. 비정규직 노동자가 많아짐에 따라 일본에서도 소득불평등 심화라는 격차문제가 표면화되었다. 후생노동성 「임금구조 기본통계조사」의 고용형태별 월평균임금을 보면 비정규직(19만 6,000엔)은 정규직(31만 7,000엔)의 62% 수준이다(2012년). 또한 아사오 유타카(浅尾裕)에 따르면, 정규직의 급여수준과 비교하여 전일제(full time) 비정규직은 3분의 2 정도 (64%), 시간제 노동자는 30%에도 미치지 못하고 있다(28%: 2010년).

비정규직 세대주가 늘어나 가계수입이 불안정해지면 사회불안이 조장되기 쉽다. 저소득층이나 빈곤층의 생활보호에 지출되는 재정부담도 늘어나게 된다. 경제상황이 좋지 않아 소득이 늘지 않으면 덜어낼 금액(세수입)도 늘어나지 않는다. 작금 일본의 소득격차 문제는 소득이 늘어나지 않는 가운데 소득재분배를 하여 '화분형' 사회로 만들어야 하는 난관에 봉착해 있다.

경제성장으로 파이(소득)가 커진다 해도 모두의 생활이 풍요로워진다는 보장은 없다. 고소득층으로 소득이 편중되고 저소득층에게는 그 혜택을 누리지 못하는 각박한 세상이 될 수 있기 때문이다. 우리가 영위하는 시장경제에서는 돈 벌기 욕망을 장려한다. 그 욕망을 실현하여 활력 넘치는 사회를 이루려면 소득격차의 발생은 불가피하다. 소득격차 자체가 문제가 아니고 격차가 얼마나 심한가가 문제이다. 돈 벌기 욕망이 도를 넘어 일그러진 '탐욕'으로 내달리면 돈에 눈이 어두워져 주위를 배려하는 마음도 잊게 되고 소득격차도 극심해져 박정(薄情)한 세상이 되어버린다.

자본주의에서는 욕망이 소망을 누른다. 돈 벌고 출세하겠다는 욕망이 사랑하는 가족과 오순도순 살고 싶은 소망을 덮어버리기 십상이다. 인간의 욕망이 악(惡)은 아니지만, 일그러진 탐욕에는 소박한 소망을 앗아가는 악성코드가 숨어 있다. 조용히 온화하게 살고 싶어도 '생존경쟁'이란 네 글자가 그냥 내버려두지 않는다. 인간도 동물인 이상 생존경쟁은 피할 수 없겠지만 좀 더 현명한 생존경쟁을 할 수 없는 것일까?

일그러진 탐욕이라는 악성코드가 발호하지 못하도록 주의하고 '화분형' 사회를 만들어가는 것은 우리에게 부과된 과제다. 격차의 정도가 너무 크지 않고 화목한 삶을 지켜주는 '화분형' 사회로 만들어가는 데는 감성정치의 수완이 발휘되어야 한다. 그 수완은 돈 벌기 능력을 맘껏 발휘하는 부자를 존중하고, 그들이 기꺼이 나눔에 동참하도록 유도하는 솜씨다. 악착스런 노력과 빈자를 보듬는 너그러운 마음의 공존이다.

재분배는 감성의 영역

돈(자본)의 힘은 냉정하다. 소시민(자영 상공업자와 자영 농민 등)이 재산을 거머쥐려 해도 대부분은 큰 자본에 이기지 못하고 아래로 미끄러진다. 제2차 세계대전 후 경제성장과 소득격차가 작은 사회를 동시에 이루어온 일본이었지만, 1990년대 이후는 반대로 경기침체와 소득불평등이라는 격차사회 문제에 직면했다. 심각한 소득격차로 인해 소득분포의 양극화가 진행되면서 상대적 박탈감이 더해갔다. 정규직 대열에 합류하지 못한 비정규직이 늘어나면서 중산층이 엷어지고 빈자들의 불만도 늘어났다.

대개의 근로자는 자신의 일이 효율적인가 비효율적인가에 관계없이 안정적으로 일하고 싶어 한다. 기업의 입장에서 보면 고용유지도 중요하지만 이익을 내지 못하면 살아남을 수 없다. 1990년대 초 거품경제 붕괴 이전까지 일본에는 '국가에 의한 기업 보호막, 기업에 의한 정사원 보호막, 정사원(대개는 가장)에 의한 가족 보호막'이라는 세 개의 보호막이 중층(重層)을 이루어 펼쳐져 있었다. 외국으로부터 평화스런 국가 일본이라는 부러움을 산 것도 이들 견고한 보호막이 잘 기능하여 경제적인 윤택을 누렸던 덕분이었다. 거품경제 붕괴 이후 기업의 고용 형태도 크게 바뀌어, 이들 세 보호막은 점차 엷어져 갔다. 기업이 점차 노동자를 보호할 수 없게 되면서 격차사회 문제가 부각되었다.

어떤 사회든 부자도 있고 빈자도 있다. 빈부격차 자체가 나쁜 것도 아니다. 오히려 모두 평등하여 빈부 차이가 없는 것이야말로 큰 문제다. 소득재분배 문제는 단순히 부유층에 높은 세금을 거둬들여 빈곤층에 풀어주는 것만으로 끝나는 영역이 아니다. 세금정책의 결과, 열심히 일하여 부를 창출한 부자와 놀기만 한 빈자 간에 수중에 남는 과실(부와 소득)이 같다고 하면 부자는 일할 의욕이 샘솟지 않기 때문이다. 재능 있고 능력 있는 사람이 열심히 일하지 않게 되면 사회 전체의 파이는 작아져 온 국민이 궁핍해진다. 공산주의가 망한 이유다.

시장경제가 심화되면서 부유층과 빈곤층 사이에는 부와 소득의 격차가 벌어진다. 격차사회의 시정에 해결책을 제시해주지 못하는 것이 시장경제(자본주의)의 가장 큰 맹점이다. 부유층에 쏠린 부와 소득에서 거둔 세금으로 국가가 빈곤층의 소득 수준을 높이지 않으면(재분배하지 않으면) 사회 저변에 불만이 쌓인다. 격차 사회의 불만을 해소하는 방법은 논리와 과학의 영역이 아니라 감성과 예술의 세계다. 아니, 논리와 과학을 넘은 사려 깊은 철학이 요구되는 종합예술이다.

소득재분배는 빈곤에 처해 있는 사람들이나 가난에 빠지려는 사람들을 부드럽게 감싸 안으며, 부유층을 나눔에 동참할 수 있도록 유도해야 하는 민감한 감성의 영역이다. 성숙 사회는 사람을 배려하는 마음이 무르익은 사회다. 어떻게 나눠 갖기를 할 것인가를 위해 가치관을 공유하는 노력은 사회행복과 관련된 근본과제다. 부자를 존중하는 동시에, 빈자의 자조노력을 촉구하면서 상호 간에 납득이 가도록 설득하는 '감성정치'가 요구된다. 감성정치가 이루어지지 않으면 불평이 심해지고 불안이 확대된다.

2008년 2월 재벌기업 출신의 이명박 대통령이 취임하여 정권의 자리에 있는 동안 대형 해외프로젝트를 수주했었다(아랍에미리트의 원자력발전소 건설공사 수주, 카자흐스탄의 화력발전소 공사 수주 등). 이들 수주에 대해 한국 국민은 박수를 치며 기뻐했다가도 다시 금방 불만으로 변한 데는 감성정치의 결여에 그 원인이 있었다. 대형공사 수주가 일부 계층의 부를 키워 살찌게 했지만, 많은 사람은 부를 향유할 기회를 갖지 못한 채 아래로 미끄러졌다. 그런 허탈감이 불만으로 표출되었고 또 삶을 불안하게 만들었다.

정권을 차지하기 위한 정치인의 공약(公約)에는 지킬 수 없는 공약(空約)도 많아지기 십상이다. 다시 이명박 정권의 예를 들어보자. 그가 대통령에 취임할 당시(2008년)는 취업난 등의 난제에 시달리고 있었던 만큼 도덕성 논란에도 눈을 감고 장밋빛 정권공약에 환호하며 그를 대통령으로 뽑았다. 기업경영자 출신다운 역량을 발휘하여 난제를 해결해주리라 믿었기 때문이다. 유감스럽게도 이명박 정권이 끝날 무렵 취업난은 더욱 심각해졌다. 자신이 정권의 자리에 있는 동안 7%의 경제성장률을 달성하겠다고 호언장담했으나, 그의 집권기(2008~2012년) 연평균 성장률은

2.9%에 불과했다. 도덕성이 결여된 정치가의 이야기는 별로 기대하지 않고 사는 게 정신건강에 좋다.

3·11 동일본 대지진 때 도쿄전력은 후쿠시마 원전사고를 일으켜 일본을 공포의 도가니로 몰아넣었다. 내로라하는 대학 출신의 임원이 잔뜩 포진한 도쿄전력은 괴물처럼 버티며 국민을 협박했다. 재해민을 어루만지는 따뜻한 감성은 찾아볼 수 없었다. 도쿄전력은 자신의 법적 책임을 가볍게 하고 피해 보상비용을 줄이기 위해 원전 방사능 누출사고가 '예상 밖(상정 외)이었다'는 말만 연발했다. 그런 흉물스런 처신은 기업의 사회적 책임과는 너무도 동떨어져 있었다. 당시 간 나오토(菅直人) 정권은 도쿄전력을 제어하지 못했고, 그런 정권을 보는 국민의 눈빛은 불안했다.

감성정치를 실행에 옮겨야 공감 받는 지도자이고, 감성경영을 품을 수 있어야 존경 받는 경영자다. 경제·경영학은 시장경제를 가장 잘 반영하는 학문이나, 인간 본래의 마음까지 반영하지는 못한다. 감성정치와 감성경영에 더해 감성학문도 갈망되는 요즈음이다.

불평등사회와 자리이타(自利利他)

튼튼한 중산층이 받쳐주는 사회가 건전한 사회이지만, 시장경제에서는 약육강식이 허용되어 소득불평등이 심한 '깔때기형' 격차사회를 유발한다. 중산층이 빈약해지면서 소득격차가 확대되어 양극화를 초래하기 쉽다는 뜻이다. 건전한 사회는 성장도 이루면서 소득격차도 크지 않은 '화분형'의 안정된 사회이다(〈그림 3〉 참조). 불행하게도 시장경제는 '깔때기형' 사회를 '화분형' 사회로 바꾸어주는 자율적인 힘이 작동하지 않는다. 그동안 일본사회가 건전하다고 일컬어져 온 배경에는 튼튼한 중산층이 사회기반을 지탱해온 요인을 빼놓을 수 없다.

일본은 경쟁과 협조와의 균형을 유지하면서 발전해왔다. 1980년대까지 성장을 유지하면서 튼튼한 중간계층 사회를 실현했지만, 1990년대 이후는 그 이전과는 반대로 경기도 침체하고 소득불평등도 심화되었다. 일본에서는 전직(轉職)을 환영하는 분위기가 아닌지라 일단 고용되면 그 고용이 장기화되는 경향이 있다. 거품경제 붕괴 이후 경제가 어려워지자 기업은 정규직 신규채용을 줄이고 장기의 비정규직 고용을 늘려 임금비용을 삭감했다. 경기침체와 장기고용 관행의 경직성이 맞물려 나타난 것이 '장기 비정규직'의 정착이며, 그것이 격차문제의 주된 원인으로 작용했다.

거품경제 붕괴 이후 젊은 층의 사회진출 문이 좁아지면서 큰 꿈을 이루고 싶다는 그들의 욕구도 시들해졌다. 자라나면서 성장경제를 경험하지 못한 세대의 일부를 나타내는 말로서, 울 수도 웃을 수도 없는 '무욕심' 세대가 등장했다. 고급 자동차나 브랜드 명품도 원하지 않고, 모험에도 나서고 싶지 않다는 세대를 꼬집어 표현하는 말이 '무욕심' 세대다. 번뇌에서 해탈하고 진리를 터득한 '깨달음'과는 차원이 다른, '노력해도 안 될 것이다'라고 포기해버린 '무욕심'이다. 일본사회의 경직성이 젊은 층의 날갯짓을 어렵게 하고 있다는 점에서 보면, '무욕심' 세대의 등장은 젊은 층만의 문제가 아니다.

경제학에서는 사람의 욕망은 무한하다는 전제에서 개인은 소비를 많이 하여 만족도를 최대한 높이려는 주체로 본다. 그렇다면 '무욕심' 세대는 경제학이 전제하는 개인의 행동과는 잘 들어맞지 않는다는 말이 된다. 아무리 '무욕심' 세대라고 해도 이는 일부에 지나지 않는 현상이다. 대개는 한 푼이라도 많은 소득을 올려 좋은 물건을 갖고 싶어 한다. 일본 기업의 주주와 경영자도 열심히 돈벌이를 하려는 왕성한 욕심이 있다. 자유경쟁을 기본으로 하는 시장경제는 그런 욕심을 존중한다.

우리는 평안한 생활을 희망하면서도 경쟁해야 하는 시대에 살고 있다. 세계 각국은 '경쟁합시다. 경쟁은 좋은 것입니다'라며 경쟁을 장려해왔다. 경쟁이 개인의 욕망을 충족시키면서 사회 전체의 파이를 크게 한다고 믿기 때문이다. 경쟁은 사람이 안주하고 게을러지려는 기분을 없애주고 생산성을 높여준다. 인류는 아직 파이 키우기 면에서 경쟁을 기본으로 하는 시장경제 이상의 대안을 찾아내지 못했다.

세계 각국은 어떻게 파이를 늘려갈 것인가를 중시하여 시장 확대를 추구해왔으나, 어떻게 빈곤층의 고통을 완화할 것인지에 대해서는 정면승부를 피해왔다. 소득불평등이 심한 '깔때기형' 사회에서 '화분형' 사회로 이행하려는 노력이 부족했다고도 할 수 있다. 아니, 사회안전망(safety net)을 진지하게 갖추려 했지만, 기득권의 조정에 실패해왔는지도 모른다. 인간은 자신의 욕망이 얽혀 있는 기득권을 끈질기게 고집하는 경향을 갖기 때문이다. 그 조정이 아무리 어렵다 하더라도, 어떻게 나누어가질 것인가에 대한 노력은 포기할 수 없는 과제이다. 소득분포의 양극화가 진행되는 사회에서는 사회계층 간의 불협화음이 잦아지게 된다. 불협화음을 조정하여 협화음이 되도록 지휘하는 것이 지도자의 역할이다.

대개는 소득이 한층 늘어나면서 소득불평등이 심화되지만, 작금 일본의 소득격차 문제는 하위 소득계층의 소득이 크게 줄어들어 격차사회가 형성되었다고 하는 데 문제의 심각성이 있다. 즉, 상위 소득계층의 소득수준은 그대로거나 약간 줄어들었지만 저소득층의 소득수준은 큰 폭으로 줄어들어 만들어진 격차사회다. 특히 1990년대 거품경제가 붕괴한 다음 깔때기형 격차문제가 두드러졌다. 2013년 이른바 아베노믹스 정책의 효과로 상층부의 소득이 약간 증가하기도 했지만 격차문제는 여전히 심각하다.

사회마다 어떻게 나눌 것인지에 대한 가치관이 각각 다르고 기득권에 대한 집착도 고래심줄만큼이나 질기기 때문에 합의형성에 이르는 것은 지난한 일이다. 나아가 어느 정도가 적정하고 바람직한 나눠 갖기인지에 관해 명확한 답이 있는 것도 아니다. 그런 만큼 부와 소득의 재분배를 실행할 때 '불만'이 분출하게 마련이다. 그 불만을 얼마나 매끄럽게 조정하는가가 바로 정치수완의 수준이 되지만, 소득불평등의 격차문제를 정치인의 역할에만 의지하는 것은 안이한 생각이다. 정치인들이 일반인들의 마음(예컨대, 일할 의욕이나 봉사정신)을 모두 제어할 수는 없는 일이고, 정치인들 상당수는 공익(公益)이 아닌 사익(私益)을 추구하기 때문이다.

정치인이나 이익단체의 폭주를 견제하는 동시에 각자가 서로의 입장을 이해하려는 너그러움이 없으면 건전한 화분형 사회는 달성할 수 없다. 결국 공평한 사회를 이루어가는 것은 자신의 욕망충족만이 전부가 아니라고 자각하는 '자리이타(自利利他)'로 귀착한다. 나도 위하고 남도 위함이다.

【칼럼】 파이 키우기를 위한 무대 확장: 루비콘 강을 건너고 있다

시장규모를 크게 하는 것이 소득(파이)을 늘리는 데 유리하기에 세계 각국은 시장 확대를 위해 동분서주 움직이고 있다. 동남아시아국가연합(ASEAN), 중국, 인도 등 각각이 엄청나게 큰 시장임은 말할 나위도 없다. 거기에 그치지 않고 ASEAN+3(한·중·일), ASEAN+6(한·중·일·인도·호주·뉴질랜드), 역내 포괄적 경제동반자 협정(RCEP) 등과 같이 더 큰 경제권으로 시장규모를 확대시키려는 시도에 머리가 어지러워질 정도이다(부록의 영문약자 용어설명 참조).

아시아지역 경제권의 활발한 움직임에, '이대론 안 되겠다. 나도 나서겠다'라며 미국 중심의 태평양 연안 국가들이 추진하는 것이 환태평양동반자협정(TPP)이다. 여기에는 일본을 참가시켜 구색을 갖춘 TPP로 중국을 견제하려는 의도도 숨어 있다. 노다 요시히코(野田佳彦) 당시 총리는 2011년 11월 TPP 협의 참가 의사를 표명했으나 국내

의 반대여론에 밀려 실무적인 협의에 들어가지 못하고 있었다. 왕년에 '미스터 엔(円)'으로 알려진 사카키바라 에이스케(榊原英資) 아오야마가쿠인(靑山學院)대학 교수는 ≪아사히신문(朝日新聞)≫과의 인터뷰에서 "TPP는 미국이 안달하여 일본을 끼워 넣고자 하는 것이니 TPP 참가를 서두를 필요가 없다"며 변죽을 울렸다.

일본은 제2차 세계대전에서 패한 이후 자국의 방위를 미국의 방위전략에 의존해왔다. 자국방위를 미국에 기댄다는 것은 대등한 미일관계 구축이 어려웠음을 의미한다. 2009년 9월 자민당 정권에서 민주당으로 정권이 교체되면서 '대등한 미일관계'를 내세웠다가 오키나와(沖繩) 미군기지 이전문제로 양국 간 갈등이 불거지기도 했다. 2012년 12월 말 재집권에 성공한 아베 신조(安倍晋三) 정권은 늦은 감은 있었지만 중국 견제의 색깔도 담으며 TPP 참가 교섭에 나섰다.

미국이 일본의 TPP 참가를 환영하는 속내는 TPP를 미끼로 아시아지역에 영향력을 발휘하고자 하는 양동작전(陽動作戰)이다. 중국도 미국의 그런 속내를 알다보니 미중 간 주도권 다툼도 그 도를 더해가고 있다. 일본이 TPP에 참가한다면 미국과 일본이 전체 TPP 참가국 경제규모의 80% 이상을 차지한다. 이슬람국가들과의 전쟁과 테러대책에 많은 자금을 쏟아 부은 미국은 재정상태가 크게 악화되었다. 엎친데 덮친 격으로 2008년 일어난 리먼 쇼크는 경제상황을 곤경에 빠지게 했다. 10% 가까운 실업률 상승을 경험한 미국으로서는 아시아시장에 기대어 국내의 경제문제를 해결해보려는 의도가 있다.

일본의 대외시장 확대전략이 지지부진한 가운데, 한국은 발 빠르게 유럽연합(EU)이나 미국 등과 자유무역협정(FTA)을 체결했다. 한국이 EU나 미국을 비롯한 많은 경제권이나 국가들과 FTA를 체결한 데는 국내시장이 좁아 애초부터 시장권역을 넓히려는 의도가 있었다. 일본이 TPP 참가 교섭에 본격적으로 나서게 된 배경에는 중국 견제라는 의미도 있었지만, FTA 체결에 발 빠르게 움직여온 한국에 자극받은 일면도 있었다. 중국은 중국대로 일본을 흔들면서 미국을 경계하려 '아시아광역 자유무역권'의 추진을 염두에 두고 있다.

유럽지역 역시 시장 확대에 열심이다. 주지하듯이 20세기 초반과 중반 두 번에 걸쳐 세계대전이 유럽 대륙에서 발발했다. 1993년 유럽연합(EU)을 발족시킨 데는 그 가맹국(발족 당시 12개국, 2013년은 28개국)들이 유럽대륙에서의 전쟁 유산을 청산하고 함께 평화적으로 힘을 발휘하자는 취지가 있었다. 1999년에는 단일통화 유로(€)를 도입하여 유로경제권을 구성했다. 가맹국이 통화를 유로로 통일하여 한 지붕(경제권) 밑으로 들어가 역내무역권을 긴밀히 하여 시장을 확대시키자는 의도였다. 유로경제권 형성으로 시장은 커졌지만 유로권 내 국가들 간 격차는 크게 벌어졌다.

세계 각국이 정체모를 불안감에 휩싸여가면서도 파이를 키워야 한다는 욕망에 '앞으로! 앞으로!'란 함성을 지르며 구보하고 있다. 시장이 확대되면 소득불평등이 심해진다는 것을 알지만, 파이를 크게 하고 싶다는 욕망이 앞서 달리고 있다. 이미 올려진 파이 키우기 욕망의 닻이 높이 펄럭인다. 내달리는 시장 변화속도가 엄청나게 빨라 멈춰설 줄 모른다. 눈을 휘둥그레 뜨며 계속 달릴 수밖에 없는 형국이다. '변화에 적응하지 못하면 낙오자로 전락한다'는 시류에 정신없이 휩쓸려간다.

자신의 보폭에 맞춘 걸음걸이로 살아가고 싶기도 하지만 시장 확대로 내달리는 추세가 너무 빠른지라 그에 맞춰 나아가기도 또 브레이크를 걸기도 어렵다. 브레이크를 걸었다가는 파열될 수도 있다. 글로벌화 물결 속에 세계경제가 요동치면, 그 여파는 개별 국가에도 순식간에 도달한다. 냉정하게 판단할 여유도 없고 조류에 휘말려가는 느낌이다. '어! 어!' 하면서 루비콘 강을 건너고 있다. 시장 확대로 인한 소득증대 혜택을 인정하면서도 양극화 문제가 걱정스럽다.

나도 위하고 남도 위함

시장경제를 방치하면 큰 돈(자본)이 작은 돈을 삼켜버려 소득불평등('깔때기형') 사회를 낳는다. 버는 게 적으면 입에 풀칠하기도 어려우나, 여윳돈이 있으면 이자소득이나 임대소득 등 돈이 돈을 낳기 때문이다.

1990년대 이후의 일본은 장기 비정규직 증가에 따른 저소득층이 늘어나면서 소득불평등(격차사회) 문제가 표면화되었다. 전체 소득이 늘어나지 않고 불평등이 심화되었다는 데 문제의 심각성이 있다. 소득재분배는 논리나 과학의 영역이 아니라 가치관의 공유를 요하는 감성과 예술의 영역이다. 어느 정도 격차를 인정하면서 중간층이 견실한 '화분형' 사회가 이상적이다.

세계 각국이 파이(소득)를 키우기 위한 시장 확대에 혈안이다. 고삐 풀린 시장경제로 치닫는 욕망의 닻이 너무도 높다. '어! 어!' 하며 루비콘 강을 건너고 있다. 시장 확대로 인한 소득증대 혜택을 인정하면서도 양극화 문제가 걱정스럽다.

정책당국이 사람들의 마음(예, 일할 의욕이나 봉사정신)을 모두 제어할 수는 없는 일이기에 소득불평등을 정부에만 의존하는 것은 안이한 생각이다. 결국 공평사회의 달성과제는 자신의 욕망충족만이 전부가 아니라고 자각하는 '자리이타(自利利他)'로 귀착한다. 나도 위하고 남도 위함이다.

13

스티브 잡스의 감성과 한일의 감성

【칼럼】 '마음과 직관'에 산 스티브 잡스

아이폰으로 고객감동을 선사한 애플사의 최고경영자(CEO) 스티브 잡스가 2011년 10월 세상을 떠났다. 우리는 그의 뛰어난 경영만이 아니라 그의 삶의 방식과 그가 남긴 한마디 말에도 솔깃해했다. 그가 떠난 후 2005년 6월 미국 스탠퍼드대 졸업식에서 있었던 연설이 새삼 주목을 받았다. 잡스는 연설에서, '점(點)과 점의 연결, 사랑하는 일 찾기, 마음과 직관(heart and intuition)에 따라 살아가기'라는 세 가지 얘기를 자신의 경험에 비추어 전달하며 청중을 사로잡았다.

첫 번째의 '점과 점의 연결'은 지금 하는 일과 미래의 일이 어떤 시점에서 연결될 것으로 믿으라는 얘기이다. 잡스는 자신의 경험담으로 리드(Reed)대학에서 서체(書體)에 대해 배운 것이, 그 후 애플컴퓨터에서 아름다운 서체(폰트)로 되살려졌다는(즉, 점과 점이 연결되었다는) 얘기를 소개한다.

두 번째 얘기는 자신이 '사랑하는 일'이 무엇인지를 찾아 그 일에 진지하게 임하라는 호소이다. 잡스는 황당하게도 자신이 만든 애플사에서 쫓겨난 적이 있었다. 애플사로부터 다시 복귀해달라는 말을 들었을 때는 망설임도 있었지만, 생각 끝에 자신이 여전히 그 일을 사랑하고 있음을 깨닫고 최고경영자로 복귀했다. 그의 독보적인 경영방식이 아이폰이라는 스마트폰 혁명을 이루어 내 손바닥 위에서 온 세상과의 연결을 실현시켰다.

마지막 세 번째 얘기는 '마음과 직관'에 따라 살아가는 용기가 무엇보다 중요하다는 메시지다. 자신의 인생임에도 불구하고 다른 사람의 삶처럼 살아가는 것을 특히 경계한다. 자신의 소중한 시간을 허비한다고 보기 때문이다. 잡스는 자기 내면의 '마음의 소리'에 귀를 기울이며 살아갈 것을 열정에 찬 목소리로 전하고 있다.

제품생산에서도 감성을 빼놓을 수 없는 시대가 되어가고 있다. 감성과 영혼이 담긴 제품(작품)이 고객에게 감동을 주기 때문이다. 경영자가 회사를 경영하는 일이나 노동자들이 일하는 것은 단순히 돈을 벌기 위한 수단만은 아니다. 경영자한테는 근로자(노동자)에게 사는 보람을 느끼게 하는 일터의 제공이 요구된다. 거기에는 '감성경영'을 빼놓을 수 없다. 경제학에서는 노동을 생산을 위한 도구(요소)로 다루고 있다. 일터 제공에 경제학의 차원을 넘는 배려가 있어야 할 것이다. 사는 보람이 느껴지는 차원으로까지 승화한 일터라야 사회행복도 크게 증진된다.

소프트뱅크의 손정의(孫正義) 사장이 NHK의 〈클로즈업 현대〉라는 TV프로그램에 출현하여 잡스를 추모하는 발언을 한 적이 있다. 손 사장은 '아이팟, 아이폰, 아이패드'를 만들어낸 잡스의 위대함은 단지 상업제품을 만드는 데 있는 것이 아니고 '작품'을 만드는 열정에 있다고 했다. 우리의 손에는 감성을 느낄 수 있는 무한한 감각이 있다. 손바닥 위에 놓인 '아이폰'이라는 스마트폰이 '감성 넘치는 작품'이었기에 세계인이 열광했다. 그 작품 뒤 보이지 않는 곳에서 땀을 흘린 수많은 제작진의 고생은 어떠했을까.

오바마 대통령이 잡스를 초청하여 '미국경제에 꼭 필요한 것이 무엇인가'라고 물은 적이 있다. 잡스는 주저 없이 '박사나 천재보다도 3만 명의 숙련기술자(엔지니어)'라고 답했다. 잡스의 대답이 옳다고 한다면, 역사적으로 '장인'이라는 숙련기술자가 곳곳에 포진하고 있는 일본의 미래는 어둡지 않다. 에이 로쿠스케(永六輔)는 『장인[職人]』이라는 소책자에서 일상생활에서 부대끼는 장인의 모습을 가벼운 터치로 묘사한다. 오히려 염려스러운 점은 이들 장인을 어떻게 활용할 것인가이다. 전통기술은 시대에 뒤떨어진다고 치부되는 가운데 작금의 장인들이 불안에 떠는 시대가 되어버렸다.

잡스가 '마음과 직관'의 삶을 실천한 배경에는 그가 동양의 힌두교나 선(禪)불교에 심취하여 인도의 시골에서 얼마간 보낸 경험이 있다.

잡스는 '직관이 지식의 힘보다 미덥다'라고 말한다. 그가 20대 초반이었던 1970년대 중반 7개월 동안 인도에 머물면서 '자기탐구'의 여행을 했다. 그 경험 덕분에 서양 세계가 미치지 못하고 있는 곳도 보이게 되었다고 토로한다. 그에게 선(禪)에 대한 관심은 높아져 갔고, 로스 알토(Los Altos) 근교에서 스즈키 순류(鈴木俊隆) 선사(禪師)로부터 열심히 선을 익혀갔다.

잡스가 자신의 전기를 쓴 월터 아이작슨(Walter Isaacson)에게 말한 다음 묘사에는 그의 선 수행경험이 잘 나타나 있다. "고요히 앉아 관찰하면 자신의 마음이 들떠 있음을 알 수 있다. 마음을 가라앉히려 하면 더욱 번뇌가 일지만, 꾹 참고 시간을 들여 가라앉히게 되면 무어라 형언하기 어려운 미묘한 소리를 들을 수 있게 된다. 이때 직관의 꽃이 핀다. 세상 일이 선명하게 보이며 지금 이 순간에 더욱 충실하게 된다. 여유로운 마음이 자리하며 찰나의 순간에 가없는 확장이 와 닿음을 감지하게 된다. 이제까지 보이지 않았던 것들이 두루 보이게 된다. 이것이 수양이며, 이를 위해서는 수행이 있어야 한다"(Isaacson, 2011: 49).

대학중퇴자인 스티브 잡스는 "무엇인가에 허기져 갈구하는 바보처럼 살라(Stay hungry. Stay foolish)"라는 말로 연설 마지막을 장식한다. 자신의 가슴에 호소하며 '허기져 갈구하는 바보' 같은 삶이 가장 충만한 삶인지도 모르겠다. 그러고 싶어도 그럴 용기를 내기가 무척 어려운 곳으로 변해가는 요즈음, 불만과 불안을 넘어 어떤 두려움이 다가온다. 나만의 두려움일까? 무겁게 짓눌린 공포와 불안은 우리가

'마음과 직관'에 따르는 용기를 잃지 않아야 걷어낼 수 있을 듯하다. 스티브 잡스의 매력은 스스로가 '점과 점의 연결'을 경험하고, '사랑하는 일'을 찾으며, '마음과 직관'에 따라 용기 있게 실천하며 살아간 데 있다.

톡톡 튀는 감성과 체면사회: 플로(흐름)사회의 한국

한반도는 중국, 러시아, 일본을 비롯하여 멀리는 미국까지 주변 강대국의 영향을 받기 쉬운 위치에 있다. 열강의 각축장이기도 했다. 남과 북으로 나누어져 있는 지금도 그 상황은 마찬가지다. 이처럼 한반도는 지정학적으로 주변국의 문화가 오가는(흐르는) 곳에 있으면서 독자의 문화를 추구하는 '플로(flow: 흐름)'사회의 특징을 지닌다. 강대국의 틈바구니에서 살아남기 위해서도 빠르게 적응해야 하는 민첩성이 한국의 숙명인지도 모른다.

주변국 중 어느 국가가 강해지는가에 따라, 한국의 정치, 경제, 외교 등 제반정책이 강한 쪽으로 쏠리게 되는 '쏠림 현상'도 두드러졌다. 플로사회는 이쪽저쪽 왔다갔다하는 성향을 띤다. 플로사회인 한국은 일본에 비해 격변하는 환경에 적응하기 쉽다는 이점이 있다. 무엇이든 '빨리 빨리' 서두르고 비빔밥을 좋아하는 한국이 정보기술(IT)이나 융합기술 분야에서 강점을 보이는 것은, 한국이 가진 플로문화의 특성에 기인한다.

반면에 플로문화는 체면이 중시되고 또 자칫하면 불안정한 상황으로 내달리기 쉽다는 특징도 간과할 수 없다.

500년 이상 계속된 조선시대(1392~1910년)에는 '사농공상(士農工商)'의 순서였다. 현대에 들어 사농공상의 귀천은 없어졌지만 음으로 양으로 좋은 간판을 달려고 하는 집착은 도를 더해가고 있다. 한국인이 유명대학에 들어가려고 조바심 내는 것도 사농공상이라는 역사의 흔적이 남아 있다고 할 것이다. 겉치레나 체면에 얽매이려는 욕심이 감성배양을 저해하고 형식중시의 분위기를 만들어냈다. 좋은 대학을 나와 성공했다고 자만하는 이면에는, '현장에서 작품을 만들며 열심히 사는 농상공인'을 주눅들게 하는 공포가 있다. 체면을 중시하는 한국사회의 왜곡된 일면이다.

강하고 새로운 것을 쫓아가려는 한국에서는 톡톡 튀는 감성으로 임하려 한다. 그러면서 뭔가 한 몫을 챙기며 체면을 유지하고 싶은 마음이 강하게 자리한다. 현실적으로 체면이 서는 위치나 직업은 그리 많지 않다. 그렇다 보니 자신이 하는 일이 체면 깎이는 일이라며 자부심을 갖지 못하고 속으로 우는 사람들이 무척이나 많을지 모르겠다. 상공 분야 기능공(장인)들의 설 자리를 좁혀버리는 것이 체면사회의 부작용이다. 기능공들이 사라짐은 감성을 잃어가는 사회로 변해가는 전조이기도 하다. 혼을 넣어 작품을 만들 수 있는 기회가 점점 없어지기 때문이다. OECD 국가 중 자살률 1위의 나라 한국이라는 불명예의 저변에는 체면중시 사회가 초래한 감성의 상실이 진을 치고 있다.

체면중시의 불안정성은 일자리 잡기에도 그림자를 드리우고 있다. 간판이나 체면을 중시하는 한국에서는 대기업과 중소기업 간에 일그러진 자격지심이 형성되어 있다. 대부분의 고용은 대기업보다는 중소기업이 담당한다. 삼성전자의 기업이익이 엄청나게 늘어났다고는 하나, 기계화나 자동화가 많은 전자산업의 속성상 일자리를 그다지 창출하지 못한다는 특징이 있다. 더욱이 삼성전자의 많은 생산 공정이 해외에서 전개되는 초국적기업으로 되어 있어 국내 일자리가 엄청나게 늘어나는 것도 아니다. 중소기업이나 농업 분야에 일자리가 있다고 하더라도 '체면 상한다'라는 자격지심이 자리하기에 소규모 농상공 분야를 기피하려 한다.

한국사회가 체면을 중시하다 보니 중소기업이라면 높은 직함을 원하고 육체노동이나 허드렛일은 업신여기는 경향이 있다. 예컨대 음식점에서 허드렛일이나 공사현장에서 육체노동을 하는 입장이 되면, '내가 왜 이런 일을 하고 있나'라며 자신을 얕보는 심경에 빠지기 쉽다. 그러면서 '언젠가 돈 벌면 당장 그만두고 다른 일을 하겠다' 또는 '누구 밑에서 심부름 하기는 자존심 상해 싫다'라고 생각해 엉거주춤한 마음자세로 임하기도 한다. 한 곳에서 오래 일하는 일본과는 달리 그만큼 전직(轉職) 예비군이 많음을 상징하는 것이기도 하다.

한국 체면사회의 일면을 나타내는 것으로 '호칭'을 들 수 있다. 일본에서는 상대를 부를 때 성씨에 '상(さん)'을 붙여 '아무개 상'(예를 들어, 스즈키 상)이라 부르는 것이 일반적이고 무난한 호칭이다. 한국에서는 만나는 사람의 이름을 안다고 해도 직함을 사용하여 부르는 것이 일반적인지라 (예를 들어, 김 과장님) 직함을 모르면 어떻게 부를지 난감할 때가 많다. 일

반적으로 사용할 수 있는 마땅한 호칭이 없기 때문이다. '아무개 님'이라 하여 '님'이라는 호칭이 많이 사용되고 있으나 직위고하를 막론하고 부담 없이 사용하기에는 서먹함이 자리한다.

술집(룸살롱)에 가면 체면을 살리고 호칭의 어려움을 해소하기 위한 한국 특유의 현상이 벌어진다. 접객 여성이 손님을 부를 때는 '사장님'이라는 호칭을 사용한다. 술집 안에서는 무늬만 사장님인 사람들이 가득하다는 얘기다. 술집에서 애용되는 '사장님'이라는 호칭에는 으쓱대고 싶은 고객의 심리에 파고 들어와 매상을 올리려는 뜻이 있을 뿐더러, 호칭의 불만으로부터 발생할 수 있는 언쟁을 피하는 방법이기도 하다. 술집의 전략이 숨겨져 있지만 '사장님'이라는 호칭의 애용으로부터도 체면을 중시하는 한국사회의 단면이 잘 드러난다. 누구라도 '사장님'이라 불리고 싶다면(물론 성년에 한정되지만), 한국의 술집에 가면 된다.

한국의 문화콘텐츠도 체면이나 출세와 관련한 테마가 빈번하게 등장한다. 드라마나 영화라면 청순한 아가씨가 갈등 끝에 재벌 집안의 며느리로 들어가는 이야기가 인기를 끈다. 또 사극이라면 왕이나 왕자가 평민여성에게 첫눈에 반해 그 여성이 신분을 높여가는 이야기나 서얼의 서러움을 극복하고 톡톡 튀며 실력을 발휘해가는 이야기가 많다. 체면사회를 어떻게 잠재울 것인가가 한국의 고질적인 사회문제인 교육문제나 고용문제를 해결하는 첩경이다.

진득한 감성과 수수한 멋: 스톡(쌓임)사회의 일본

한국이 '플로'문화의 역사를 거쳐 온 데 비해, 일본은 아시아 대륙의 동쪽 끝에서 다른 국가의 문화를 받아들이며 쌓아온 '스톡(stock: 쌓임)'문화의 특징을 보인다. 스톡문화에서는 한 곳에 오래 소속되어 주어진 일을 묵묵히 해나감을 미덕으로 삼으며, 어떤 일을 하던지 직업의 귀천은 그다지 문제되지 않는다. 자신이 담당하는 업무에 자부심을 가지고 전념하는지의 여부를 중시한다.

한국에서 대부분 자취를 감춘 도공(陶工)들이 일본에서는 이어졌다. 에도(江戸) 시대는 막번[幕藩: 무사정권인 막부(幕府)와 그 지배하에 있던 지방 영주국가인 번] 체제로서 각각의 도공은 번의 재정을 살찌우는 귀중한 인재였다. 임진왜란 때 도공으로 잡혀와 가고시마(鹿兒島)에 자리 잡은 심수관(沈壽官) 도예가는 지금까지도 계승되어오고 있다. 자신들이 속한 토양을 소중히 하며 긴 세월을 들여 차분히 가다듬어 기술대국을 이룬 나라가 일본이다.

'공유지의 비극(tragedy of commons)'이라는 말이 있다. 마을 사람들이 공동으로 생계를 꾸려가는 공유지 목장이 있다고 하자. 사람들이 서로 자기 이득에 급급하여 자신의 방목소[牛]를 무턱대고 늘려 풀을 뜯어먹게 하다가는 공유지 목장이 황폐되어 결국 모두가 비극을 맞이한다는 것이 공유지의 비극이다. 공동 어장이 있을 때 치어까지 마구 잡아대어 어장을 황폐화시키는 사태도 공유지 비극의 일례이다.

정착성이 강한 일본에서는 공유지의 비극이 적게 일어난다는 이점이 있다. 자기만의 이득에 눈이 멀어 공유지를 황폐화시키는 자에 대해 주변으로부터의 암묵의 제재가 강하기 때문이다. 서로 간에 공유지를 함부로 하지 않기로 규칙을 정했다면, 일본에서는 그 규칙을 지켜 나간다는 의식이 깊이 자리 잡고 있다. 삶의 터전을 함께 해가는 생활에서는 규칙을 지켜가는 것이 무엇보다 우선되고 유대와 결속이 중시된다. 공동어장을 잘 지키려는 의식이나 환경보존을 소중히 하는 의식이 높은 것이 이를 말해준다. 규칙을 어겨 신뢰를 잃게 되는 데 따른 대가가 엄청나게 크다는 것을 일본인은 체득하고 있다.

일본과 같은 정주형(定住性) 사회에서는 전직(轉職)이 많지 않다. 어느 직장의 일원이 된 다음, '지금 일하는 데가 만족스럽지 않으니 다른 직장으로 옮겨야지' 하는 생각이 있어도 대부분 속으로 삭이고 참는 것이 일본의 노동자이다. 전직은 직장을 전전한다는 이미지가 강하기 때문이다. 고용주로서도 '일 못하는 종업원은 해고해야지' 하는 생각보다는, 어떻게든 고용유지를 하면서 사업활동을 해나가려는 데 역점을 두어왔다. 그 결과 해고나 전직보다는 '함께 해나간다'는 쪽으로 가닥을 잡고 자신이 속한 곳에서 일을 해나가면서 익혀가는 '진득한' 감성이 정착되어왔다.

어떤 경지에 이르게 되면 말로는 설명하기 어렵거나 혹은 말이나 다른 장식들은 넣으면 오히려 거추장스러워진다. 일본의 전통 미의식을 나타내는 개념으로 '질박하고 청징(淸澄)한 멋'인 '와비[侘]'와 '한적하고 고담한 멋'인 '사비[寂]'가 있다. 와비와 사비는 서로 뜻이 다르지만 대개는 '와비·

사비'를 한 덩어리로 하여 일본의 미의식을 표현한다. 마음으로 느껴야 할 와비·사비의 정서를 말로 설명하라 한들 제대로 될 리가 없으나, 구태여 표현한다면 '수수하고 고요한 맛' 정도가 되지 않을까 싶다. '진득한' 감성이 중시되는 미의식이 '와비·사비'다.

축적을 그 특징으로 하는 스톡문화는 일본의 강점인 동시에 약점이기도 하다. 강점이라 하면 기계나 전통산업 등에서 기술축적이 잘 이루어진다는 점이지만, 약점이라 하면 유연성이 부족하여 상황변화에 대한 대응이 늦다는 점이다. 스톡문화는 신속한 의사결정을 필요로 하는 정보기술(IT) 산업과 여러 기술을 융합하여 유연하게 새로운 기술을 창출해내는 융합 분야에서는 약점으로 작용한다. 또한 과거의 성공에 너무 집착한 나머지 급변하는 글로벌 환경에 대응하는 데는 큰 짐이 되기도 한다.

내부지향 스톡사회는 위에서 언급했듯이 조직 내의 규칙을 잘 지켜 공유지의 훼손이 적다는 장점이 있지만 주의할 것은 조직의 규칙이 상식을 크게 벗어난다 하더라도 개인으로서 그 조직이 정한 규칙(어떤 방침을 포함)에 저항하기는 매우 어렵다는 점이다. 위에서 짓누르는 듯한 조직의 굴레가 너무도 무겁게 다가오기 때문이다. 이 때문에 어쩌다 엉뚱하고도 극단적인 사건이 일어나기도 한다. 1995년 발생한 옴진리교 사린(독가스) 살포사건에서도 교단이 정한 실행방침(규칙)을 일반 신자들이 거부하기는 어려웠을 것이다. 조직이나 집단에 매몰되지 않는 '개인의 주체적 감성'을 어떻게 확보하느냐가 일본이 안고 있는 가장 중요한 과제이다.

(한국 + 일본) ÷ 2

　메이지(明治)유신(1868년) 이후 일본이 많은 외국문화를 받아들인 것은
그 필요성과 함께 강한 호기심의 발로에서였다. 메이지유신 이전에 중국
이나 한반도에서 정치제도나 불교를 받아들였을 때도 그 이념을 확연히
부각시켜 논의한 후 이루어진 것은 아니었다. 예컨대 마루야마 마사오
(丸山眞男)의 『일본의 사상』에서는 종교에 관해 "문제는 이들(불교적인 것,
유교적인 것, 샤머니즘적인 것, 서구적인 것)이 모두 어수선하게 동거하고 상
호 간의 논리적인 위치관계가 판연하지 않은 데 있다"(8쪽)고 한다. 이처
럼 일본이 외국으로부터 문화를 받아들일 때는 그 내용물이 으깨지고 반
죽되어 어떤 새로운 제3의 명확한 개념이나 형태로 자리 잡은 것은 아니
었다. 요컨대 일본은 여러 가지 것들이 어수선하게 쌓이는 '잡거성(雜居
性) 스톡'문화이다.

　한국은 일본과 같이 어떤 것들이 쌓여가는 '스톡(쌓임)사회'가 아니라,
그때그때의 상황에 맞춰 임기응변으로 대응하는(흘러가는) '플로(흐름)사
회'의 특징이 두드러진다. 어떤 일을 하는 경우도 일본은 전임자를 답습
하고 자신의 것을 거기에 더해가는 경향이 강하다. 이에 비해 한국은 전
임자의 방식을 그대로 받아들여 그 안에서 얽매이려 하지 않고 전임자와
는 다른 새로운 데에 가치를 두려한다. 그러다보니 한국은 전임자가 이
루어놓은 실적이나 비법이 끊임없이 이어지기 어렵다. 한국은 여기저기
왔다갔다하는 역동성을 중시하지만, 일본은 이어짐 속에서의 안도감을

소중히 여긴다. 향후 한국은 디지털 분야에서, 일본은 아날로그 분야에서 비교우위를 발휘할 것으로 예상되기에, 톡톡 튀는 감성의 플로사회와 진득한 감성의 스톡사회와의 상호보완이 요구된다.

디지털 분야는 비약적인 변화를 이루어 급속도로 성장하는 매력이 있는 반면, 눈사태와 같이 걷잡을 수 없이 무너질 수 있는 위험성도 내포하고 있다. 삼성전자와 같은 디지털 관련 대기업도 신속한 의사결정과 신중함을 양립하고자 온 힘을 기울이고 있다. 디지털 기술이 의료나 바이오 등의 사업 분야로 활발하게 응용되고 있다는 점을 생각하면 향후 디지털 사업의 발전성은 엄청나게 크다. 그와 동시에 한 번 발을 헛디디면 흔적도 없이 사라질 수 있는 것이 디지털 분야의 특징이다. 디지털 산업은 끊임없이 전개되는 경쟁으로 언제라도 자리 바뀜이 일어날 수 있다는 냉혹성이 도사리고 있다. 물론 아날로그도 자리 바뀜이 있지만 디지털 산업에 비해 생명력이 길다.

'톡톡 튀는 감성'이 한국의 역동성을 받치고 있으면서도 한편으로는 불안하다는 느낌을 지울 수 없다. 이겨서 살아남아야 한다는 경쟁심이 서로의 살을 갉아먹기도 한다. 한국은 기업 간의 경쟁 시 용감하게 새로운 시장을 개척하고 선점해가는 데 강점을 발휘한다. 그만큼 기업의 존재감을 드러내는 것이지만, 자칫하면 상호 간에 험악한 '피 튀기기 경쟁(red ocean)'에 빠질 우려가 있다. 예컨대, 자신의 매출을 늘리기 위한 가격인하 경쟁으로 치달아 상호손해로 연결되기도 한다. 가격인하가 소비자에게 항상 좋은 것도 아니다. 기업 간의 '피 튀기기 경쟁'으로 상호손해가 있게 되면 그 제품 자체가 모습을 감출 수도 있기 때문이다.

일본과 같은 스톡사회의 안정성 추구가 부정적으로 나타난 것이 내부지향으로 얽혀버리는 폐색감(閉塞感)이다. 사회적으로 자기영역을 지키려는 텃세부리기가 강해지다 보니 세계무대로 도전하고자 하는 일본 젊은이들의 도전 용기가 위축되었다. 그 배경에는 개인이 집단의 '내부다지기' 성향에 맞서기 어렵다는 중압이 있다. 그 무거운 압력이 그들의 어깨를 짓누르고 있다. 외국에 갔다 온 사이 자신이 있을 자리가 없어질지 모른다는 정체모를 불안함에 휩싸여 있다. 기존의 조직 내부에 있는 사람도 이미 짜여 있는 구조 안의 톱니바퀴 중 하나라는 입장인지라 조직 내 구성원도 외국에 나갔다가 돌아온 사람을 포용할 수 있는 입장도 아니다. 기득권을 지키려는 방어적 본능이 젊은이들의 행동반경을 좁힌 까닭에 그들을 안으로 접어들게 만들었다.

일본인들은 지역밀착의 세습정치인에게서 안도감을 느끼고 싶어 하며 정치가는 또 그러한 국민성향을 이용해왔다. 기업들도 기존 기업 간의 이해관계나 정부와 기업과의 관계가 얼키설키 얽혀 있다. 유감스럽게도 일본기업 간에 얽혀있는 실타래에서 벗어나지 못하면 글로벌 경쟁에서 도태될 수 있다. 외국기업이 일본에 진출하게 되면 기존 실타래에서 벗어나는 계기가 될 수 있음은 물론 일자리 제공이나 상품선택의 폭을 넓혀준다는 장점이 있다. 외국기업과 경합하는 일부 일본기업에는 영향이 있지만, 내외기업 간의 경쟁과 협조는 시장을 활성화하고 소득증가를 가져온다. 예컨대 일본의 정보기술(IT) 회사였던 라이브도어(Livedoor)

를 인수하여 고용과 매출 실적을 크게 늘린 한국의 NHN사를 들 수 있다.

한국으로서는 일본이 디지털적 사고를 갖도록 유도하는 전략이 유효하다. 일본은 어떤 제품을 우선 시장에 내놓고 구매자의 요망이나 의견을 수렴해가면서 신속하게 대응해가는 버전업(version up)의 사고방식이 약한 편이다. 연속성의 아날로그식 사고에 익숙해져 있어 디지털 적응속도의 완만성이 있기 때문이다. 일본은 시행착오를 거치며 빈번하게 고쳐가는 방법보다는 하나하나를 완결된 제품으로서 출시하려는 경향이 있다. 한국이 일본으로 하여금 버전업이라는 디지털적 사고를 잘 활용하도록 유도하면 한일 양국의 비즈니스 기회는 새로운 도약을 맞이할 것이다. 발 빠른 디지털식 사고의 한국과 차분한 아날로그식 사고의 일본이 헤쳐 나갈 신세계는 창창하다.

역동성과 안정성이 균형 잡힌 삶을 살아가려면 플로감성과 스톡감성의 조화가 바람직하다. 한국의 톡톡 튀는 '빨리 빨리' 감성과 일본의 '진득한' 감성을 더해 2로 나눈 감성이다. 전통의 진득한 감성이 고리타분함으로 치부되고 톡톡 튀는 감성만이 앞서면 불안감이 증폭된다. 한국이 범하기 쉬운 방식이다. 그렇다고 진득한 감성만 고집하다가는 발랄한 생기를 잃게 된다. 일본이 범하기 쉬운 방식이다. 톡톡 튀는 감성과 진득한 감성이 어우러져야 속 깊고 너그러운 감성으로 거듭날 수 있다.

플로감성과 스톡감성의 조화

아이폰을 세상에 내어 손바닥 위의 정보혁명을 일으킨 스티브 잡스는 사업의 영역을 넘어 '마음과 직관'에 산 경영자였다. 우리는 감성이 배인 그의 작품에 빨려들어 갔다. 잡스의 감성경영 혜택을 세계인이 받고 있다. 서양의 논리와 동양의 직관 세계가 그의 삶에는 접목되어 있었다.

한국과 일본은 같은 동양에 위치하지만, 한국은 '플로(흐름)'문화, 일본은 '스톡(쌓임)'문화라는 특징 차이를 보인다. 플로문화는 도전적이고 움직임은 빠르지만 체면을 중시하고 안정성이 결여되기 쉽다. 스톡문화는 안정적이고 고즈넉하지만 정체되기 쉽다.

체면을 중시하는 한국에선 전통의 진득한 감성이 고리타분함으로 치부되고 톡톡 튀는 감성이 앞서 불안감이 증폭되기 쉽다. 체면사회를 어떻게 잠재울 것인가가 한국의 고질적인 교육문제나 고용문제를 해결하는 첩경이다. 전례나 전통 중시의 일본에선 진득한 감성을 고집하다 발랄한 생기를 잃어왔다. 개인의 주체적 감성을 어떻게 확보할 것인가가 일본이 안고 있는 과제이다.

톡톡 튀는 감성과 진득한 감성이 어우러져야 속 깊고 너그러운 감성으로 거듭난다. 역동성과 안정성이 균형 잡힌 삶을 살아가려면 플로(흐름)감성과 스톡(쌓임)감성의 조화가 바람직하다.

14

가나문자로 본 일본

【칼럼】 히라가나로 본 일본인의 사고방식

스즈키 다카오(鈴木孝夫)의 『말과 문화』에서는 일본어의 인칭대명사 사용방식 등이 일본문화나 사회구조의 내면을 반영하고 있다는 것을 입증한다. 이하에서는 필자 나름의 새로운 시도로서 가나(假名)문자 의 형성이나 한자의 다양한 읽기방식으로부터 일본사회나 일본인의 사고방식을 엿볼 수 있음을 제시하기로 한다. 〈그림 4〉는 히라가나 (平假名)의 변천을 나타내고 있다. 또한 〈그림 5〉는 〈그림 4〉의 맨 위 에 있는 히라가나 문자인 '이(い)'가 원래 한자인 '이(以)'로부터 여러 단계를 거쳐 변화했음을 '소용돌이형'으로 표현한 것이다.

〈그림 4〉와 〈그림 5〉로부터 일본 가나문자는 원래 한자가 축차적 인 변천과정을 거쳐 변형되면서 현재의 히라가나 문자로 정착되었음

그림 4 히라가나의 발전

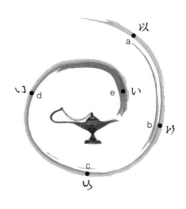

주: 히라가나 문자의 변천으로부터는 응용에 의한 창조성, 점진성, 아날로그식 접근 등의 특징을 지적할 수 있다.

자료: 井上 外(1992: 71)

그림 5 히라가나의 형성

주: 히라가나 형성을 소용돌이 형태로 표현하면 〈그림 4〉의 주에 있는 특징에 덧붙여, 양적 변화로부터 질적 변환 (한자→히라가나), 디지털 적용에의 완만성, 내향성 등의 특징이 부각된다.

자료: 필자 작성

을 알 수 있다. 히라가나 형성을 나타내는 이들 그림을 참조하여 일본인이나 일본사회의 사고방식을 짚어보기로 하자.

우선 '응용·개량에 의한 창조성'을 들 수 있다. 히라가나는 한자의 초서(草書)체를 응용하고 개량하여 만들어낸 문자이다. 일본은 한자(漢字)라는 문자를 만들어내지는 않았지만, 그 한자를 이용하여 실생활에 편리하도록 개량하여 히라가나라는 새로운 문자를 만들었다. 예를 들어 '以(이)'라는 한자로부터 히라가나 문자인 'い(이)', '呂(로)'라는 한자로부터 'ろ(로)'가 만들어졌다. 이러한 문자 형성 과정으로부터 '응용·개량에 의한 창조성'이 일본사회의 한 특징일 것임을 유추할

232

수 있다.

부연하면 일본은 원류를 생성해내는 데는 익숙지 않으나, 일단 형성된 확고한 원류가 있으면 이를 응용하고 개선하면서 지켜가는 데는 뛰어난 힘을 발휘한다. 일본의 일상생활에서 무엇인가 새로운 제안을 하거나 혹은 선두에 나서서 운을 떼고 행동하기를 주저하는 것도 이러한 히라가나의 형성과도 관련이 깊다. 대개의 일본인은 남들보다 먼저 앞장서 스스로 나서가며 어떤 일을 추진하기보다는 선두자가 어떤 행동을 취하면 그에 보조를 맞추어 행동하거나 대응하는 방식을 취한다.

경제발전 과정에서도 응용에 의한 창조를 엿볼 수 있다. 산업 면에서 '응용에 의한 창조성'의 한 예로서 도요타의 '가이젠(改善)'을 들 수 있다. 일본이 최초로 자동차를 발명한 것은 아니지만 도요타자동차는 개선에 개선을 더한 품질향상으로 세계정상의 자리에 올라섰다. 이시즈카 마사히코(石塚雅彦)의 『경제영어』에는 2001년 노벨경제학상을 수상한 스티글리츠(Joseph E. Stiglitz)와의 대담을 싣고 있다. 그 대담에서 스티글리츠는, "일본은 경제발전 초기, 다른 어디에서인가 이미 개발된 기초적인 아이디어를 빌려와 창의적으로 궁리하고 좋은 손재주를 이용하여 그 아이디어를 상품화했다"고 언급한다.

다음으로 들 수 있는 것이 '점진성'이다. 히라가나가 한자로부터 변천되어 형성되어갈 때 원래의 한자(예, 以)가 한꺼번에 현재의 문자(い)로 변한 것이 아니고 여러 단계를 거쳐 현재의 글자체가 되었다. 〈그림 4〉와 〈그림 5〉에서 보듯이 히라가나는 다음과 같은 변천과정을 거치고 있다.

以 (a) → ㅄ (b) → ㅄ (c) → ㄴ] (d) → い (e)

위의 히라가나의 변천으로부터 일본사회가 점진적인 변천을 선호하는 사회일 것임을 엿볼 수 있다. 달리 말하면 일본은 일을 추진하는 데에서 한꺼번에 여러 단계를 건너뛰는 방식(즉, 월반)을 그리 허락하지 않으려는 사회일 것임을 유추할 수 있다. 〈그림 5〉를 이용하여 이를 단적으로 보이면, 일본은 'a(以) → e(い)로 갑자기 건너뛰는 일처리 방식보다는, 'a→b→c→d→e'와 같이 점진적으로 바꿔나가는 방식을 선호한다.

세 번째, 일본은 '아날로그식 사고'에 익숙하다는 점이다. 아날로그식 사고는 위에서 말한 점진성과 관계가 깊다. 아날로그의 가장 중요한 속성은 서로 연결되어 점진적으로 변해가는 연속성이다. 서서히 변해간다고 함은 갑작스레 변하는 것도 아니지만 그렇다고 하여 이전의 형태와 아주 똑같음을 추구하는 것도 아니다. 앞의 그림에서 보듯이 a→b→c→d→e의 변천과 같이 히라가나 문자는 서서히 조금씩 변화해왔음을 알 수 있다. 히라가나의 이와 같은 점진적인 변천과정으로부터 일본사회가 '이전과 연결된 지금, 지금과 연결된 미래'라는 연속성의 아날로그 사고에 익숙할 것임을 짐작할 수 있다.

네 번째는 '디지털 적응 속도가 늦다'는 점이다. 제1장에서 다루고 있듯이 디지털에서는 단속성(斷續性: 끊어짐과 이어짐의 성질) 물체인 반도체의 속성을 이용하여 기호나 문자의 전기적 표현을 비약적으로 (2의 제곱의 속도로) 넓혀왔다. 반도체 기술의 눈부신 발전과 함께 디지털 세계는 정신없이 빠른 확장을 보여왔으나, 일본은 발 빠르게 변하는 디지털 속성에 익숙하게 적응하지 못하는 일면을 보인다. 점진적 속성의 아날로그식 사고방식에 의거하여 비약적(단속적) 속성의 디지털 세계에 대응하려 하기 때문이다.

〈그림 5〉를 참고하면 일본은 a(以)에서 e(い)로 건너뛰는 과정을 통한 접근보다는, a→b→c→d→e와 같이 점진적 변화를 통해 e(い)에 도달하려는 사고에 익숙하다. 일본이 하나하나 확인해가면서 단계를 밟아가는 사이, 비약을 그 속성으로 갖는 디지털 세계는 차원 또는 세대를 달리하며 적용 분야를 넓혀왔다. 디지털 신제품 개발에서 일본기업이 다른 나라의 디지털 기업에게 추월당하는 이유도 바로 디지털 적응속도가 늦다는 데 있다.

다섯 번째는 일본사회가 점진적인 '양적 변화로부터 질적 변환'을 추구한다는 점이다. 〈그림 5〉에서 보듯이 a→b, b→c, c→d, d→e의 변화는 조금씩 서서히 양적 변화가 이루어지고 있음을 반영하고 있다. 그러나 처음의 단계(a)에서 마지막 단계(e)로의 변화, 즉 a(以)→e(い)의 변화는 질적 변화를 나타낸다. '한자인 以(이)'로부터 '가나문자인 い(이)'로의 질적 변환이 이루어졌기 때문이다. 이처럼 히라가나는 '한자' 문자의 점진적 변형이라는 양적 변화를 거쳐 새로운

차원의 '가나'문자로 질적 변환이 이루어진 문자이다. 점진적인 양적 변화를 이루어가다가 마침내 어떤 임계점에 도달하게 되면 질적 변환이 일어난다(예컨대 액체인 물이 100℃에 달하면 기체인 수증기로 된다)는 것을 히라가나 문자의 변천과정으로부터 읽어낼 수 있다.

마지막으로 '내향성(內向性)'을 들 수 있다. 가나문자는 한자라는 틀을 벗어나 새로운 것을 개방적으로 받아들여 만든 문자라기보다는 한자라는 틀 안에서 만들어진 응용문자이다. 일본에서는 어떤 원형의 틀이 주어지면 그 틀 안에서 무엇인가를 운영해가려고 하는 강한 내향성을 보인다. 〈그림 5〉에서 보는 바와 같이 한자의 '以(a)'라는 틀 속에서 히라가나의 'い(e)'로의 변천과정이 소용돌이 중심 안쪽으로 향하고 있는 '내향성'이 엿보인다.

이상과 같이 히라가나 형성과정으로부터는, 응용·개량에 의한 창조성, 비약(월반)을 선호하지 않는 점진성, 아날로그식 사고방식에 익숙하다는 점, 디지털 적응속도가 늦다는 점, 양적 변화로부터 질적 변화의 추구, 그리고 내향성이라는 일본사회의 다양한 특징을 이끌어낼 수 있다.

'시각적' 편리성의 가타카나

일본어 문자에는 히라가나와 발음은 같으나 표시하는 형태가 다른 가타카나(片假名)가 있다. 가타(片)카나라는 명칭으로부터도 알 수 있듯이,

그림 6 가타카나가 취한 본래의 한자(일부)

자료 : 井上 外(1992: 71).

ア 阿	イ 伊	ウ 宇	エ 江	オ 於	아 이 우 에 오
カ 加	キ 幾	ク 久	ケ 介	コ 己	카 키 쿠 케 코
サ 散	シ 之	ス 須	セ 世	ソ 曾	사 시 스 세 소
タ 多	チ 千	ツ 川	テ 天	ト 止	타 치 쓰 테 토
ナ 奈	ニ 二	ヌ 奴	ネ 禰	ノ 乃	나 니 누 네 노

한자(漢字)의 한 조각 편(片)을 떼어나 히라가나와는 다른 모양으로 만든 상징기호가 가타카나이다. 〈그림 6〉은 가타카나 문자가 본래 어느 한자에서 취해졌는지를 보여주고 있다. 예를 들면 '아(阿)'로부터 '아(ア)', '이(伊)'로부터 '이(イ)'를 취해 히라가나와는 별도의 새로운 가나문자 체계로 완성한 것이 가타카나이다.

히라가나는 50개(중복도 있어 실제로는 46글자)가 전부인 음절문자이므로 표현할 수 있는 문자수가 극히 제한된다.˙ 히라가나와 마찬가지로 표음문자인 한글의 경우 자음 14개와 모음 10개만으로도 140(= 14 × 10)개의 글자를 구성할 수 있다. 가타카나를 사용하게 된 이면에는 히라가

˙ 일본어의 가나문자를 체계적으로 나타내는 그림을 50음도(音圖)라 한다. 50음도라는 말이 시사하듯이 가나문자의 수는, 탁음[濁音: 예, ば(바)], 반탁음[半濁音: 예, ぱ(빠)], 요음[拗音: 예, ゃ(야)], 촉음[促音: 예, っ(쓰)]를 제외하면 50글자(중복을 빼면 46글자)에 불과하다.

나 50글자만으로는 다양한 삶의 표현을 표기하기에 한계가 컸다는 배경이 자리하고 있다. 히라가나 문자수의 제한을 극복하여 좀 더 풍부하고 편리한 '시각적' 표현형식으로 나타내기 위해 고안해낸 문자가 가타카나이다. 가타카나의 형성과 그 쓰임새로부터도 몇몇 일본사회의 특징을 지적할 수 있다.

우선 지적할 수 있는 것은 일본이 '시각적' 구분이나 이미지 형성에 뛰어나다는 점이다. 〈그림 6〉에서 볼 수 있듯이 가타카나는 일본어와 대체로 발음이 같은 한자로부터 그 부수 등의 일부를 따오거나 획을 생략하거나 하여 만든 문자이다. 가타카나는 편리성(便利性)의 상징으로 그 문자 표현방식을 달리하여 이미지의 다양성을 충족시켜준다. 가타카나는 히라가나와 발음은 같으나 시각적 차이가 있어 상호 간의 이미지나 뉘앙스는 달리 와 닿는다. 가타카나와 히라가나 외에 한자 표현까지 포함하면 일본어는 세 가지 표현방식을 갖는 문자체계다.

일본어에서 가타카나는 외국어 표현, 강조표현, 그리고 의성어·의태어 등을 표기할 때 주로 사용한다. 가타카나를 이용한 다양한 시각적 구분이나 세 종류의 일본어 표기의 이미지적 표기구분으로부터 일본이 섬세한 시각적 표현이 발달된 사회일 것임을 유추할 수 있다. 이미지성이 강한 일본문학은 물론, 요리나 의상에서도 일본은 섬세하고 다양한 색깔 조합의 이미지로 유명하다.

일본 문학에서 짧은 시가(詩歌) 장르에 속하는 단가(短歌)나 하이쿠(俳句)는 그 시가가 주는 이미지나 여운이 생명이라 할 수 있다. 또한 갖가지

자잘한 그릇에 음식이 담겨 수차례에 걸쳐 아기자기한 색감으로 나오는 전통 일본요리인 '회석(懷石: 가이세키) 요리'는 '눈으로 음식을 먹는다'고 말할 정도이다. 일본 전통의상인 기모노(着物)는 일견 화려하고 다양한 색조를 조합한 것임에도 앞으로 나서지 않고 어딘지 모르게 한 발 뒤로 물러서는 듯한 인상을 준다.

다음으로, 일본은 어떤 사안을 다룰 때 구체적인 예시방법인 '귀납법 (歸納法)적 사고'에 익숙하다는 점을 들 수 있다. 귀납법이란 어떤 일을 추진하는 데에서 추상적인 이념보다는 우선 구체적인 상황을 설정하여 시행해보고, 그 시행에 문제가 없으면 점차 다른 케이스를 늘려가면서 그것을 통해 일반규칙을 이끌어내는 방법을 말한다. 귀납법적 사고는 일반이념(예컨대, 자유, 정의, 민주 등)에 의거하여 원칙을 세운 다음 그에 따라 구체적인 행동방식을 취해 가는 연역법(演繹法)적 사고와는 대조적이다. 서구에서는 연역법적 사고를 중시한다.

귀납법적 사고는 가타카나가 편리성의 상징이라 언급한 점과도 관련이 깊다. 편리성을 염두에 두고 가타카나의 기호를 사용해본다. 해당 기호 사용에 문제가 없고 생활양식에 도움을 가져온다면 그 사용방식은 지속성을 갖게 된다. 가사하라 가즈오(笠原一男)의 『상설 일본사 연구』에 따르면, 가타카나는 원래 승려가 한문 번역의 불경을 읽을 때 그 읽는 방법을 시각적으로 구분하여 적겨 필요가 있어 사용한 것이 시초라 한다. 이처럼 가타카나 문자는 시각적 편리성을 추구하면서 여러 형태로 장기간 지속적으로 사용되어 오다가 일반(통일)원칙을 정하여 완성된 문자체계

이다. 가타카나 문자의 채용방식으로부터 귀납법적 사고를 엿볼 수 있는 대목이다

구체적인 예시를 설정하여 시도하는 귀납법적 접근방식은 새로운 방식을 취할 때 위험이 적은 방식이기도 하다. 어떤 일을 새롭게 도입할 때 먼저 하나의 작은 케이스를 특별조치로 하여 시험적으로 시행해보고 그것이 잘 들어맞지 않으면 거기서 그만두면 되기 때문이다. 반대로 잘 들어맞으면 다른 케이스로 늘려가며 전례를 관례화시켜가고 마침내 일정규칙으로 일반화해가면 된다. 실제로 일본은 대부분의 일처리에서 어떤 구체적인 케이스를 거듭 시행해보고 그것이 문제가 없는 듯하면 축적한 케이스를 바탕으로 일반 규칙을 만들어 전반에 적용하는 방식을 선호한다.

구체적인 예시방식(귀납법적 사고)은 위험은 적지만 어떤 제도가 완전히 도입되기까지는 시간이 많이 걸린다는 단점이 있다. 구체적인 케이스를 여러 번 다져간 다음 그로부터 공통점을 뽑아내 일반(규범)화해가는 데는 많은 시간을 요하기 때문이다. 일본에서는 어떤 새로운 일(예컨대 외국인 지방참정권 부여 문제)을 처리할 때, 자유, 정의, 평등, 민주 등의 가치관에 근거하여 단번에 시행하려 하지 않는다. 일본인에게는 어떤 이념을 내세워 심도 있는 논의를 통해 일을 추진하고자 하는 감각이 몸에 배어 있지 않으며, 그와 같은 추상적인 방법 자체를 선호하지 않는 경향이 있다. 그 배경에는 일반 국민들이 어떤 이념을 논하는 입장이 아니라, 주어진 일터에서 자신의 책무에 충실히 임하는 것을 미덕으로 여겨왔다는 역사가 있다.

'청각적' 편리성 추구의 한자(漢字) 읽기 방식

가타카나가 '시각적' 구분을 제공하는 데 비해, 훈독과 음독 등의 한자 읽기 구분은 '청각적'인 측면에서 의사소통의 혼돈을 피하고자 고안된 것이다. 한국어는 극히 일부를 제외하고는 한자읽기가 한 가지 밖에 없지만 일본어는 음(音)과 훈(訓)으로 읽는 등 다양한 읽기방식이 있다.

일본어에서 읽는 방법이 같더라도 한자가 달라 그 의미가 구분되는 것은 한국어와 마찬가지이나, 일본어가 한국어보다 읽는 방법의 중복이 훨씬 심하게 나타난다. 이유는 일본어 가나의 문자수가 50개에 불과하기 때문이다. 50개의 가나문자만으로 수많은 한자를 음(音)으로 읽어내는 데는 중복이 많이 생겨 의사소통상의 혼란을 피할 수 없다는 말이다. 한자의 음독 읽기 표현의 중복으로 인한 의사소통의 불편을 해소하기 위해 취해진 방식이 음독(音讀), 훈독(訓讀), 음훈독 혼용이라는 읽기 방식의 다양성이다.

일본어에서 한자읽기는 소리로 읽는 '음+음' 방식의 음독, 뜻으로 읽는 '훈+훈' 방식의 훈독이 있다. 음독과 훈독 외에 '음+훈' 읽기 방식과 '훈+음' 읽기가 있어 모두 네 가지의 읽기 방식이 있다. '음+훈' 읽기 방식은 '주바코(重箱)식 읽기'라 한다. 주(重)가 음독이고 하코(箱)가 훈독이다. 하코가 순음화(脣音化)하여 '바코'로 바뀌었다(참고로 주바코는 찬합을 의미). '훈+음' 읽기 방식은 '유토우(湯桶)식 읽기'라 하는데 유(湯)가 훈독이고 토우(桶)가 음독이기에 붙여진 이름이다(유토우는 '온수통'을 의미). 일본어 한자읽기의 네 가지 방법 중 음독이 가장 많지만 일상회화에서는 의사소통의 편의를 위한 훈독읽기가 많이 사용된다.

일본어에서는 같은 한자라도 읽는 방법이 다른 경우[예컨대 동(東)을 '아즈마'라고도 '히가시'라고도 읽음], 시각(문서)적으로는 구분할 수 없지만 청각적으로는 구분할 수 있다. 반대로 서로 다른 한자라도 읽는 방법이 같은 경우[예를 들어 사립(私立)과 시립(市立)은 모두 '시리쓰'라 읽음] 시각적으로는 구분할 수 있지만 청각적으로는 구분할 수 없다. 문서를 매개하지 않은 일상회화에서 음독의 발음이 같아 청각으로 구분할 수 없으면 의사소통상의 혼란이 야기된다. 대화상의 흐름으로 의미구분이 가능한 경우가 많지만, 그렇지 않은 상황도 종종 발생한다.

의미 전달상 혼란이 있을 때는 적절히 한쪽을 훈독으로 읽어 구분하기도 한다. 예컨대 과학(科學)이나 화학(化學)은 모두 '가가쿠(かがく)'라 읽는다. 이때 화학의 화(化)가 변화한다는 의미의 '바케루(化ける)'로 사용되기 때문에 화학을 통상적으로 '바케가쿠'라 읽어 과학(가가쿠)과 구별된 읽기 방식을 취하고 있다.

히라가나나 가타카나 문자는 그 하나하나의 형태 및 형성과정이 일정하지 않고 여러 모양의 문자가 사용되었으나 점차 일정한 가나문자로 통일되어갔다. 10세기 이후 가나문자를 체계적으로 나타내는 50음도(音圖)가 성립되었고, 가나문자를 일정 순서대로 배열하는 노래(いろは歌: 이로하노래)까지 완성된 것으로 보고 있다. 이노우에 미쓰사다(井上光貞 外)의『신상설 일본사(新詳說日本史)』에 따르면 11세기 초에는 히라가나와 가타카나

의 글자 형태가 거의 일정하게 되어 널리 사용되기에 이르렀다고 한다. 가나문자가 현재의 형태로 통일된 것은 1900년(메이지 33년) 소학교령(小學校令)으로 공표된 때부터이다. 이와 같이 가나문자는 천 몇 백 년이란 세월에 걸쳐 정비되었음을 알 수 있다.

일본어의 읽기방식도 1,000년 이상을 거쳐 형성되어온 터라 보통의 경우에는 의사소통의 혼란이 없다. 하지만 새롭게 일본어를 배우는 외국인으로서 일본어 읽기방식에 익숙해지기까지는 참으로 많은 시간을 요한다. 특히 그 형성의 역사가 긴 지명, 종교(불교나 신도), 예술계[예, 가부키(歌舞伎)] 등에서 사용되는 용어에는 표준적인 음독과는 다른 고유의 읽기방식이 산재하여 끝없는 숙제처럼 여겨지기도 한다. 외국인에게 어렵게 느껴지는 다양한 일본어 읽기방식이지만, 반면에 다양한 읽기 구분에 따라 뉘앙스나 느낌이 달라진다.

한 곳에 생활터전을 잡고 살아오면서 유서 깊은 역사를 갖게 된 농어촌 지명의 경우 그 지역 특유의 읽기방식이 정해져 있어 해당지역 출신에게는 애틋한 정감을 준다. 어떤 지역에 익숙하지 못한 타 지역 출신은 일본인이라도 제대로 읽지 못하는 지명이 수두룩하다. 인명(人名)은 더하다. 한자(漢字)로 아기이름을 짓고 어떻게 읽을 것인지는 부모나 작명가가 임의로 정하기 때문이다(최근에는 특색 있는 이름을 정한 다음 적당한 한자를 끼워 맞추기도 한다). 지명이나 인명 읽기를 비롯하여 독특한 관습이 각 지역에 고유하게 침투되어 있기에, 이를 모르는 타 지역 출신이 새로이 녹아들어 사는 것은 용이하지 않다. 행여 함께 살아간다 하더라도 새로

운 곳에 익숙해지기까지는 많은 시간을 요한다. 특히 사람을 사귀는 데
어려움을 겪는다.

변화가 다양한 일본어 읽기 관습으로부터는 '안[內]과 밖[外]의 구별의
식'을 엿볼 수 있다. 지명이나 인명을 읽는 방법에는 각 지역이나 가계 고
유의 습관이 깊이 배어 있다. 이때 지명이나 인명의 유래 등 그 지역의 관
습을 잘 알고 익숙해져 있는 쪽이 안[內]이 되며, 그렇지 못한 쪽이 밖[外]
이 된다. 일본은 밖[外]을 포용하여 나아가려 하기보다는 안[內]을 다져가
며 일체감과 안도감을 높여 삶의 보람을 느끼고자 하는 사회이다. 밖은
귀신의 세계이지만, 안으로는 복이 가득하길 바라고 있다.

가나문자와 한글의 비교

일본어를 나타내는 '가나(假名: 빌려온 이름)'라 함은 '마나(眞名: 진짜 이름)'
인 한자(漢字)와 대비된다는 의미에서 붙여진 이름이다. 가사하라 가즈오
(笠原一男)의 『상설 일본사 연구』에 따르면, 일본어를 한자로 표현하려고
시도한 것은 이미 5~6세기 무렵이었다고 한다. 8세기에 들어서『고사기
(古事記)』나『만엽집(万葉集)』에는 한자의 음이나 훈을 빌려 일본어를 표현
하는 만엽가나(万葉假名)가 사용되기에 이르렀다[한국의 이두(吏讀)와 같은 표
기방법]. 그 후 점차적으로 만엽가나의 초서체(草書體)인 쿠사가나(草假名)
를 간략화한 히라가나나 한자의 일부를 취하여 만든 가타카나라는 가나

문자체계가 형성되었다.

한국어와 일본어는 어순이나 문법, 어휘 등에서 공통점도 많다[이설(異說)도 있지만 두 언어 모두 우랄알타이어 계통의 언어로 분류되어왔다]. 한글이나 가나문자가 표음(表音)문자라는 유사성이 있으나 한일 간의 문자 형성 경위를 보면 상호 간에 그 뿌리를 달리한다. 일본어의 가나문자는 한자를 응용하여 만든 문자이나 한글은 한자와는 전혀 다른 차원에서 인위적으로 창제한 문자이다. 주지하듯이 한글의 자음은 입과 혀, 목안 발성기관의 모양을 본 따 만들었으며, 모음은 천지인(天地人: ·ㅡㅣ) 모양새의 상징기호와 그 조합으로 만들었다.

한글과 영어의 알파벳은 자음과 모음의 음소(音素, 낱소리)를 조합하여 하나의 음절(音節)을 이루는 '음소문자'이다. 예컨대 '나(na)'라는 소리마디를 나타내는 데 한글은 자음과 모음의 'ㄴ + ㅏ'로 구성되며, 영어는 'n + a'로 구성된다. 가나문자는 한글이나 영어의 구성방식과는 달리 그 문자 하나 하나가 독립된 소리마디를 이루는[즉, '음가(音價)'를 내는] '음절문자'이다. 예를 들어 'な(나: na)'라는 한 글자가 한 음절(소리마디)로서 소리를 내며 이를 자음과 모음으로 나눌 수 없다.• 어떤 문자 체계가 한글과 같이 '자음과 모음의 조합 방식'인지 가나문자와 같이 '음절음가 방식'인지에 따라 문자 수의 형성에 큰 차이를 가져온다.

• 「あ, い, う, え, お」(아이우에오)라는 모음의 경우, 로마자는 「a, i, u, e, o」의 한 문자로 되어 있지만 한글은 각각 「아(=ㅇ+ㅏ), 이(=ㅇ+ㅣ), 우(=ㅇ+ㅜ), 에(=ㅇ+ㅔ), 오(=ㅇ+ㅗ)」와 같이 분해할 수 있다.

'자음과 모음의 조합 방식'인 한글은 가나문자에 비해 비교가 되지 않을 정도로 상당히 많은 문자수를 구성한다. 한글은 기본자음이나 모음만이 아니라 복모음이나 경음(硬音: ㄲ, ㄸ 등) 등을 포함하여 이들 모두를 조합하여 만들 수 있는 글자 수까지 합하면 그 수는 몇 천 글자로 비약적으로 늘어난다. 이들 몇 천이 되는 문자가 모두 실생활에서 쓰이거나 발음할 수 있는 것은 아니다. 확실한 것은 한글이 가나문자보다 문자수가 현격하게 많다는 점이다. 그 이유는 한글이 음소(音素)문자로서 자음과 모음의 조합문자라는 특성에 기인한다.

한국어와 일본어는 문법상 유사할 뿐만 아니라 한국어 가운데 많은 어휘를 일본어로부터 받아들였기 때문에 상호 간에 가장 배우기 쉬운 언어이기도 하다. 그렇다고는 하나 일본인이 한국어를 배울 때 무엇보다 어려워하는 것이 발음이다. 한국어 발음이 어렵게 느껴지는 배경에는 자음과 모음의 숫자가 일본어에 비해 많을 뿐더러 이들 조합으로 이루어지는 한글 문자구성의 다양성이 자리하고 있다.

발음이 어렵다는 것을 다른 각도에서 보면 한글만으로 표기 가능한 문자수가 많다는 것을 의미한다. 그로 인해 한자를 혼용하지 않고 한글로만 적어 놓아도 대부분의 경우 의미를 파악하는 데 지장이 없다. 문자수의 다양성과 더불어 한글 글쓰기에는 일본어에는 없는 띄어쓰기도 있어 한글전용 표기만으로도 일상생활을 영위하는 데 거의 불편을 초래하지 않는다. 한국어 문장에서 한글표기만으로도 의사소통에 불편함을 느끼지 않는 까닭도 '문자구성의 다양성'과 '띄어쓰기'에 있다고 할 것이다.

컴퓨터에서 일본어 입력 시는 가나로 입력한 후 한자변환이라는 과정을 거치게 된다. 한글전용이 가능하다 함은 일본어 입력에서와 같은 한자변환을 하지 않아도 됨을 의미한다. 한글 입력이 일본어 입력에 비해 입력속도가 빨라, 스피드를 요하는 디지털 세계에선 한글이 일본어에 비해 유리하다는 뜻이다.

한글전용은 나름대로 이점이 있기는 하나 표기상 한계가 적지 않다는 점도 부인할 수 없다. 일본어의 경우 읽는 방법이 같다 하더라도 한자 표현이 달라 표기상으로는 서로 구분된다. 예를 들어 기회(機會)나 기계(機械)는 모두 '기카이'라 읽으나 한자표기로 인해 명확히 구분된다. 주지하듯이 한국어의 경우 한글만으로 표기했을 때 표기상 구별은 되지 않는 경우가 종종 발생한다. 예컨대 지사(支社), 지사(志士), 지사(知事)는 한글만으로는 구분이 안 된다. 문맥으로 구분하면 된다고 하겠지만 한자를 병기하면 그 의미전달도 쉽고 이해도 깊어진다.

일본어에서는 한자 없이 가나만으로 적어 놓으면 읽기도 어렵고 그 의미파악도 매우 어렵다. 가나문자가 한글과 같은 표음문자라 하더라도 그 문자수가 50개(중복을 제외하면 46개)를 밑돌기 때문이다. 읽기 쉬운 문장, 적확(的確)한 의미파악을 위해서도 일본어는 가나문자와 한자의 혼용이 불가결하다. 이를 긍정적으로 말하면 히라가나, 가타카나, 한자 표현에 따라 각각의 뉘앙스나 이미지가 달라질 수 있음을 의미한다. 일본어 표현에 '말에 깃들어 있는 신령스런 힘'이라는 의미의 '언령(言靈)'이란 말이 있다. 일본이라는 국가를 달리 나타낼 때 '언령이 행복을 가져오는 나라'

라는 표현을 사용하기도 한다.

한국어는 한글과 한자의 두 가지 형식의 표현이 있지만, 일본어는 가타카나, 히라가나, 한자라는 세 가지 표현이 있다. 2013년 1월 1일 자 ≪아사히신문≫ 칼럼인 '천성인어(天聲人語)'란에, '행복(시아와세)'을 나타내는 세 가지 종류의 뉘앙스 차이를 예시하여 소개했다. 이들 세 종류의 행복 표현이 서로 같은 것 같으면서도 미묘하게 다르다는 것을 다음과 같은 이미지로 묘사하고 있다(한국어 표현은 '행복'과 '幸福'의 두 가지이다).

우선 가타카나 표현의 '행복(シアワセ)'은, 따뜻하게 데운 정종 술 한 잔이 차갑게 식은 오장(五臟)에 서서히 퍼져갈 때 느끼는 행복의 이미지이다. 다음으로 히라가나 표현의 '행복(しあわせ)'은 갓난 아기의 잠든 얼굴을 보고 있는 엄마 아빠의 마음과 같은 행복이다. 마지막으로 한자를 섞어 표현한 '행복(幸せ)'은, 한자가 운신의 폭이 넓은 인상을 주느니만큼 인생항로의 순풍과 같은 행복이다. 이처럼 일본어는 히라가나를 사용하느냐, 가타카나를 사용하느냐, 아니면 한자를 쓰느냐에 따라 그 뉘앙스나 시각적인 이미지도 달라진다.

한자문화권에 속하는 한국이지만 아직도 한글 전용을 할 것인가 또는 한글과 한자를 함께 사용할 것인가에 관한 대립이 있다. 표음문자로서의 한글 표기상의 한계를 보완하고 한·중·일·타이완 간의 의사소통을 감안한다면 한글과 한자의 혼용이 더욱 유리하다.

언어는 문화의 응축체

언어나 문자는 단순히 의사소통의 도구가 아니라 문화의 응축체이기도 하다. 일본어 문자인 가나의 형성이나 그 쓰임새로부터 일본사회 및 일본인의 사고방식을 여실히 엿볼 수 있다.

히라가나(平假名) 문자로부터는, 응용·개량에 의한 창조성, 점진성, 아날로그식 접근, 디지털 적응속도의 완만성, 양적변화로부터 질적변화로의 전환, 그리고 내향성 사회라는 특징을 지적할 수 있다. 가타카나(片假名) 문자로부터는, '시각적' 편리성의 추구, 구체적인 예시(귀납법적 사고)에 익숙한 사회의 단면이 부각된다. 한자(漢字)의 음독과 훈독 등의 다양한 읽기방식으로부터는 '청각적'인 면에서의 의사소통 편리성 추구 및 '안[內]과 밖[外]'의 구별의식을 감지할 수 있다.

한글은 한자와는 관계없이 인위적으로 창제한 문자인 만큼 한자의 틀을 응용하여 만든 가나문자와는 그 사고체계가 크게 다르다. 한글은 자음과 모음의 조합방식으로 많은 문자를 구성하기에 한글전용으로도 큰 불편은 없다. 일본어는 문자 구성 개수는 적으나, 히라가나, 가타카나, 한자의 혼용으로 시각과 청각의 이미지 형성에 뛰어나다.

글자 입력 시 한자변환을 하지 않아도 되는 한글전용은 디지털 입력 속도에서 일본어에 비해 유리하다. 그렇더라도 한자문화권에 속하는 한국으로서 한·중·일·타이완 간의 의사소통이나 한자가 주는 깊이를 감안하면 한글과 한자의 혼용이 강점을 발휘한다.

부록: 영문약자 용어설명

ASEAN(Association of SouthEast Asian Nations, 동남아시아 국가연합): 동남아시아의 정치, 경제, 문화 공동체로서, 1967년 태국 방콕에서 창설되었으며 매년 11월에 정상회의를 개최한다. 앞으로 유럽연합(EU)에 버금가는 정치·경제 통합체를 지향하고 있다. 가입국은 미얀마, 라오스, 태국 등 10개국이다(〈그림 7〉 참조).

아시아·태평양 경제연계그룹과 TPP(Trans-Pacific Partnership, 환태평양 동반자협정): 아시아나 오세아니아 지역의 경제연계그룹은 ASEAN에서만 그치지 않고 그 후 계속적인 확장을 보여왔다. 즉, ASEAN+3(한중일)을 거쳐 ASEAN+6(한중일, 인도, 호주, 뉴질랜드)과 같은 확대회의를 개최하면서 동아시아의 포괄적경제동반자협정(RCEP: Regional Comprehensive Economic Partnership) 교섭도 타진되어왔다. RCEP는 16개국(=ASEAN+6)의 논의를 거쳐 2012년 11월 교섭이 시작되었다. 한편 싱가포르, 베트남 등 ASEAN 일부 국가는 미국이 주도하는 환태평양동반자협정(TPP)에도 참가하고 있어 각 자유무역권 구성국이 중층으로 엮여 있다. 〈그림 7〉에서 국가 간 아시아·태평양 경제연계그룹의 구성국가들을 일목요연하게 정리했다.

그림 7 아시아·태평양 지역의 경제연계 그룹

A S E A N + 6	A S E A N + 3	A S E A N		
				TPP
				미국, 칠레, 페루, 캐나다, 멕시코
			미얀마 라오스 태국 캄보디아 인도네시아 필리핀	싱가포르 베트남 브루나이 말레이시아
		한국, 중국		일본(참가 교섭 중)
	(RCEP) 인도			호주, 뉴질랜드

ECB(European Central Bank, 유럽중앙은행): 유럽의 단일 통화인 유로 (€: Euro)를 사용하는 유로권 지역의 중앙은행으로 동 지역의 통화정책을 담당한다. 유로의 구매력 유지와 물가안정 도모가 주요 업무이다. 1998년 창설되었으며 본부는 독일 프랑크푸르트에 위치한다.

EFSF(European Financial Stability Facility, 유럽금융안정화기금): 2010년 그리스 재정위기를 계기로 유럽연합(EU)의 가맹국에 의해 합의된 유로권 국가의 자금지원을 위한 구제기금이다. 채권을 발행하여 자금을 조달한다. 유로권 국가로부터 재정·금융위기 등으로 인한 자금지원 요청이 있을 때 융자하며 정부보증을 붙여 융자한도액을 정한다. 2012년 10월 발족한 유럽안정기구(ESM)에 그 역할을 넘겨주면서 2013년 6월 임무를 종료했다.

ESM(European Stability Mechanism, 유럽안정기구): 유로경제권 17개국이 출자한 자금을 이용하여 채무위기를 겪고 있는 국가에 자금을 원조하기 위한 구제기금이다. 2012년 10월 발족했다. 그 전신인 유럽금융안정화기금(EFSF)은 2013년 6월 종료하고 ESM 체제로 바뀌었다. 채무위기를 겪고 있는 국가의 은행 등 금융권에 직접 자금 투입을 할 수 있도록 하는 것이 전신의 EFSF와 크게 다른 점이다.

EU(European Union, 유럽연합): 유럽지역의 경제통합만이 아니라, 공통의 안전보장정책, 경찰·사법 행정협력 등에 이르기까지 폭넓은 협력을 도모하기 위한 정치·경제 통합체제를 말한다. 제2차 세계대전 이후 유럽지역에서의 평화구축 노력을 평가받아 2012년 10월 노벨평화상을 수상했다. 2013년 현재 28개국이 가맹하고 있으며 본부는 벨기에 브뤼셀에 있다.

FTA(Free Trade Agreement, 자유무역협정): 국가 또는 지역 간의 상품 및 서비스의 자유로운 이동을 위해 관세나 규제 등의 무역장벽을 완화하거나 철폐하는 양자 간 무역협정이다. 양국 간 교역확대, 해외직접투자 유치 등이 주요목적이다. 자유무역 추진에 있어 가장 느슨한 형태의 지역 경제통합 형태이다.

IMF(International Monetary Fund, 국제통화기금): 세계 주요 화폐의 환

율과 국제수지를 감시하고 국제금융 체계를 감독하는 역할을 하는 기구이다. 본부는 미국 워싱턴 D.C.에 있다. 회원국의 지원요청에 따라 기술 및 금융 지원을 한다. 1945년 창립되었으며 2013년 시점에서 188개국이 회원국으로 되어 있다. 국제적인 통화협력이나 금융안전성 확보 역할에 더해, 국가 간 무역확대, 고용 및 지속가능한 경제성장의 촉진, 세계의 빈곤 감소를 목표로 활동하고 있다.

IMFC(International Monetary and Financial Committee, 국제통화금융위원회): 1999년 9월 창립된 주요 국가·지역이 참가하는 국제통화기금(IMF)의 자문기관이다. IMF연차총회와 같은 시기에 개최된다.

QE(Quantitative Easing, 양적 완화 또는 양적통화 확대): 중앙은행이 화폐를 발행하여 시중에 통화량(유동성 공급)을 확대하는 정책을 말한다. 통화량 확대방법으로는 발행화폐를 이용하여 민간 금융시장에서 국채, 주택담보 채권, 회사채, 주식 등과 같은 증권 자산을 시장에서 직접 사들이는 방법을 취한다. 대개는 정책금리를 더 이상 낮출 수 없을 때 실시된다.

TPP(Trans-Pacific Partnership, 환태평양 경제연계협정 또는 환태평양동반자협정): 아시아·태평양 지역의 경제통합을 목표로 2005년 체결된 다자간 자유무역협정을 말한다. 무역 시 예외품목을 인정하지 않는 관세철폐를 내세우고 있어 강도 높은 자유무역권이라는 인상이 강하다. 일본은 2013년 아베 신조(安倍晋三) 정권에 들어 TPP 참가 교섭을 표명했다. 향후 '아시아·태평양 지역의 자유무역권(FTAAP: Free Trade Area of the Asia-Pacific)' 실현을 염두에 두고 있다

WMD(Weapons of Mass Destruction, 대량살상무기): 인간을 대량 살상할 수 있는 무기로, 주로 생물무기, 화학무기, 핵무기, 방사능무기 네 종류가 포함된다.

참고문헌

통계청. 2013. 『경제활동인구조사』(http://kostat.go.kr/portal).

公安調査廳. 2012. 『內外情勢の回顧と展望』. (공안조사청. 『내외정세의 회고와 전망』)
　　http://www.moj.go.jp/content/000084409.pdf

鞠重鎬. 2012. 「韓國の對日輸出業種の分析と對日輸出の擴大方策」. ERINA Discussion
　　Paper No.1201(韓國經濟システム硏究シリ–ズ No.20). ERINA 2012年2月. (국중호.
　　「한국의 대일 수출업종 분석과 대일수출 확대방안」)

鞠重鎬. 「假名文字から見た日本」. 韓國人硏究者フォ–ラム公式ホ–ムペ–ジ(http://
　　ksfj.jp/). (국중호. 「가나문자로 본 일본」)

宮島喬. 2012. 「日本的'多文化共生'の現狀と課題」. 韓國人硏究者フォ–ラム發表會資
　　料, 場所: 法政大學, 2012年9月15日. (미야지마 다카시. 「일본적 '다문화공생'의 현
　　황과 과제」)

藤原正彦. 2005. 『國家の品格』. 新潮社. (후지와라 마사히코. 『국가의 품격』)

鈴木孝夫. 1973. 『ことばと文化』. 岩波新書. (스즈키 다카오. 『말과 문화』)

李錫宇. 2013. 「化粧品と文化力」. 『東京FORUM 100回記念文集』. 東京FORUM.
　　pp.28~31. (이석우. 「화장품과 문화력」)

笠原一男. 1992. 『詳說日本史硏究』. 山川出版社. (가사하라 가즈오. 『상설 일본사연구』).

米倉誠一郎. 2011. 『創發的破壞: 未來をつくるイノベ–ション』. ミシマ社. (요네쿠라
　　세이치로. 『창발적 파괴』)

飯尾潤. 2007. 『日本の統治構造』. 中央公論新社. (이이오 준. 『일본의 통치구조』)

石塚雅彦. 2007. 『經濟英語: はじめて學ぶ40日間トレ–ニングキット』. 日本經濟新聞
　　社 監修. アルク. (이시즈카 마사히코. 『경제영어』)

小林よしのり. 2009.『ゴーマニズム宣言 SPECIAL天皇論』. 小學館. (고바야시 요시노리.『천황론』)

孫正義, 2010.「孫の二乗兵法」開校式·戰略特別講座, ソフトバンク·アカデミア, 2010年7月28日(http://www.softbank.co.jp/academia/). (손정의.「손의 제곱 병법」)

孫正義. 2011.「孫正義の白熱教室」. ≪プレジデント(President)≫, 2011年3月7日號. プレジデント社. pp.28~87. (손정의.「손정의의 열띤 교실」)

野中郁次郎. 1990.『知識創造の經營: 日本企業のエピステモロジー』. 日本經濟新聞社. (노나카 이쿠지로.『지식창조의 경영』)

永六輔. 1996.『職人』. 岩波書店. (에이 로쿠스케.『장인』)

日本自動車輸入組合(JAIA).「輸入車新規登錄臺數」(http://www.jaia-jp.org). (일본자동차수입조합.「수입차 신차 등록대수」)

田原總一郎. 2011.「不況と孫正義は, 資本主義に不可欠である」. ≪プレジデント(President)≫, 2011年3月7日號, pp.64~65. (다하라 소이치로.「불황과 손정의는 자본주의에 불가결하다」)

電通リサーチ. 2010.『韓國製品イメージ調査結果報告書』. 2010年7月7日. (덴쓰 리서치.『한국제품 이미지 조사결과보고서』)

井上光貞·笠原一男·兒玉幸男. 1992.『新詳說日本史』. 山川出版社. (이노우에 외.『신상설 일본사』)

≪朝日新聞≫, 2013年1月1日「天聲人語」.

早坂隆. 2006.『世界の日本人ジョーク集』. 中公新書ラクレ. (하야사카 다카시.『세계의 일본인 조크 모음』)

中根千枝. 1967.『タテ社會の人間關係: 單一社會の理論』. 講談社現代新書. (나카네 치에.『종적 사회의 인간관계』)

淺尾裕. 2010.「正規·非正規間の賃金格差から賃金を考える」. ≪Business Labor Trend≫. 2010年7月, pp.38~44. (아사오 유타카.「정규·비정규 간의 임금격차로부터 임금을 생각한다」)

總務省統計局. 2012.『勞動力調査(基本集計)』. 平成25年(2013年)10月. (일본 총무성.

『노동력조사』)

土居健郎. 2001. 『甘えの構造』. 弘文堂. (도이 다케로. 『응석부림의 구조』)

和辻哲郎. 1979. 『風土』. 岩波書店. (와쓰지 데쓰로. 『풍토』)

丸山眞男. 1961. 『日本の思想』. 岩波書店. (마루야마 마사오. 『일본의 사상』)

厚生勞動省. 2013. 『平成24年度 賃金構造基本統計調査(全國)の槪況』. (후생노동성. 『2012년도 임금구조기본통계조사』)

HS & Partners. 2012. 「ベンチャー投資ビジネスの運營について」. 10月. (「벤처투자 비즈니스의 운영에 대하여」)

Jobs, Steve. 2005. "The Commencement to the graduates of Stanford University." on June 12. (스티브 잡스. 「스탠퍼드대 졸업식 연설」)

Isaacson, Walter. 2011. *Steve Jobs*. Simon & Schuster, New York.

꼬리말 단상(斷想)

해당 분야에서 일가견을 이룬 사람이나 작품을 흉내 내며 배워가는 일은 패션쇼 감상과 일맥상통한다. 왜 패션쇼를 감상하는가? 패션쇼를 보면서 새로운 힌트나 아이디어를 얻어, 자신이 엮어내려는 옷이나 다른 작품에 도움이 되도록 하기 위함이다. 이 책은 다양한 화젯거리를 통해 본 사회통찰과 자기통찰이 주된 내용이다. 다루는 분야(패션쇼)도 문화, 국제관계, 경제, 사회, 정치, 언어 등 여래 갈래다. 통찰 시는 칭찬과 비판을 함께 적으려 했고, 장점과 단점의 특징을 부각시키려 했다. 일본과 한국 얘기 외에도 미국, 이슬람권, 그리고 유럽 얘기도 곁들였다. 즉, 다양한 주제로 '함께 생각해보십시다' 하는 얘기들이다.

사람에게는 칭찬에 기뻐하는 정도보다 비판에 민감해하는 정도가 훨씬 크다고 하는 '감정반응의 비대칭성'이 자리한다. 이러한 비대칭성으로 장점이나 칭찬으로 들은 말들보다 비판으로 지적된 것들이 불거져 나오기 쉽다. 비판이 아닌 비난 수준의 감정싸움이 되면 냉정한 판단이 결여되어 허심탄회한 얘기가 이루어질 수 없다. 일희일비하는 경험을 거쳐 가며 자신의 한계를 느끼고, '주변으로부터 비판을 경청하고 받아들여야' 성숙해지는 게 아닌가 싶다. 더불어 사는 세상이니 상대방을 존중함이 대전제이다.

당연한 말이지만 시간과 돈과 정력(에너지)이 한정되어 있기에 세상의 모든 일을 할 수는 없다. 한정된 시간과 돈과 에너지로 가장 보람 있게 살아가려면 그저 되는대로 사는 것이 아니라 상대방을 배려하며 무엇을 할 때가 가장 행복한지를 생각해보는 일이 급선무다. '모든 것이 중요하다' 함은 각도를 달리 하면 '정녕 중요한 것을 끄집어 낼 수 없다'라는 의미이기도 하다. 어떻게 중요도를 판단할 것인가. 무슨 일을 할 때의 기준은, '해야 한다'는 사명감, '할 것이다'는 의지, '할 수 있다'는 자신감(自信感), 이 세 가지이다. 대학교 때 철학 교수님께서 해주신 말씀이다.

자신도 알지 못하고 밟아 죽이는 개미들이 그저 부지런히 먹이를 실어 나르는 모습을 보면, '왜 저리 열심히 일하나' 하는 묘한 느낌이 솟구쳐 온다. 그러면서 '나는 왜 이렇게 사나' 하는 회한이 다가오기도 한다. 그런 어려운 물음에 힘들어 하기보다는 개미처럼 정신없이 일하는 때가 있어야 하지 않나 싶다. 그러다 문득 그 어렵던 물음에 말로는 답하기 어려워도, '아! 그렇구나. 열심히 살아야 되는 거구나' 하는 고마움에 그냥 겸허해지기도 한다. 주변에 감사드려야 하는 마음이 든다. 어쩌면 이것이 살아가는 보람인지도 모르겠다.

찾아보기

지은이 국중호(鞠重鎬)

충남 서산 출생(1962년생)
충남고등학교 졸업
서강대학교 경상대학 경영학 학사
고려대학교 대학원 경제학과 경제학 석사 및 경제학 박사
일본 히토쓰바시(一橋)대학 경제학연구과 경제학 박사
한국조세재정연구원 연구위원
UC버클리(University of California at Berkeley) 방문학자
현재 요코하마(横濱)시립대학 국제종합과학부 교수
　　　게이오(慶應義塾)대학 경제학부 특별임용 교수

호리병 속의 일본

ⓒ 국중호, 2013

지은이 ｜ 국중호
펴낸이 ｜ 김종수
펴낸곳 ｜ 도서출판 한울
편 집 ｜ 김현대

초판 1쇄 인쇄 ｜ 2013년 11월 20일
초판 1쇄 발행 ｜ 2013년 11월 30일

주소 ｜ 413-756 경기도 파주시 광인사길 153 한울시소빌딩 3층
전화 ｜ 031-955-0655
팩스 ｜ 031-955-0656
홈페이지 ｜ www.hanulbooks.co.kr
등록 ｜ 제406-2003-000051호

Printed in Korea.
ISBN 978-89-460-4786-0 03910

* 가격은 겉표지에 표시되어 있습니다.